中國學術思想 研究輯刊

二九編

林 慶 彰 主編

第11冊

黔北「沙灘文化現象」研究——
以鄭珍、莫友芝、黎庶昌的「實學取向」爲分析視角

孔 維 增 著

花木蘭文化事業有限公司

國家圖書館出版品預行編目資料

黔北「沙灘文化現象」研究——以鄭珍、莫友芝、黎庶昌的「實學取向」為分析視角／孔維增 著 — 初版 — 新北市：花木蘭文化事業有限公司，2019〔民108〕
目 4+196 面；19×26 公分
（中國學術思想研究輯刊 二九編；第 11 冊）
ISBN 978-986-485-713-5（精裝）
1. 文化研究 2. 貴州省
030.8　　　　　　　　　　　　　　　　108001213

ISBN-978-986-485-713-5

中國學術思想研究輯刊
二九編　第十一冊　　　　　　　　ISBN：978-986-485-713-5

黔北「沙灘文化現象」研究——
以鄭珍、莫友芝、黎庶昌的「實學取向」爲分析視角

作　　者　孔維增
主　　編　林慶彰
總 編 輯　杜潔祥
副總編輯　楊嘉樂
編　　輯　許郁翎、王　筑　美術編輯　陳逸婷
出　　版　花木蘭文化事業有限公司
發 行 人　高小娟
聯絡地址　235 新北市中和區中安街七二號十三樓
　　　　　電話：02-2923-1455／傳眞：02-2923-1452
網　　址　http://www.huamulan.tw 信箱 hml810518@gmail.com
印　　刷　普羅文化出版廣告事業
封面設計　劉開工作室
初　　版　2019 年 3 月
全書字數　159500 字
定　　價　二九編 15 冊（精裝）新台幣 28,000 元

黔北「沙灘文化現象」研究——
以鄭珍、莫友芝、黎庶昌的「實學取向」爲分析視角

孔維增　著

作者簡介

孔維增，男，1981 年 12 月生，籍貫雲南宣威。2014 年畢業於雲南大學歷史學系專門史專業，獲歷史學博士學位。現任教於貴州民族大學民族學與社會學學院，主要從事地方文化史的教學和研究工作。

提　要

　　18 世紀末至 19 世紀末的百年間，今貴州省遵義縣沙灘村文人輩出，研究者將其視爲「沙灘文化現象」。20 世紀 80 年代以來，被視爲一種區域文化的「沙灘文化現象」一直被研究者所關注和重視。爲實現對「沙灘文化現象」的「內在解讀」，本文從作爲治學路徑和學術價值取向的「實學」角度入手展開對「沙灘文化現象」不同典籍的具體分析。

　　鄭珍師承程恩澤，秉持漢學方法，致力於「禮學」研究，是「沙灘文化現象」中經學研究的代表。鄭珍《儀禮》研究專著《儀禮私箋》以「求實」的治學態度、「實證」的研究方法對《儀禮》的名物制度進行篤實的考辨。鄭珍、莫友芝合纂的《遵義府志》，可以視爲「沙灘文化現象」中方志類著述的代表作。在《遵義府志》的纂修中，鄭珍、莫友芝受漢學方法和方志傳統的影響，運用文獻考證等方法尋求紀事、典章載錄的客觀、眞實，以適當的體例詳細敘述遵義地區政治、經濟、文化教育的沿革和演變情況，並通過直接敘述或間接引錄等方式，表達《遵義府志》「爲民求利」、輕稅興商、「教化風聲」等主張，凸顯出《遵義府志》的「資治意義」。以黎庶昌的經世思想和改革主張爲重點內容的「沙灘文化現象」的「經世之學」，以直面現實、講求「實效」的務實作風，在不同時期、針對不同實際提出了富有現實意義的革新主張。黎庶昌以其對「學以致用」和「實效」、「事功」的強調使得其經世思想展現出與鄭珍、莫友芝的經學和方志學不一樣的「實學」特徵。

目次

第一章 「沙灘文化現象」及其「實學取向」

明朝萬曆年間，播州土司楊應龍反，旋敗，播州改土歸流。四川廣安人黎朝邦自廣安移居遵義縣新舟「沙灘村」。自黎朝邦至黎正訓共傳五世，皆以耕讀爲業。黎正訓之子黎安理乾隆四十四年（1779）中舉，官山東長山縣知縣，黎氏家族由此漸顯。此後百年間，通過家族血緣及姻婭關係，新舟「沙灘」逐漸出現了一個以黎氏爲主要紐帶的知識分子群體。〔註1〕

第一節　區域文化視角下的「沙灘文化（現象）」及對其的研究

一、「沙灘文化現象」與「沙灘文化」

（一）作為事實陳述的「沙灘文化現象」

位於今天貴州省遵義市以東 40 公里的遵義縣新舟鎮境內的樂安江畔，依山傍水坐落著一座方圓十餘里的村落，村落背靠青田山，前臨樂安江，正對著村落的樂安江心，有一片四面環水的濕地，形似古琴，文人稱爲「琴洲」，當地人則稱爲「沙灘」，後來「沙灘」逐漸成爲附近方圓十餘里區域的地名。沙灘村位於群山之中，所在的壩子並不大，村子因依山靠水，植被良好，土

〔註1〕 黎朝邦、黎安理等人的生平可參見鄭珍、莫友芝修纂的《遵義府志卷三十三‧列傳一／卷三十四‧列傳二》（遵義市志編纂委員會整理，1986 年 3 月）及黃萬機先生的《沙灘文化志‧沙灘歷史》（中國文史出版社，2006 年 10 月第 1 版）。

壤肥沃，多稻田，但村民也種植草莓等經濟作物。從村民住房和生活設施來看，經濟發展水平較高。由沙灘村至遵義市區有公路相連，因山巒起伏，路況一般，在天氣狀況較好的情況下，汽車時速也不超過 50 公里。遵義西面與四川接壤，北面與重慶市相連，沙灘村所在的新舟鎮與重慶市區直線距離僅約 220 公里，與至貴陽距離相當。

乾隆後期至清末的一百數十年間，方圓十幾里的沙灘村人文蔚起，以黎安理、黎恂、黎庶昌爲代表的黎氏家族，加上鄭珍和莫與儔、莫友芝父子，共湧現學者文人數十人，構成了一個以沙灘區域爲中心的家族式精英群體。〔註2〕他們爲官、爲學，成就顯著，影響深遠。據統計，截止民國初年，以黎庶昌（1837～1897）爲代表的黎氏家族刊行專著 39 種，430 卷；以鄭珍（1806～1864）爲代表的鄭氏家族刊行專著 25 種，144 卷；以莫友芝（1811～1871）爲代表的莫氏家族刊行著述 20 種，計 176 卷。除去合著部分，三家著述共刊行 80 種，638 卷，約 1200 萬字，內容遍及文字學、經學、史學、目錄學及詩詞散文各類。〔註3〕概括來說，經學、小學的代表性成就有鄭珍的《巢經巢經說》（1 卷）、《儀禮私箋》（8 卷）、《考工輪輿私箋》（2 卷）、《鳧氏爲鍾圖說》（1 卷）、《說文逸字》（3 卷）、《說文新附考》（6 卷）、《汗簡箋正》（8 卷），莫友芝的《唐寫本說文木部箋異》（1 卷）、《韻學源流》（1 卷）、《邵亭經說》（1 卷）、《聲韻考略》（4 卷），鄭珍之子鄭知同的《六書淺說》（1 卷）、《說文本經答問》（上、下卷）；史志傳記類代表性著述則有鄭珍、莫友芝合纂的《遵義府志》（48 卷），黎庶昌的《全黔國故頌》（24 卷）、《黎氏家譜》（1 卷）、《曾文正公年譜》（12 卷）；地理類代表性著述有黎庶昌的《海行錄》（1 卷）、《歐洲地形考略》、《由北京出蒙古中路至俄都路程考略》、《由亞細亞俄境西路至伊犁等處路程考略》（後 3 篇收錄於《西洋雜志》中）；目錄學、金石學代表性著述有莫友芝的《宋元舊本書經眼錄》（3 卷）（附《書衣筆識》、《金石筆識》）、《持靜齋藏書紀要》（2 卷）、《邵亭知見傳本書目》（16 卷），莫友芝之子莫繩

〔註2〕 以沙灘區域爲中心的家族式精英群體，姑且稱之爲「沙灘文化現象」學人群體，該群體之「世系」及群體成員之生平行述，參見書末「附錄一黔北『沙灘文化現象』學人群體『世系圖』」及「附錄二黔北『沙灘文化現象』學人行述」。

〔註3〕 可參見《遵義市志》（遵義市志編纂委員會，中華書局，1998 年 5 月第 1 版）1914 頁，《沙灘文化志》（黃萬機，中國文史出版社，2006 年 10 月第 1 版）第 114～160 頁。

孫的《影山草堂》（1 冊）。此外還有卷帙更大的詩文集、詞集，依成就和影響力論也主要爲上述幾人所著，如鄭珍的《巢經巢詩鈔》（9 卷）、《巢經巢文集》（5 卷），莫友芝的《邵亭詩鈔》（6 卷）、《邵亭遺詩》（8 卷）、《影山詞》（3 卷），黎兆勳的《侍雪堂詩鈔》（6 卷）、《葑煙亭詞》（4 卷），黎庶昌的《拙尊園叢稿》（6 卷）、《西洋雜志》（6 卷）、《牂柯故事》（4 卷）等。

三個家族中黎庶昌、鄭珍、莫友芝等人都曾爲科舉功名而奔走。黎庶昌兩次參加鄉試都落榜後，在 1862 年效法南宋事功學派人物陳亮上書言事，向同治皇帝呈遞《上穆宗毅皇帝書》。「上書」事件成爲黎庶昌命運的轉折點，黎庶昌因之得賞知縣，後來入曾國藩幕府，後又歷任清朝駐西班牙等國二等參贊、駐日本欽差大臣、四川兵備道員兼重慶海關監督等職。黎庶昌在任期間，秉持經世致用的爲學思想，勇於任事，並積極致力於古籍整理、刊刻，且筆耕不輟，著述頗豐。與黎庶昌稍有不同，鄭珍和莫友芝都相繼中舉，但鄭、莫二人心性淡泊，奔走科場多因生計壓力，中舉後二人更願意醉心學術研究和著述，因而在文字學、經學、目錄學研究中成果突出，而在事功方面則成就有限。

綜上，所謂的「沙灘文化現象」可以簡單描述爲 18 世紀後期至 19 世紀末，以遵義地區爲主要孕育地和發源地，以鄭珍、莫友芝、黎庶昌爲重要代表，以文字學、經學、史學、目錄學和詩文創作等傳統科目爲主要研治領域，並以學術研究成就或事功表現在遵義乃至貴州產生重要影響的傳統士人學術文化活動和經世實踐活動的過程和結果。從時代上，「沙灘文化現象」在總體上屬於「傳統」文化，在性質上，「沙灘文化現象」可以歸入經學文化範疇。〔註4〕

（二）涵義被懸置的「沙灘文化」概念

根據研究者的考察，「沙灘文化」概念的出現始於 20 世紀 80 年代，在這

〔註 4〕這裡的「經學文化」並不是就「沙灘文化現象」所囊括的學科領域而言，而是就經學研究及經學研究方法在傳統學術文化中的重要性而言的。一方面，經學研究在傳統學術文化中具有重要地位；另一方面，以「考據」爲特徵的經學研究方法在傳統學術研究中也不僅僅只限於《周易》、《尚書》、《詩經》、「三禮」等「經」的探討、研究。這兩方面的特徵在「沙灘文化現象」中也都可以看到。比如鄭珍、莫友芝史志及詩文著作數量遠超文字學、經學著述，但仍然以漢學家（經學家）顯；《遵義府志》爲史志類著作，但其中的「考據」色彩並未淡化等。可詳見下文。

之前，學術界有對「沙灘文化現象」的研究，但並沒有「沙灘文化」這個專稱。〔註5〕1989年，在貴州省社會科學院黃萬機研究員所著的《鄭珍評傳》和《黎庶昌評傳》裏都使用過「沙灘文化」這個概念，在《鄭珍評傳》中黃萬機先生對「沙灘文化」概念進行了注釋：

> 沙灘文化：浙江大學史地研究所編《遵義新志》，把遵義歷史的發展分爲九個時期：夜郎期、牂牁期、播州期、楊保前期（白錦堡期）、楊保中期（穆家川期）、楊保後期（海龍屯期）、老城期、沙灘期、新城期。沙灘爲黎氏家族聚居地，自乾隆至光緒百餘年間，出現了一批學者、作家，在全國有一定影響，鄭珍爲黎氏親戚，受黎氏家學薰陶，學成後又培養了黎氏新一代文士。〔註6〕

這是本人所查閱到的關於「沙灘文化」的最早界定，不過定義並沒有揭示出「沙灘文化」的本質內涵。界定中所提及的《遵義新志》是抗日戰爭時期，遠遷遵義的浙江大學史地研究所張其昀教授主編的。在《遵義新志》「歷史地理」章中，遵義歷史被分爲九個發展時期，在「沙灘期」，張其昀教授簡要介紹了黎氏家族聚居地「沙灘」的地理位置、名勝風物，在以黎氏家族爲線，介紹黎恂、鄭珍、莫友芝、黎庶昌幾人的治學領域和學術成就之後，認爲「沙灘不特爲播東名勝，有清中葉曾爲一全國知名之文化區」。〔註7〕在《遵義新志》這一概括的基礎上，由黃萬機研究員發其端，伴隨著二十世紀八十年代掀起的文化研究和區域文化研究潮流，「沙灘文化」作爲一個地域文化形態專稱不斷被學者所使用。

之所以說「沙灘文化」被作爲一個區域文化形態的專稱，原因在於眾多學者在對「沙灘文化」概念的界定中幾乎無一例外地在強調「沙灘文化」的地域性。無論是《淺談「沙灘文化」資源的評估與開發》中的「『沙灘文化』是指清代乾隆後期至清末民初，出現在遵義縣東沙灘村落的一種地域性文化」，〔註8〕《開放中的反思——沙灘文化衰落原因研究》中的「沙灘文化指清嘉慶以迄光緒時崛起於貴州遵義，以鄭珍、莫友芝、黎庶昌爲代表的一種

〔註5〕 范同壽：《清代的沙灘文化現象》，《當代貴州》，2010年10月下/第20期。
〔註6〕 黃萬機：《鄭珍評傳》，巴蜀書社，1989年3月第1版，第2頁。
〔註7〕 張其昀：《遵義新志·歷史地理》，民國三十七年浙江大學史地研究所鉛印本，第160頁。
〔註8〕 黃萬機：《淺談「沙灘文化」資源的評估與開發》，《貴州社會科學》，2001年第5期（總第173期）。

地域文化」,〔註9〕《沙灘文化的地域文化成因》中的「沙灘文化是中國封建社會晚期的一抹輝煌,是黔北地域文化進入繁榮時期的標誌」,〔註10〕《沙灘文化研究綜述》中的「沙灘文化以黎氏爲主體,包括附近堯灣望山堂鄭氏、青田山莫氏的三家幾代文人創作的文學作品及學術文化,其繁榮延綿近百年,成就斐然,是晚清到民國初年貴州遵義地區出現的一種地域文化,是貴州區域文化的代表」,〔註11〕《沙灘文化資源利用探析》中的「沙灘文化是清代貴州地域文化發展的一個奇蹟,它繁盛一百餘年,不惟是遵義地區文化的代表,而且足以代表該時期的貴州文化」,〔註12〕還是《沙灘文化志・前言》中的「沙灘僻處邊陬山隅,竟出現如此眾多的一代人才,雖說有地理歷史的特定因素,還要認識沙灘人重視子女教育和珍藏圖書典籍,是地方文化發達的主要原因」,〔註13〕及《遵義市志》中的「沙灘期以文化發達爲主要特徵,『沙灘文化』由此定名,學術界予以承認和推崇,視爲貴州文化的傑出代表。」〔註14〕在這些不同表述中,強調「沙灘文化」地域文化形態的屬性是基本一致的。在這種「地域屬性」的申說中,我們或多或少能夠體會到研究者對「沙灘文化現象」在遵義乃至貴州地域層面上的重要意義的強調。

但另一方面,在眾多研究者對「沙灘文化」的界定中,「沙灘文化是地域文化」式的循環定義顯然還遠沒有揭示出「沙灘文化現象」的特徵,回答什麼是「沙灘文化」。正如有學者反思的,「近年來研究沙灘文化現象的論著的確不少。但幾乎沒有一篇文章確切說明究竟什麼是沙灘文化?沙灘文化的內涵和外延是什麼?有哪些基本特徵和連續表現形式?作爲一種區域性文化,應該怎樣給這種文化定位?」〔註15〕

〔註9〕 黎鐸:《開放中的反思——沙灘文化衰落原因研究》,《貴州文史叢刊》,2003年第1期。

〔註10〕 黎鐸主編:《遵義沙灘文化論集(一)》(紀念鄭珍誕辰二百週年暨遵義沙灘文化國際學術研討會論文匯編),吉林教育出版社,2007年11月第1版,第214頁。

〔註11〕 黎鐸主編:《遵義沙灘文化論集(一)》(紀念鄭珍誕辰二百週年暨遵義沙灘文化國際學術研討會論文匯編),吉林教育出版社,2007年11月第1版,第246頁。

〔註12〕 敖以深:《沙灘文化資源利用探析》,《貴州文史叢刊》,2008年第4期。

〔註13〕 黃萬機:《沙灘文化志・前言》,中國文史出版社,2006年10月第1版,第2頁。

〔註14〕 遵義市志編纂委員會:《遵義市志》(下冊),中華書局,1998年5月第1版,第1914頁。

〔註15〕 范同壽:《清代的沙灘文化現象》,《當代貴州》,2010年10月下/第20期。作者在文中進一步認爲在「沙灘文化」還沒有獲得確切定義之前,不妨先以「沙灘文化現象」替換「沙灘文化」。

此處本文提出「沙灘文化現象」與「沙灘文化」的區分問題，並非是對上述持「沙灘文化」爲一種地域文化的看法持否定態度，同時也並不認爲對「沙灘文化」概念理論思考的缺乏是研究者主觀原因所致，因爲「沙灘文化現象」研究處於初期階段也可能會導致這一狀況，甚至本文也認爲在對「沙灘文化現象」及其典籍進行細緻分析之前，要對「沙灘文化」進行界定並對概念進行理論反思並不具有可行性。本文強調兩者的區分，更多在於強化研究者對「沙灘文化」概念的反思意識，避免概念涵義在懸置中被不斷地使用，並進而推動對「沙灘文化現象」的深入研究，同時也爲本文的研究提供一個謹愼的視角。基於後一點考慮，在以下的論述分析中，本文將把「沙灘文化」還原爲更具事實陳述性質的「沙灘文化現象」。

二、20 世紀中期以來對「沙灘文化現象」的研究

（一）「沙灘文化現象」研究的興起和擴展

學術界對「沙灘文化現象」的關注始於 20 世紀 40 年代。抗日戰爭時期，西南地區的戰略位置凸顯，加之許多大學和研究機構因戰爭避居西南，西南區域歷史文化受到關注。在這種情勢下，針對「沙灘文化現象」的研究得到重視。以前述張其昀教授在《遵義新志》中對「沙灘文化現象」的論述爲表徵，「沙灘文化現象」得到一定程度上的理論概括，並成爲上世紀八十年代以來研究者視「沙灘文化現象」爲一個「區域性文化」形態的研究取向的基本淵源。

新中國成立至改革開放，「沙灘文化現象」的研究基本陷入停頓，成果寥寥，直到改革開放，情況才發生徹底改變。80 年代中後期，遵義市志編纂委員會辦公室整理出版的《遵義府志》（內部印行，1986 年）及貴州省社會科學院黃萬機先生的《鄭珍評傳》（巴蜀書社，1988 年）、《黎庶昌評傳》（貴州人民出版社，1989 年）等點校或研究專著以及《鄭珍與漢學》（陳奇，《貴陽師院學報〈社會科學版〉》，1985 年第 1 期）等論文相繼問世。90 年代，王鍈等點校的《鄭珍集·經學》（貴州人民出版社，1991 年）、《鄭珍集·文集》（貴州人民出版社，1994 年），楊元楨校注的《鄭珍巢經巢詩集校注》（貴州人民出版社，1992 年），黃萬機撰著的《莫友芝評傳》（貴州人民出版社，1992 年）、《黎星使宴集合編》（貴州人民出版社，1992 年）等專著及《鄭珍的詩法和他的實踐》（孟醒仁、孟凡經，《貴州文史叢刊》，1991 年第 1 期）、《鄭珍的哲學

思想》（韋啓光，《貴州社會科學》，1992 年第 12 期）、《鄭珍年歷考要》（王燕玉，《貴州師範大學學報（社會科學版）》，1994 年第 3 期）、《鄭珍對韓愈研究的學術貢獻》（易鍵賢，《貴州文史叢刊》，1995 年第 2 期）、《乾嘉樸學傳黔省西南大師第一人——鄭珍學術成就表微》（呂友仁，《河南師範大學學報（哲學社會科學版）》，1997 年第 24 卷第 2 期）、《析黎庶昌〈敬陳管見摺〉》（張海鵬，《貴州社會科學》，1993 年第 1 期）、《評黎庶昌「論世務」疏——上穆宗毅皇帝第二書》（田玉隆，《貴州大學學報》，1994 年第 1 期）等論文相繼出現。此外，還值得一提的是 1990 年 2 月莫友芝故里黔南州獨山縣成立了「黔南州莫友芝研究會」，1991 年遵義市政協成立了「鄭莫黎研究學會」，1992 年 10 月在貴陽召開了「黎庶昌國際學術研討會」。學術研究機構的建立體現了黔南和遵義對「沙灘文化現象」代表人物的研究熱情和重視，「黎庶昌國際學術研討會」的召開則對黎庶昌的歷史地位、愛國思想、外交成就、學術著作、改革思想、促進中日友好的作用及黎庶昌與曾國藩的關係等進行了積極的研討。〔註 16〕

總覽 20 世紀「沙灘文化現象」的研究，大致可以說先由 40 年代張其昀教授引其序，後由 80 年代黃萬機先生開其端。90 年代研究工作進一步拓展，除研究成果明顯增加之外，更有政府力量的加入及研究機構的建立。

（二）「沙灘文化現象」研究潮流的形成

進入新世紀，學者關注和發掘「沙灘文化現象」的熱情和程度進一步高漲，在眾多研究者的努力下，「沙灘文化現象」研究熱潮迅速形成。先有王鍈等點校的《鄭珍集・小學》（貴州人民出版社，2001 年），龍先緒點校的《巢經巢詩鈔注釋》（三秦出版社，2002 年），張金翼編著的《黎恂千家詩注》（中國文聯出版社，2003 年），黃萬機撰著的《沙灘文化志》（中國文史出版社，2006 年），後有張劍等編輯點校的《宋元舊本書經眼錄・邵亭書畫經眼錄》（中華書局，2008 年）、《莫友芝詩文集》（上、下冊，人民文學出版社，2009 年）和撰著的《莫友芝年譜長編》（中華書局，2008 年），王繼紅校注的《西洋雜志》（社會科學文獻出版社，2007 年），遵義市歷史文化研究會編著的《遵義沙灘文化論集》（一）／（二）（吉林教育出版社，2007 年）以及《鄭珍〈汗簡箋正〉論略》（袁本良，《貴州文史叢刊》，2001 年第 3 期）、《淺談「沙灘文

〔註 16〕 有關此次研討會概況，可參見《黎庶昌國際學術研討會綜述》（王路平，《貴州社會科學》，1992 年第 12 期）。

化」資源的評估與開發》（黃萬機，《貴州社會科學》，2001 年第 5 期）、《開放中的反思——沙灘文化衰落的原因》（黎鐸，《貴州文史叢刊》，2003 年第 1 期）、《莫友芝〈影山詞〉三題》（湛廬，《北京大學學報〈哲學社會科學版〉》，2006 年 5 月第 43 卷第 3 期）、《沙灘文化資源利用探析》（敖以深，《貴州文史叢刊》，2008 年第 4 期）、《夜郎故地文化史上的奇葩——遵義沙灘文化述論》（黃萬機，《教育文化論壇》，2010 年第 2 期）、《「沙灘文化」概念的思考》（黎鐸，《教育文化論壇》，2010 年第 2 期）、《「沙灘文化」揭秘：文化與教育交融》（史繼忠，《教育文化論壇》，2010 年第 2 期）、《清代的沙灘文化現象》（范同壽，《當代貴州》，2010 年 10 月下／第 20 期）、《從冷落到關注：鄭珍研究的回顧與思考》（曾秀芳，《貴州社會科學》，2010 年 12 月第 12 期）、《莫友芝研究述略》（歐陽大霖，《華南師範大學學報（社會科學版）》，2011 年第 5 期）、《略論教育與文化的關係——從莫與儔鄭珍獻身教育說起》（安尊華，《教育文化論壇》，2011 年第 5 期）、《沙灘：清代中葉的「全國著名文化區」》（史繼忠，《當代貴州》，2011 年 5 月下第 15 期）、《漢學西移——沙灘文化的崛起與發展》（黎鐸，《遵義師範學院學報》，2011 年第 13 卷第 6 期）、《論莫友芝的詩學思想》（李朝陽，《文藝評論》，2011 年第 8 期）、《沙灘文化》（李光偉等，《貴州大學學報（社會科學版）》，2012 年第 4 期）等代表性論文。此外，還有關於鄭珍及「沙灘文化現象」的數篇碩士學位論文：《鄭珍〈說文新附考〉研究》（楊瑞芳，首都師範大學漢語言文字學專業碩士學位論文，2003 年 5 月）、《〈巢經巢詩鈔〉研究》（邢博，山東大學中國古代文學專業碩士學位論文，2005 年 5 月）、《鄭珍詩歌研究》（王有景，陝西師範大學中國古代文學專業碩士學位論文，2007 年 5 月）、《清末詩人鄭珍對杜詩的繼承和發揚》（龍飛，西北師範大學中國古代文學專業碩士學位論文，2009 年 5 月）、《莫友芝與〈邵亭知見傳本書目〉》（陳海花，山東大學中國古典文獻學專業碩士學位論文，2006 年 5 月）、《從邊緣到中心——沙灘文人的交往研究》（李令：青海師範大學中國古代文學專業碩士學位論文，2011 年 5 月）。也就在這 10 年，「沙灘文化現象」的整理和研究得到了地方政府和海內外學者的進一步重視，代表性事件爲遵義縣新舟鎮「黎庶昌故居陳列館」的修繕和開放（2009 年 10 月）及「紀念鄭珍誕辰 200 週年暨沙灘文化（國際）學術研討會」（2006 年 8 月，遵義）、「紀念黎庶昌誕辰 170 週年暨遵義『沙灘文化』學術研討會」（2007 年 9 月，遵義）和「紀念莫友芝誕辰 200 週年國際學術研討會」（2011 年 6 月，黔南州獨山縣）

的召開。〔註17〕

無論從研究成果的取得，還是學術研討會的召開，新世紀的前10年都可以視爲「沙灘文化現象」研究的主要時期。

（三）「沙灘文化現象」研究的特徵與拓展空間

1.「沙灘文化現象」研究的特徵

從整體來看，上文列舉的「沙灘文化現象」研究成果，就人物而言，關注點主要在鄭珍；就領域而言，主要集中於詩歌、散文創作等文學學科領域；就研究取向和分析方法上，則大致又可以歸納爲兩類，一類是對典籍的點校整理，另一類則是對「沙灘文化現象」的綜合性介紹、評價。

（1）研究成果大部分為對「沙灘文化現象」典籍的點校整理

對「沙灘文化現象」某一領域或某一方面學術著作的點校整理佔據了現有研究成果的絕大部分。如點校出版的《鄭珍集・小學》、《鄭珍集・經學》是關於鄭珍文字學、經學成果的校訂，《鄭珍集・文集》、《巢經巢詩鈔注釋》、《黎恂千家詩注》、《黎星使宴集合編》、《莫友芝詩文集》是對鄭珍、莫友芝、黎庶昌等詩文創作或古詩編輯成果的整理，遵義市志編纂委員會辦公室整理出版的《遵義府志》、張劍點校的《宋元舊本書經眼錄・邵亭書畫經眼錄》、王繼紅校注的《西洋雜志》則是對鄭珍、莫友芝、黎庶昌方志學、目錄學成就及經世革新思想著錄的綜合梳理。

（2）對「沙灘文化現象」的綜合性介紹、評價

除了大量的點校著作，在以往的成果中，眞正對「沙灘文化現象」的分析性研究是以專著或論文的形式對「沙灘文化現象」及其代表人物的綜合性介紹、評價。如黃萬機先生的《鄭珍評傳》、《莫友芝評傳》、《黎庶昌評傳》和《沙灘文化志》及黎鐸教授的《開放中的反思——沙灘文化衰落的原因》、《「沙灘文化」概念的思考》、《漢學西移——沙灘文化的崛起與發展》、史繼

〔註17〕關於這幾次研討會的概況，可參見《紀念鄭珍誕辰200週年暨遵義沙灘文化國際學術研討會》（任索 鄧固，《貴州文史叢刊》，2006年第4期）、《全面探討科學評價——紀念鄭珍誕辰200週年暨遵義「沙灘文化」（國際）學術研討會綜述》（黎鐸，《貴州文史叢刊》，2006年第4期）、《紀念黎庶昌誕辰170週年暨遵義「沙灘文化」學術研討會舉行》（朱世德，《貴州日報》，2007年9月26日）及《紀念莫友芝誕辰200週年國際學術研討會綜述》（梁光華 鄭江義 石尚彬，《黔南民族師範學院學報》，2011年第4期）等文。

忠先生的《「沙灘文化」揭秘：文化與教育交融》、范同壽先生的《清代的沙灘文化現象》等論文。黃萬機先生的三部人物「評傳」分別對三位傳主的世界觀或政治思想、學術成就、詩歌散文創作特色等進行了概括和總結，《沙灘文化志》則對「沙灘文化現象」核心人物鄭珍、莫友芝、黎庶昌及黎氏家族重要成員的生平經歷、學術成果進行了梳理。黎鐸教授的數文結合「漢學」宏觀背景及經濟、觀念、地域等因素，對「沙灘文化現象」的形成及衰落原因進行了分析，並推進了對「沙灘文化」概念「區域文化」涵義的理論探討，史繼忠先生的《「沙灘文化」揭秘：文化與教育交融》系統論述了家庭教育、學校教育及社會教育與文化（沙灘文化現象）繁榮的關係，范同壽先生的《清代的沙灘文化現象》則開啓了對「沙灘文化」概念進行理論反思的進程。各部專著和各篇論文雖然側重點各有不同，但對深化「沙灘文化現象」研究，意義和價值都是明顯而持久的。

2.「沙灘文化現象」研究的拓展空間

（1）推進對典籍的深入研究

從現有研究成果來看，對「沙灘文化現象」典籍的點校整理是現有成果的主要構成部分。典籍的點校整理在「沙灘文化現象」研究中的意義和作用雖然是不可忽視的，但這種意義的發揮很大程度上依賴於對典籍的進一步分析和解讀。如果沒有對典籍內容的進一步探討，不僅典籍點校工作的意義將只是限於文獻保護，「沙灘文化現象」研究的進一步推進及文化資源的真正保護和開發也將無從談起。

如對鄭珍、莫友芝纂修的史志名著《遵義府志》，遵義市志編纂委員會在1986年整理出版了點校本，但至今已逾30年，有關《遵義府志》的研究專著或專文仍難得一見。關注《遵義府志》的內容，有利於將對「沙灘文化現象」的深入分析切實落到實處，如從《遵義府志》的編纂特徵入手，鄭珍、莫友芝「按之史冊以窮其源，參之群籍以助其辨，驗之睹記以證其真。繁不傷冗，簡不涉遺，以筆以削，有典有則」，〔註18〕原本被用於經學研究中的考據、輯軼方法在《遵義府志》纂修中的使用也非常明顯，換言之，在「考據」的方法上，「沙灘文化現象」中經學著作和史志著作就具有一定的「通約性」；另一方面，《遵義府志》作爲傳統志書廣泛記載了遵義地區政治、經濟、民族、

〔註18〕 鄭珍 莫友芝：《遵義府志·周廷綏序》，遵義市志編纂委員會整理，1986年3月。

風俗、文學、藝術等各方面的資料，深入分析《遵義府志》，將爲地區經濟史、民族史、社會史的研究提供借鑒和參考，爲推動地區經濟文化建設產生積極影響。如《遵義府志》中闕有的專目「土官」，詳細記載了遵義境內少數民族（土司）的歷史淵源：

銅佛壩巡檢 木攀首領

渝州蠻者，古板楯七姓蠻，唐南平僚也。其地西南接烏蠻、昆明、哥蠻、大小播州，部族數十居之。治平中，熟夷李光吉、梁秀等三族據其地，各有眾數千家。間以威勢脅誘漢戶，有不從者屠之，沒入土田。往往投充客戶，謂之納身。稅賦皆里胥代償。藏匿亡命，數以其徒偽爲生僚，劫邊民。官軍追捕，輒遁去。習以爲常。密賂點民覘守令動靜，燒築城堡，繕器甲，遠近患之。熙寧三年，轉運使孫固，判官張詵使兵馬使馮儀、弁簡杜安行圖之。以禍福開諭，因進兵，復賓化寨，平蕩三族，以其地賦民。凡得租三萬五千石，絲綿一萬六千兩。以賓化寨爲隆化縣，隸涪州。……

上述記載對從事遵義境內民族史研究的學者而言，將是可供參考的重要資料。

（2）推進對「沙灘文化現象」的「內在研究」

所謂的「內在研究」就是關注中心不再是「沙灘文化現象」的某一人物或某一個學科領域，而是將研究視野擴大到「沙灘文化現象」的主要人物和代表著述上，立足典籍分析，對「沙灘文化現象」中具有一定普遍性和相通性的治學路徑、學術價值追求等進行探討，以求對「沙灘文化現象」有一個整體的觀照。從目前的研究實際看，這類研究，論文已經出現，但專著尚未產生。上文所舉的幾篇論文，〔註 19〕雖然可以視爲是對「沙灘文化現象」的綜合性分析，但它們或者從文化資源的保護、開發入手，或者立足於「沙灘文化現象」產生的原因分析，涵蓋「沙灘文化現象」不同人物、不同方面的廣度和深度都比較有限。〔註 20〕

〔註 19〕 即對「沙灘文化現象」綜合性介紹、分析的《開放中的反思——沙灘文化衰落的原因》、《「沙灘文化」概念的思考》、《漢學西移——沙灘文化的崛起與發展》、《「沙灘文化」揭秘：文化與教育交融》及《清代的沙灘文化現象》等論文。

〔註 20〕 如黃萬機的《夜郎故地文化史上的奇葩——遵義沙灘文化述論》，黎鐸的《漢學西移——沙灘文化的崛起與發展》等文。前文所引的幾篇學位論文中，也

（3）加強對「沙灘文化」概念的理論探討

雖然對「沙灘文化現象」的研究在本世紀前 10 年形成了潮流，研究者參與的熱情非常高，但作爲一個區域文化形態概念的「沙灘文化」的理論探討始終沒有展開。如上文所述，自 20 世紀 80 年代黄萬機研究員等在《遵義新志》表述的啓發下，順應漸起的文化研究潮流，逐漸提出作爲「地域文化」的「沙灘文化」概念，〔註 21〕並漸漸爲其他研究者所接受和使用，但「沙灘文化」概念的涵義始終是被懸置的。在目前的研究成果中，除較少的幾篇文章外，對「『沙灘文化』是什麼？」「『沙灘文化』的特徵有哪些？」等問題進行探討的論文還是非常少，即使在新世紀「沙灘文化現象」研究的熱潮時期，這一狀況也還沒有根本改變。〔註 22〕當然這一研究現狀或許與以往研究中始終缺乏對「沙灘文化現象」典籍研究的實際有關，「沙灘文化」概念的理論探討缺乏應有的「材料」支撐，但如何在加強典籍研究的同時，推進「沙灘文化」的理論探討，使二者相互促進，將是「沙灘文化現象」研究在向前推進中不可能避開的問題。

第二節　「沙灘文化現象」的「實學取向」

在敘述「沙灘文化現象」的「實學取向」之前，有必要對「實學」概念的涵義進行簡要梳理。

一、作爲學術形態的「實學」與作爲治學路徑的「實學」

關於「實學」的研究是自 20 世紀 80 年代以來我國學者關注的熱點之一。20 世紀 80 年代，中國社會科學院歷史研究所張顯清教授的《晚明心學的沒落與實學思潮的興起》（《明史研究論叢》，1982 年 4 月第 1 輯）和哲學研究所衷

只有李令的《從邊緣到中心——沙灘文人的交往研究》從「沙灘文人的交往著手，從交往看心理，從心理看創作」，力圖實現對沙灘文人的「整體研究」，其他都是關於鄭珍和莫友芝文字學、目錄學成就的探討。

〔註 21〕據范同壽《清代的沙灘文化現象》（《當代貴州》，2010 年 10 月下/第 20 期）一文，「20 世紀 80 年代以前，並沒有人提出過『沙灘文化』這樣一個概念」，換言之，作爲一種區域文化形態存在的「沙灘文化」概念爲研究者所接受應該是改革開放以後才逐步開始的。從目前所見文獻看，較早使用「沙灘文化」概念的是陳梧山和黄萬機先生。

〔註 22〕關於「沙灘文化」概念的理論探討，目前所見，似僅黎鐸教授的《「沙灘文化」概念的思考》一文，見《教育文化論壇》，2010 年第 2 期。

爾鉅教授的《「實學」辨析》（《中州學刊》，1987 年第 6 期）及中國人民大學
葛榮晉教授的《明清實學思潮史》（與臺灣學者陳鼓應等聯合主編，齊魯書社，
1989 年）可以視爲這一時期「實學」研究的代表性著作。進入 90 年代，張豈
之教授撰著的《儒學・理學・實學・新學》（山西人民出版社，1991 年）和葛
榮晉教授編著的《中國實學思想史》（三卷本，首都師範大學出版社，1994 年）
相繼問世。在新世紀，關於「實學」的研究進一步推進。代表性成果包括中
國實學研究會主編的《實學文化與當代思潮》（首都師範大學出版社，2002
年），馮天瑜、黃長義主編的《晚清經世實學》（上海社會科學院出版社，2002
年），葛榮晉的《中國實學文化導論》（中共中央黨校出版社，2003 年），苗潤
田的《儒學與實學》（中華書局，2003 年），張樹驊、宋煥新的《儒學與實學
及其現代價值》（齊魯書社，2007 年）等。

　　雖然三十餘年來「實學」研究受到學者的廣泛重視，但在研究實踐中爭
論分歧卻非常大，如關於「實學」的內涵和研究對象，中國「實學」的源起
和分期，中國「實學」與理學、與儒學的關係等問題都處於激烈的爭論之中。
在關於「實學」的眾多爭論中，又以「實學」內涵的分歧最具代表性。〔註23〕

　　研究者對「實學」內涵的理解，在實學研究中逐漸形成了兩種主要觀點，
即「學術形態說」和「學術取向說」。「學術形態說」以葛榮晉教授的看法爲
代表。在《中國實學思想史》中，葛教授開篇即給實學下了定義：「所謂實學，
是指宋以後的實體達用之學」，〔註24〕並隨即進行了闡釋：

　　　　中國所謂實學，實際上就是從北宋開始的「實體達用之學」，是
　　一個內容極爲豐富的多層次的概念。在不同的歷史時期、不同的學
　　派和不同的學者那裡，其實學思想或偏重於「實體」，或偏重於「達
　　用」，或二者兼而有之，或偏重於二者之中的某些內容。情況雖有區
　　別，但大體不會越出這個範圍。「實體達用之學」既是實學的基本內
　　涵，又是實學的研究對象。〔註25〕

葛榮晉教授進一步指出「實學作爲中國歷史上一個獨立的哲學派別和社

〔註23〕關於實學研究中主要問題的爭論綜述，可參見苗潤田的《儒學與實學》「導言」
　　　　（苗潤田主編：《儒學與實學》，中華書局，2003 年版）。
〔註24〕葛榮晉：《中國實學思想史》（上卷），首都師範大學出版社，1994 年 9 月第 1
　　　　版，第 1 頁。
〔註25〕葛榮晉：《中國實學思想史》（上卷），首都師範大學出版社，1994 年 9 月第 1
　　　　版，第 9 頁。

會思潮，也應如中國歷史上的『玄學』、『佛學』、『理學』一樣，有其固有的理論架構和邏輯範疇體系。」〔註26〕在《中國實學文化導論》第一章「實學文化引論」中，葛教授對實學的「理論架構和邏輯範疇體系」進行了詳細論述，認爲實學作爲「實體達用」之學，分爲兩個層面，「一是由『宇宙實體』與『心性實體』構成的『實體』之學，所謂『宇宙實體』即元氣實體哲學，『心性實體』即道德實踐哲學；一是用於經國濟民的『經世之學』和用於探索自然奧秘的『質測之學』等構成的『達用』之學」。〔註27〕在對實學的理論結構和邏輯範疇進行梳理的基礎上，葛教授將實學視爲一種與「玄學」、「佛學」等相併列的一種學術形態或思想體系。

「學術取向說」以湖南大學姜廣輝教授所持意見爲代表。在《實學文化與當代思潮》中的「『實學』考辨」章中，姜廣輝教授在對二十五史、宋明理學文獻、清代思想文獻中與「實學」相關的資料進行考察之後，得出「實學」概念的涵義。姜教授認爲「實學」指謂或者是「通經」、「修德」、「用世」，作爲一個泛稱，所標示的是一種學術取向，或者大致是在心性道德修養上對佛老之學和功利之學的回應或反動，或者是認爲理學空疏難以救世而對「通經」「致用」的強調，進而明確提出「『實學』不僅不是一個學派，也不是一個學科或學術形態（如佛學、經學、理學等），只能算是一種學術取向」的結論。〔註28〕

湖北大學羅熾教授也認爲「所謂實學，是一個外延寬泛的範疇。實學的本質特徵是崇實黜虛。不同時期占統治地位的虛實觀決定了不同時期實學的具體內容和形式。」〔註29〕羅熾的表述似乎也有強調實學作爲一種學術取向的意思。此外，香港中文大學林慶彰教授也在《「實學」概念的檢討》中對實學的「實」的相對性進行了剖析和強調。即使不能認爲林慶彰教授明確支持實學作爲一種治學取向，但對視「實學」爲一個學術形態的意見的反對則是明顯的。

〔註26〕 葛榮晉：《中國實學研究的回顧與前瞻》，《開封大學學報》，1998 年 12 月第 12 卷第 4 期。

〔註27〕 張傳友：《清代實學美學研究》，復旦大學中國語言文學系文藝學專業博士學位論文，2006 年 4 月，第 12 頁。

〔註28〕 姜廣輝：《「實學」考辨》，見《實學文化與當代思潮》，中國實學研究會主編，首都師範大學出版社，2002 年 10 月第 1 版，第 399 頁。

〔註29〕 羅熾：《「實學」義辨》，見《實學文化與當代思潮》，中國實學研究會主編，首都師範大學出版社，2002 年 10 月第 1 版，第 412 頁。

　　由於研究側重點的不同，本文不擬對「實學」研究中的問題分歧及「實學」概念內涵的爭論進行過多關注。這裡只想指出，無論研究實際中關於「實學」研究的對象、「實學」思潮的分期等問題的分歧多麼複雜，也不論上述關於「實學」內涵的爭論多麼激烈，至少作為一種治學路徑和學術價值取向，「實學」所涵括的內容應該是極其廣泛和富於包容性的。張顯清教授在《晚明心學的沒落與實學思潮的興起》一文中將「實學」內容概括為六個方面：「反虛務實，以救世為己任，注重生產、鼓勵工商，為『私欲』辯護，自然科學的復興，考據學的出現」，葛榮晉教授以「明體達用」為實學，將張載的「關學」、以實理論、實性論、實功論、實踐論等為主要構成的朱熹理學、清初和清末的經世實學、乾嘉考據學等納入「實學」研究，《清代實學美學研究》將「元氣實體論」、「經世致用之學」、「考據學」、「史學經世論」等納入作為一種學術取向的「實學」的考察視野之內，〔註30〕《經、史視域下的清初實學學風研究——以康熙朝江浙籍「博學鴻儒」為考察中心》以朱彝尊的考據學（《尚書》）、吳任臣的史學（《十國春秋》）、潘耒的「經世」之學為個案展開對清初實學學風的考察。〔註31〕在這些研究實踐的基礎上，在「實學」作為一種治學路徑的立場上展開對考據學、史學、「經世之學」的治學特徵和學術價值追求的分析，應該既不會從根本上違背上述「實學」研究實際中關於「實學」的理論探討，同時也符合一般的習慣思維。

　　鑒於此，在本文語境下，「實學」將作為一個指稱學者治學路徑和學術價值取向方面的特徵的概念而被使用。在這一指稱之下，治學態度和立場上的「崇實黜虛」、排斥毫無根據的主觀發揮，研究方法上的「言必有據」、講求「實證」，研究目的上注重「學以致用」、關注學問的「功能意義」等都將納入本文「實學」的涵義之內。同時為便於更準確區分「實學」概念中「學術形態說」和「學術取向說」之間的涵義差別，明確本文語境下作為一種治學路徑和學術價值取向的「實學」含義，本文在下文論述中將以「實學取向」

〔註30〕如在概括清代「實學」的特徵時，該文認為「幾乎中國實學的所有形態在清代都有成熟的表現。有的是在以前的時代雖有顯現，但發展到清代才臻至大成，如元氣實體論、經世致用之學、考據學、史學經世論等」，並特別指出「清人明確標舉這一時代的主旨或思想主流是以考據訓詁等踏踏實實做學問的風氣為實學」，見張傳友：《清代實學美學研究》，復旦大學中國語言文學系文藝學專業博士學位論文，2006年4月，第21頁。

〔註31〕吳超：《經、史視域下的清初實學學風研究——以康熙朝江浙籍「博學鴻儒」為考察中心》，華東師範大學歷史文獻學專業博士學位論文，2011年4月。

替代「實學」一詞。

二、「沙灘文化現象」的「實學」特徵及其地域淵源

（一）「沙灘文化現象」的「實學」特徵

「沙灘文化現象」整體上呈現出「崇實黜虛」的特點，這種傾向既可以從人物的價值取向和生平活動中看出來，更可以從代表人物的學術研究中找到具體體現。

以鄭珍、莫友芝、黎庶昌為代表的「沙灘知識分子」雖然人生選擇上不盡相同，但排斥佛老「虛無」，秉持積極入世、力求有為的價值取向則是共同和一致的。黃萬機先生在《沙灘文化志》中所列的三十餘位「沙灘知識分子」，或著書立說、致力於傳道育人，或注重「事功」，追求更直接的「經邦濟世」，都表現出積極的進取心態，其中更有黎兆祺、黎庶蕃、黎兆銓、黎庶昌、莫祥芝等人未憑科考而以實幹才能顯名於世。鄭珍在《送黎蓴齋表弟之武昌序》中曾說：

> 人之制於天、權於人者不可必，惟己在者為可恃。格致誠正以
> 終其身，是不聽命於天人者也。功名事會之倘至，起而行之，吾樂
> 焉；不，則胼胝於畎畝，歌歡於山林，亦樂焉。此所謂豪傑之士，
> 不待文王而興者也。〔註32〕

這段話可以說是鄭珍及「沙灘知識分子」入世思想的集中體現，同時也可以說明鄭珍等人在一些詩文中透露出的隱逸思想與佛道的「虛無」追求並不一致。

積極入世的人生選擇，加上鄭珍、莫友芝等相對低下的政治地位和緊迫的經濟條件，使得鄭珍、莫友芝等「沙灘知識分子」關注現實，重視實際生產生活。對農漁業生產活動的關注是「沙灘文化現象」的突出特點。黎恂著有《農學》，鄭珍著有《田居蠶室錄》。雖然兩書均已佚，但從其題名還是能夠大致猜測出其主要內容。此外，鄭珍還撰有專門介紹山蠶飼養和繅絲織綢技術的《樗繭譜》。由於《樗繭譜》艱澀難懂，不利於普通人閱讀、傳播，莫友芝又專門對其進行注釋。〔註33〕

〔註32〕轉引自《鄭珍評傳》（黃萬機，巴蜀書社，1989年3月第1版）第205頁。

〔註33〕黃萬機：《夜郎故地文化史上的奇葩——遵義沙灘文化述論》，《教育文化論壇》，2010年第2期。

　　另一方面，在鄭珍的詩文創作中對農漁副業生產等題材的描寫佔據了相當的篇幅。如敘寫農具的《播州秧馬歌〈並序〉》：〔註34〕

　　吾鄉治秧田，刈戎菽等密佈田內。用秧馬踐入泥。俟爛，則播種。其力倍於糞，且不盡。秧馬制：以縱木二為端，薔四橫，長倍廣，下旁殺，令上面平入足踏狀，底入四屐齒。用柔條一，或繩貫兩端為繫，高接手。踏時，足各履一馬，手提繫，摘行莖葉上，深陷之，甚便，且速。為歌一篇，俟後譜農器者識焉。

　　穀雨方來雨如絲，春聲布穀還駕犁。斬青殺綠糞秧畦，蕪菁苴菽鋪高低。層層密密若臥梯，外人顧此頗見疑，足春手築無乃疲？我有二馬君未知，無腹無尾無軛題。廣背方坦健骨支，四蹄銳削牡齒齊。踏背立乘穩不危，雙韁在手左右持。馬背北向人首西，橫行有如蟹爬泥。前馬駐足後馬提，後馬方到前又移。前不舉後後不蹄，轉頭前者後復馳。人在馬上搖搖而，躈田遠過牽牛躈，絕似軟屐行蒺藜。柳陰饋餉媚且依，木騄對臥不解饑。晚風搖波瀀水臍，居然刷洗臨清溪。他日更借人乘之。踏花小郎黃驄嘶，下鞍兩髀紅胭脂。豈知老子糞種時，一足各有一馬騎，終身腳板無瘢胝。

從農業生產立場關注天時的《至息烽喜得大雨》和《六月二十日晨，雨大降》：

　　濕雲掩過龍場城，日腳照見雨似繩。山腰婦女荷鋤下，歸牛返豕紛縱橫。我行亦覺兩脛速，打笠已聽千杖鏗。街中大小齊拍手，雨喧人贊同訇訇。向來定廣二州米，仰食北至烏江亭。去年無禾亦無麥，轉販遠取遵義杭。山農曆苦待秋實，望望禾黍就稿莖。百錢不買一升米，路奪市攘成亂萌。近聞守土力和糴，義倉春盡開常平。古來和暫不和久，貴粟原自非民情。官藏未敵民萬一，官竭可禁民踊騰？十日不雨即不濟，至患豈獨愁書生。皇天一澤甚容易，比戶勝貽金滿籝。已見瓜蔬長鄰圃，可卜良苗秋壓塍。前途田水定溢路，決決市渠中夜鳴。月涼蚊靜足甘寢，旅宿不寐看殘燈。（《至息烽喜得大雨》）

〔註34〕以下詩文，均可參見鄭珍著、龍先緒注：《巢經巢詩鈔注釋》，三秦出版社，2002年8月第1版。

望雨終宵三四起，雨來浸曉卻安眠。已知比戶皆回命，暗悔前朝易怨天。官糧雖輕無此飽，帝心稍轉即豐年。翻悲昨見橫渠癠，不緩須臾死道邊。(《六月二十日晨，雨大降》)

敘寫漁業生產的《網籬行〈並序〉》：

公安五年水，民食於漁，而居稍高地。其種菜，即以敗網爲籬，亦奇觀也。

公安民田入水底，不生五穀生魚子。居人結網作耒耜，耕水得魚如得米。高田魚落田反蕪，生魚之地變生蔬。網亦從之變其用，環蔥繞芥如圍魚。以蔬佐魚生已鷹，以網作籬還詫目。苟且窮算得新創，何遽絲乃不如竹。蔬花簇簇蔬葉披，貓戲網中雞隔窺。想見鸕鶿與獮獺，出入籬際驅魚時。不愁網破籬無補，但懼水反魚遊圍。此時籬倒蔬亦無，頓頓餐魚奈何許！

以蠶絲種植和生產入詩的《追和程春海先生〈橡繭十詠〉》(節錄)：

我亦念井田，此世生已遲。天與地商量，遣蠶飼爾絲。樹是古時樹，爲要今人爲。急種莫窮待，三年當見之。(《種樹》)

春寒四十五，人繭暖窩裏。人既忘其寒，蠋亦醒思起。蠶事爭此關，火力謹相視。譬如胎教疏，百病從之始。(《烘樹》)

誰能妻不衣，誰能兒不哺。都仰蠶腹錢，哪避山中露。得不辛苦得，即種神亦妒。春山九十朝，報君以紈素。(《春放蠶》)

君穀熟田中，我蠶熟山巔。熟時兩通易，豐歉情相連。晝要秋日小，夜須秋月娟。天解人願從，我腹定果然。(《秋放蠶》)

蠹蠹豈得已，亦復因飢寒。只此萬頭蟲，爾飽我則難。繫頭有排索，繫足有機竿。非我能陷子，天教入其間。(《歐蠹》)

今日機杼地，舊時空破屋。織師有手訣，可授不可讀。歲織千萬端，遠散候甸服。勸君母作僞，作僞天不穀。(《上機》)

栩之用於古，木薪實以皂。一經發全能，遂令窮郡飽。辨土劑利害，草木乃皆寶。敬告異邦君，死法要活草。(《利無算》)

生爲窮陬民，如未得父貲。千方獲小利，又索眞苦兒。堂堂永不稅，楔此三字楣。不無桑弘羊，永言請深恩。(《永不稅》)

《遵義山蠶至黎平歌，贈子何》(節錄)：

> 大利天開亦因人，胡六秀才名長新。作文不動主司聽，作事乃
> 與君相親。當年讀我《樗繭譜》，心知足法黎平民。自恨家無樗樹林，
> 又乏財力先錐輪。逢人即講利且易，金帛滿山那苦貧。事即少見多
> 所怪，《譜》復辣口難俗論。疑者自疑笑者笑，生也不顧逾津津。黑
> 洞宋氏亦深計，種橡於今及三世。有錢能致遵義蠶，無術能行《譜》
> 中事。胡生大喜得憑籍，遍合遵人負種至。八千蛾走一千里，上巳
> 和風與清霽。……

抒寫農作物的《於堰南獲早稻》：〔註 35〕

> 老去無世用，所懷在耕田。薄田不滿力，亦復事終年。壤瘠缺
> 糞草，一飯貪之天。入秋喜先熟，似得田公憐。敢歎所獲微，及我
> 室如懸。兒癡早得力，勝彼遲者賢。柏林帶脩澗，不覺寒氣先。晨
> 興命儔侶，日晃空雲連。殘陽明豆籬，墟塢上晚煙。悠然見雲水，
> 已有雙鷺拳。長歌返茅屋，我稼又此圓。人事難盡計，庶以飽目前。

或許鄭珍在《樗繭譜自序》中認為的「無衣食，古今無世道也；捨衣食，
聖賢無事功也」〔註 36〕可以視為鄭珍等「沙灘知識分子」關注農副業生產，
以及「沙灘文化現象」「務實」特徵的集中寫照。

從學術研究方面看，上文在介紹「沙灘文化現象」的主要成果時，談到
「沙灘文化現象」囊括小學、經學（考據學）、目錄學、史志學，以及追求政
治經濟改革的「經世之學」及詩文創作等眾多領域。在這眾多領域中，包含
詩文在內，運用玄思推理或想像，富有浪漫主義色彩的著作或篇章難得一見，
而注重研究立場的「客觀」、研究方法的「實證」或「學以致用」，則是重要
的特徵。即使是主要傾向於個人情志抒發的詩文，在「沙灘文化現象」代表
人物的筆下也呈現出明顯的「實學」傾向。如鄭珍的詩歌創作，在「宋詩派」
和漢學學風影響下，鄭珍比較注重詩句中「字詞」的出處，講求「以學問為
詩」，甚至完全以詩記考證，如《玉蜀黍歌》等。〔註 37〕

〔註 35〕參見鄭珍著、龍先緒注：《巢經巢詩鈔注釋》，三秦出版社，2002 年 8 月第 1 版。
〔註 36〕轉引自《鄭珍評傳》（黃萬機，巴蜀書社，1989 年 3 月第 1 版）第 208 頁。
〔註 37〕貴州大學譚德興教授在《論鄭珍文學創作的經學化》一文中對鄭珍在詩歌創作
中講求出處，化用《詩經》、「三禮」、《左傳》等經語成句的傾向進行了分析，
參見《論鄭珍文學創作的經學化》（《貴州文史叢刊》，2006 年第 3 期）及龍先
緒注釋的《巢經巢詩鈔注釋》（三秦出版社，2002 年 8 月第 1 版，第 64 頁）。

（二）「沙灘文化現象」「實學取向」的地域淵源

一定程度上，「沙灘文化現象」「實學取向」的地域淵源同時也就是「沙灘文化現象」形成的原因。以往對「沙灘文化現象」形成原因的分析，多集中於經濟發展、知識分子家庭教育等「一般」因素的影響，而沒有注重從「沙灘文化現象」治學取向的形成入手進行分析。一個文化現象或文化形態的出現自然離不開相應區域的自然地理、經濟發展等條件，但在分析文化現象形成的「一般」因素的同時，透過文化現象的「整體」，注重與文化內在特徵形成的相關因素的分析同樣很重要，因爲文化「內涵」的形成與文化現象本身的出現本來就是難以分開的。遵義地區作爲鄭珍、莫友芝、黎庶昌等「沙灘文化現象」中的知識分子成長或活動的主要區域，也即作爲「沙灘文化現象」「實學取向」的孕育地，以其特定的自然地理、民風鄉俗等條件孕育和促進了「沙灘文化現象」及其「實學取向」的形成。

1. 相對優越的自然地理條件

遵義所在的黔北地區，在貴州全省地理條件中應該算是比較優越的。「貴州高原多山，黔東、黔西、黔南三境，平壩低地皆甚狹隘，惟烏江以北始有寬廣河谷，山間平壩面積亦較大，最宜農事栽培。且因接近巴蜀，漢人移殖較早，農業開發已有兩千年之歷史，」〔註38〕自然和區位優勢爲遵義成爲「黔省首邑」提供了前提。就遵義本身的地理條件而言，遵義位於大婁山南麓，境內地形大致可以分爲三個部分，即北部依大婁山而形成的山地，中部的大面積丘陵和南部的烏江谷地，其中中部丘陵佔地最廣。〔註39〕從遵義土地利用的相關統計來看，遵義地區的土壤和氣候條件應該是比較適宜農作物生長的。下表是抗戰時期浙江大學史地研究所所作的遵義土地利用調查統計表，從中我們可以看出遵義的植被條件比較好，而較好的植被則意味著較好的土壤條件。〔註40〕

〔註38〕 張其昀：《遵義新志·農業與資源》，民國三十七年浙江大學史地研究所鉛印本，第105頁。

〔註39〕 張其昀：《遵義新志·區域地理》，民國三十七年浙江大學史地研究所鉛印本，第137頁。

〔註40〕 雖然「沙灘文化現象」出現在18、19世紀，但屬於「長時段」的自然地理因素在兩個世紀中變化並不會很大，所以即使以晚近的統計調查數據爲分析對象，並結合《遵義府志》等史料記錄，應該可以對兩個世紀前的自然地理狀況進行相應推測。

遵義地區土地利用情況表

土地種類		所佔百分比
耕地	水田	8%
	旱田	12%
森林		35%
荒地		40%
房屋道路用地等		5%

資料來源：張其昀：《遵義新志·區域地理》，民國三十七年浙江大學史地研究所鉛印本，第 141 頁。

除土壤條件外，遵義的氣溫及降雨也比較適宜植物生長。因靠近四川，遵義「地脈疏通，界巴蜀之間，雨暘不爽，耕穫以時，……氣候大致溫和，冬無嚴寒」。〔註 41〕下表是 1942～1945 年遵義區域的氣溫及降雨量表，從中我們可以看出遵義全年各月氣溫總體溫和，降雨也分佈較均。

遵義各月平均氣溫表　　　　　　　　　　　　　　　　單位：℃

月份	1	2	3	4	5	6	7	8	9	10	11	12	全年	記錄年代
遵義	4.3	4.7	11.6	15.6	19.8	22.9	25.2	23.7	21.3	15.5	12.8	8.1	15.3	1941～1945

資料來源：張其昀：《遵義新志·氣候》，民國三十七年浙江大學史地研究所鉛印本，第 36 頁。

遵義全年雨量變化表（1942～1945）　　　　　　　　單位：mm

月份	1	2	3	4	5	6	7	8	9	10	11	12	全年
雨量	25.4	12.78	42.35	79.3	126.8	169.9	99.23	218.2	72.5	95.6	53.6	23.13	1018.79
占全年雨量比重（%）	2.43	1.18	4.14	7.52	12.17	16.86	9.85	21.60	7.22	9.53	5.24	2.26	100

資料來源：張其昀：《遵義新志·氣候》，民國三十七年浙江大學史地研究所鉛印本，第 38 頁。

相對適宜的土壤和氣候條件，加上遵義居民「蠶桑殊少，專事耕農」，〔註 42〕難怪遵義會成為「黔省首邑」和「西南富庶之區」。〔註 43〕相對優越的

〔註41〕 劉顯世 谷正倫修，任可澄 楊恩元纂：《貴州通志·風土志》，民國三十七年貴陽書局鉛印本。

〔註42〕 鄭珍 莫友芝：《遵義府志·卷二十風俗》，遵義市志編纂委員會整理，1986 年 3 月，第 553 頁。

〔註43〕 張其昀：《遵義新志·農業與資源》，民國三十七年浙江大學史地研究所鉛印本，第 105 頁。

自然地理條件和經濟發展水平是黔北文教發達、「沙灘文化現象」得以孕育，「沙灘文化現象」「實學取向」得以形成的前提。

2. 較快發展的文化教育

（1）明清貴州教育的發展

貴州被納入明朝的統轄之後，在明廷的政策影響下，貴州地域的官學教育獲得了極大地發展。明代貴州官學分佈可標示如下：〔註44〕

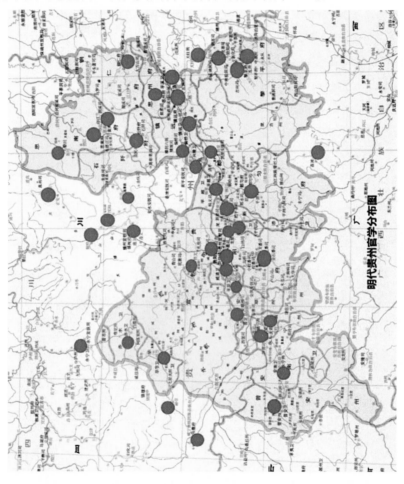

〔註44〕此圖的標識囊括了明朝前期設立的司學、中期設立的衛學和府學、後期設立的州學和縣學，但同一官學，避免重複標識。如宣慰司學改爲府學後，如宣慰司學已做標識，則其改爲府學後不再標識。由此，此圖大體可以反映明代後期官學建制達於成熟的概貌。另，標示官學分佈所用地圖爲譚其驤主編的《中國歷史地圖集》電子版之「明朝貴州全圖」，以下同；官學的設置與分佈情況主要參考《貴州通志》（民國）、《貴州省志·教育志》（1990 年）。

　　此處可以將明代貴州連接他省的交通乾道圖與官學分佈圖進行比對：

〔註 45〕

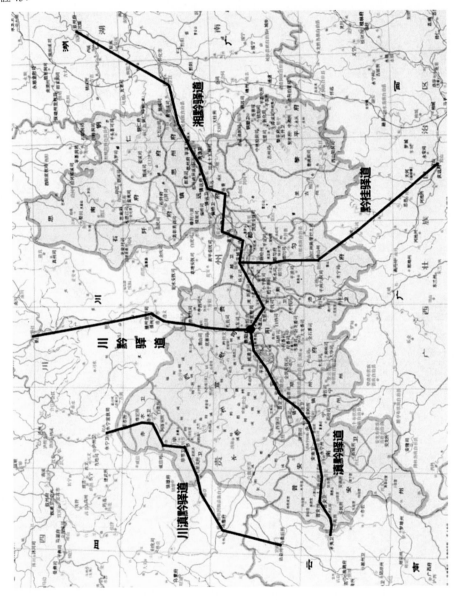

〔註45〕 此乾道交通示意圖以《貴州通史》編委會編著的《貴州通史》（當代中國出版
　　　　 社，2003 年）第二卷第一篇第六章「驛傳的整治與發展」爲依據進行繪製。
　　　　 根據該書的分析，有明一代，貴州的交通狀況有了進一步改善。不僅新修了
　　　　 一些省內驛道，如「龍場九驛」，而且最終形成了以貴陽爲中心的湘黔、滇黔、
　　　　 川黔滇、川黔、黔桂五條省際主乾道。

－23－

通過比對兩圖，可以發現，從空間布局上說，明代貴州官學的設立集中在貴州與他省連接的交通乾道上。即普安衛（今盤縣）——安南衛（今晴隆）——普定衛（今安順）——貴陽府（今貴陽市）——平越衛（今福泉）——鎮遠府（今鎮遠）——這一線。這一線作爲貴州橫貫東西的交通要道，衛所密佈，這也決定了衛學在明代貴州官學中的重要地位。從時間上來看，貴州官學的設立，明代早期主要設立司學，中期設立衛學，後期設立縣學，即洪武至永樂朝是宣慰司學和府學的主要設立時期，宣德、正統、嘉靖三朝是衛學的主要設立時期，萬曆朝是縣學和州學的主要設立時期。〔註46〕

據《貴州通志》（民國）、《貴州省志·教育志》（1990年）統計，明代貴州所建的司學、府學、衛學、縣學等，合計共55所，清代約60餘所。清代較明代增幅不大，說明在明代中後期，貴州官學建制已經大體齊備。

由於官學建制在明代已大體完備，清代貴州教育的發展集中體現在書院的興建上。

清代各朝所建書院合計〔註47〕

時期	數量
康熙	16
雍正	13
乾隆	25
嘉慶	20
道光	24
咸豐	4
同治	11
光緒	21
合計	134

〔註46〕參見《貴州省志·教育志》（貴州省地方志編纂委員會，貴州人民出版社，1990年）第二編第一章第一節「明代的貴州官學」。

〔註47〕數據根據《貴州通志·學校志》（民國）、《貴州省志·教育志》（1990年），以及《中國書院辭典》（季嘯風主編）等史料統計所得。關於清代貴州書院設立的詳細情況，可參見書末「附錄三 貴州書院簡表」。

為使比較更為直觀，現將明代各朝所建書院情況復列於下：

明代各朝所建書院合計

時期	數量
景泰	1
弘治	3
正德	2
嘉靖	8
隆慶	6
萬曆	9
合計	29

和明代相比，清代貴州書院數量的增長非常明顯，這反映出在明代官學建制基本完備的基礎上，清代貴州教育通過興建書院實現了進一步發展。

（2）遵義「皆慕華風」的文教環境

遵義歷史上並非少數民族集中聚居的「化外之地」。秦時遵義屬巴郡，漢武帝時先後置犍為、牂牁郡，西晉時置平夷郡，唐貞觀年間置播州，皆由中央朝廷垂直管理。在遵義進入世襲土司統治之前，遵義也曾出現了兩位著名學者，即西漢時從學於司馬相如的盛覽和東漢時從學於許慎的尹珍。直到唐末宣宗時南詔攻陷播州，僖宗時期楊端募兵收復播州，從此世領遵義之地，遵義才開始了七百餘年的土司統治。明朝萬曆年間土司楊應龍反叛，明平亂後改土歸流，廢播州，設遵義、平越兩府，遵義復歸中央垂直管轄之下。〔註48〕此外，儘管楊氏以世襲土司形式統治播州七百餘年，但楊氏土司開山之人楊端並非遵義少數民族，據載楊端祖籍太原，為會稽郡之望族，〔註49〕且其後楊氏統治播州期間，也曾採取措施促進轄區內文化教育的發展。更為重要的是，在改土歸流之後，遵義地區的文化教育得到了較快發展。用鄭珍、莫友芝的話說，明以後百餘年間，遵義「士盡詩書，人沐禮義」，「以今視之，

〔註48〕 參見鄭珍 莫友芝：《遵義府志・卷二建置》，遵義市志編纂委員會整理，1986年3月。

〔註49〕 鄭珍 莫友芝：《遵義府志・卷三十一土官》，遵義市志編纂委員會整理，1986年3月，第951頁。

如身在中天，滿目卿雲，溯洄獉狂，氣象迥絕。」〔註50〕

上文曾論及，清代貴州教育通過興建書院實現了較於明代更進一步地發展，如果詳細梳理貴州自康熙至光緒所建書院的地區分佈，我們或許會發現「遵義『士盡詩書，人沐禮義』」風氣形成的部分淵源。

明代貴州書院的空間布局，因爲數量有限，基本只集中在黔中交通要道上。到清代，書院設立集中於部分地區的狀況被打破，自康熙至光緒，不僅設立數量可觀，而且從區域來看，布局也更爲合理。乾隆和道光兩朝是清代貴州書院設立的主要時期。

清代各個時期貴州書院的地區分佈列表如下：〔註51〕

康熙時期所建書院地區分佈情況

地區	數量	地區	數量
大定	3	都勻	3
遵義	2	黎平	2
鎮遠	2	貴陽	1
安順	1	平越	1
思州	1		
合計：16；遵義府所建書院占總數比爲 12.5%。			

雍正時期所建書院地區分佈情況

地區	數量	地區	數量
遵義	4	思南	2
思州	2	大定	2
鎮遠	1	黎平	1
安順	1		
合計：13；遵義府所建書院占總數比爲 30.8%。			

〔註50〕 鄭珍 莫友芝：《遵義府志·卷二十風俗》，遵義市志編纂委員會整理，1986年 3 月，第 554 頁。

〔註51〕 清代貴州書院設置與分佈統計，主要以《貴州通志·學校志》（民國）、《貴州省志·教育志》（1990 年）、《貴陽府志》（道光）、《遵義府志》（道光）、《大定府志》（道光），以及《中國書院辭典》（季嘯鳳主編）等史料爲主要依據。

乾隆時期所建書院地區分佈情況

地區	數量	地區	數量
大定	6	鎮遠	5
遵義	3	石阡	2
平越	2	黎平	2
貴陽	2	思南	1
興義	1	安順	1
合計：25；遵義府所建書院占總數比為 12%。			

嘉慶時期所建書院地區分佈情況

地區	數量	地區	數量
黎平	8	遵義	2
貴陽	2	安順	2
興義	2	鎮遠	2
普安	1	都勻	1
合計：20；遵義府所建書院占總數比為 10%。			

道光時期所建書院地區分佈情況

地區	數量	地區	數量
安順	4	貴陽	3
大定	3	平越	3
普安	3	遵義	2
思南	2	興義	2
銅仁	1	思州	1
合計：24；遵義府所建書院占總數比為 8.3%。			

咸豐時期所建書院地區分佈情況

地區	數量	地區	數量
安順	2	鎮遠	2
合計：4；遵義府所建書院占總數比為 --。			

同治時期所建書院地區分佈情況

地區	數量	地區	數量
貴陽	2	安順	2
都勻	2	思南	2
石阡	1	平越	1
興義	1		
合計：11；遵義府所建書院占總數比爲--。			

光緒時期所建書院地區分佈情況

地區	數量	地區	數量
鎮遠	5	都勻	5
思南	3	銅仁	2
松桃	2	遵義	1
平越	1	黎平	1
普安	1		
合計：21；遵義府所建書院占總數比爲 4.8%。			

通過上述數據，自康熙朝至光緒朝，遵義地區建立的書院占同一時期所建書院總數的比重有逐年下降的趨勢。然而，如果我們將同一地區由康熙至光緒所建書院予以合計，可以發現遵義地區所建書院總數在貴州各府中處於前列。

貴州各地所建書院情況（康熙至光緒）

地區	所建書院數量
鎮遠	17
遵義	14
大定	14
黎平	14
安順	13
都勻	11
貴陽	10
思南	10

平越	8
興義	6
普安	5
思州	4
銅仁	3
石阡	3
松桃	2
合計	134

　　另一方面，一個地區知識分子參加科舉考試被錄取的人數可以從一個側面反映出本地區文化教育的發展狀況，以下就以貴州全省及遵義縣科舉考試錄取情況爲切入點對遵義地區文化教育的發展狀況進行具體分析。

　　以下三表是康熙、乾隆、道光三朝科舉考試貴州籍進士錄取情況的地區分佈，從中可以看出遵義文化教育與貴州省內其他地區相比的發展變化情況。

康熙時期（1662～1723）科舉考試貴州籍進士地區分佈

地區	人數	地區	人數	地區	人數	地區	人數	地區	人數
貴陽	7	銅仁	4	平越	3	平遠	2	黃平	2
新貴	2	遵義	2	施秉	1	大定	1	修文	1
安順	1	獨山	1	湄潭	1	清溪	1	都勻	1
仁懷	1	安平	1	普安	1	貴築	1	廣順	1
合計：35 人，遵義占 5.71%									

數據來源：據劉顯世、谷正倫、任可澄、楊恩元所修纂之《貴州通志・選舉志二／選舉志三》統計得出，民國三十七年貴陽書局鉛印本。

乾隆時期（1736～1796）科舉考試貴州籍進士地區分佈

地區	人數	地區	人數	地區	人數	地區	人數	地區	人數
畢節	12	遵義	11	貴築	10	貴陽	8	都勻	8
黃平	8	開泰	5	銅仁	4	玉屏	4	清平	4
天柱	3	安平	3	大定	3	甕安	3	綏陽	3
平遠	3	安順	3	定番	2	鎮寧	2	施秉	2
普安	2	黔西	2	威寧	2	貴定	2	永寧	2

開州	2	鎮遠	1	獨山	1	修文	1	石阡	1
廣順	1	平越	1	普定	1	仁懷	1	思南	1
清溪	1	黎平	1						
合計 124 人〔註52〕，遵義占 8.87%									

數據來源：據劉顯世、谷正倫、任可澄、楊恩元所修纂之《貴州通志・選舉志二／選舉志三》統計得出，民國三十七年貴陽書局鉛印本。

道光時期（1821～1851）科舉考試貴州籍進士地區分佈

地區	名額	地區	名額	地區	名額	地區	名額	地區	名額
貴築	29	貴陽	7	遵義	5	畢節	4	鎮遠	4
修文	4	廣順	3	平越	3	黎平	3	開州	3
大定	3	安化	3	都勻	3	永寧	2	玉屏	2
普安	2	思南	2	黃平	2	定番	1	甕安	1
平遠	1	黔西	1	古州	1	開泰	1	安平	1
仁懷	1	鎮寧	1	威寧	1	石阡	1		
合計 95 人，遵義占 5.26%									

數據來源：據劉顯世、谷正倫、任可澄、楊恩元所修纂之《貴州通志・選舉志二／選舉志三》統計得出，民國三十七年貴陽書局鉛印本。

　　雖然從進士錄取人數在全省中所佔比重看，遵義縣並不佔優勢，也沒有顯現出持續增長的態勢，但從錄取人數排名看，由康熙到乾隆、道光兩朝，整體上還是可以看出上升的趨勢。

　　再看貴州鄉試的錄取情況：

康熙、乾隆、道光三朝貴州鄉試錄取人數排名前十的地區

康熙時期		乾隆時期		道光時期	
地區	人數	地區	人數	地區	人數
貴陽	60	貴陽	96	遵義	64
貴築	35	遵義	80	貴築	57
思南	32	貴築	78	貴陽	53

〔註52〕 據民國任可澄等所纂之《貴州通志・選舉志二》，乾隆時期貴州籍進士共 132
　　　　名，但因有 8 人具體籍貫待考，此處只列 124 名。

遵義	24〔註53〕	畢節	54	畢節	45
都勻	21	都勻	49	大定	22
平越	21	大定	34	甕安	17
安順	17	黃平	25	黔西	14
定番	16	平遠	24	平遠	13
黃平	15	安順	22	安平	12
黎平	14	黔西	21	修文	11
十地區人數合計	255		483		308

數據來源：據劉顯世、谷正倫、任可澄、楊恩元所修纂之《貴州通志・選舉志二／選舉志三》統計得出，民國三十七年貴陽書局鉛印本。

遵義（縣）考取舉人人數比重變化情況

	遵義縣考取人數	錄取排名前十個地區人數合計	遵義（縣）錄取人數占前十個地區總人數比重	全省總計	遵義（縣）錄取人數占全省人數比重
康熙時期	24	255	9.41%	496	4.84%
乾隆時期	80	483	16.56%	918	8.71%
道光時期	64	308	20.78%	519	12.33%

數據來源：據劉顯世、谷正倫、任可澄、楊恩元所修纂之《貴州通志・選舉志二／選舉志三》統計得出，民國三十七年貴陽書局鉛印本。

　　從表中可以看出，無論是遵義考取舉人的絕對人數，還是錄取人數比重，從康熙朝到道光朝都有一個明顯的上升趨勢。〔註54〕

　　如果單獨以進士錄取情況的變化為依據顯得有些缺乏說服力，再加上這裡的舉人錄取情況，我們應該可以得出遵義文化教育相比較於省內其他地區在乾隆、道光時期獲得較快發展的結論。也正是遵義文化教育的快速發展，才會有對遵義「敦厖淳固，悉慕華風。……人知向學，深山窮谷，猶聞弦誦聲。雖夜郎舊地，當與中土同稱」的描述和評價。〔註55〕如前文所述，乾隆、

〔註53〕此數據主要依據鄭珍、莫友芝所纂之《遵義府志・卷三十二選舉》統計得出，因康熙時遵義隸屬四川，民國任可澄等所纂之《貴州通志・選舉志二》並未專門載錄遵義中舉情況，僅在按語中零星說明，故只為參考。
〔註54〕道光時期錄取人數雖不及乾隆朝，但道光統治時間僅為乾隆朝的一半。
〔註55〕【清】謝聖倫輯，古永繼校，楊庭碩審定：《滇黔志略卷之十七・貴州・風俗》，貴州人民出版社，2008年9月第1版，第272頁。

道光時期正是「沙灘文化現象」的形成和繁榮期，遵義文化教育的快速發展和「沙灘文化現象」的形成和繁榮在時間上正好同步。

3. 敦厚尚實的民風鄉俗

如果說遵義地區適宜的農業生產條件和快速的文教發展只可以算是「沙灘文化現象」得以孕育的「一般」條件，而與「沙灘文化現象」「實學取向」的形成只有間接關聯的話，那麼遵義地區敦厚樸實的民風鄉俗和湖湘崇實學風的影響就與「沙灘文化現象」「實學取向」的形成有直接關係了。

民風鄉俗與學風特徵的關係，劉師培在闡述我國南北不同學風時曾就民習對學術取向特徵的影響進行過申說：「山國之地，地土墝瘠，故民之生其間者崇尚實際，修身力行，有堅忍不拔之風。澤國之地，土壤膏腴，便於交通，故民之生其間者，崇尚虛無，活潑進取，有遺世特立之風。故學術互異，悉由民習之不同。」〔註56〕劉師培的觀點其實是將「自然地理—民風鄉俗—學術特徵」之間的對應關係進行了明確。遵義靠近四川、重慶，歷史上更是曾隸屬四川，〔註57〕民風鄉俗總體上趨於敦厚、質樸、固實。遵義「男女多樸質，人士悅詩書。……會聚皆重盛服，出入喜佩刀劍。勤耕鑿，重蠶桑。士質而文，民樸易治。冠婚喪祭，不尚奢華」。〔註58〕應當可以說，遵義以山地丘陵爲主的地理環境和質樸固實的民風鄉俗與遵義區域知識分子關注實際、崇實尚樸的治學風氣之間有相應的對應關係。

4. 湖湘崇實學風及道咸間湘系經世知識分子的影響

有學者在論及湖湘學風和知識分子價值追求時，從以山地爲主的地理環境、相對閉塞的交通條件及較爲單一的經濟構成形態入手，結合湘籍士人，尤其是道咸間崛起的湘系軍事政治人物的爲學行事特徵，概括出湖湘知識分子熱衷治術實技之道，重視世俗實功之務的傾向，從胡宏、張拭、到劉蓉、曾國藩、左宗棠、唐才常，再到毛澤東，無不如此。〔註59〕

〔註56〕 劉師培：《清儒得失論・南北諸子學不同論》（中國學術文化名著文庫），吉林人民出版社，2013年3月第1版，第198頁。
〔註57〕 雍正六年，四川遵義改隸屬貴州。見《清史稿・卷七十五・地理二十二》，中華書局，第2351頁。
〔註58〕 胡樸安主編：《中華全國風俗志・上篇卷十・貴州》，上海書店影印出版，1986年4月第1版，第59頁。
〔註59〕 楊念群：《儒學地域化的近代形態——三大知識群體互動的比較研究》，三聯書店，2011年9月第1版，第228頁。

　　湖湘崇實學風和經世思想與黔北遵義地區「崇實學風」的關聯性可以從道同年間「沙灘文化現象」的代表人物與湘系人物的密切交往上窺見一斑。鄭珍 1837 年中舉後，拜入貴州巡撫湖南善化人賀長齡門下。賀長齡崇實尚用，編著《皇朝經世文編》，《清儒學案》載其編著目的爲「聚本朝名公巨卿、碩儒畸士之文有裨實用者」。〔註60〕莫友芝 1847 年進京會試初識曾國藩，1860年入胡林翼幕，次年轉入曾國藩幕，遊歷江表十年，與曾國藩有不淺交往。黎庶昌自 1862 年應詔上書後，入曾國藩大營，以弟子身份與曾氏交往近十年，深受曾國藩思想影響，與張裕釗、吳汝倫、薛福成同爲「曾門四弟子」。可以說曾國藩與黎庶昌的師徒關係集中體現了湖南學風對貴州黔北學人「崇實」取向的影響。〔註61〕

三、「沙灘文化現象」「實學取向」的三個分析視角

　　「沙灘文化現象」的「實學」特徵廣泛蘊含於農藝學、經學、史志學及詩文創作等各個領域，鑒於「實學取向」輻射的這種廣闊性，本文無力面面俱到，只能選擇具有代表性的幾個方面進行具體論述。考慮到經學（考據學）、史志及「經世之學」在「沙灘文化現象」中的重要地位，並結合本文論述的學科屬性，本文將選取經學（考據學）、史志及以政治革新思想和洋務思想爲主要內容的「經世之學」作爲具體的分析場域。〔註62〕

（一）「沙灘文化現象」「實學取向」的三個解讀層次

　　儘管經學研究成果在「沙灘文化現象」的著述總和中所佔卷帙比重並不大，但成就鄭珍、莫友芝儒學大師或漢學家身份的主要是經學研究。〔註63〕

〔註60〕【清】徐世昌等編纂，沈芝盈、梁運華點校：《清儒學案卷一百四十·鏡海學案》，中華書局，2008 年 10 月，第 3759 頁。

〔註61〕曾國藩對黎庶昌的影響詳見本書第四章。

〔註62〕對「沙灘文化現象」「實學」特徵的關注，目前所見僅在《共性傳承與個性張揚——中華民族精神與貴州文化傳統關係研究》「第四章 儒學在貴州民族地區的發展和深化」中的「鄭珍經學和方志學中的儒家求實思想」這一問題下有所涉及，但作者基本屬於概括性論述，並未展開具體分析。參見王芳恒著：《共性傳承與個性張揚——中華民族精神與貴州文化傳統關係研究》，民族出版社，2009 年 3 月第 1 版。

〔註63〕吳雁南等在《中國經學史》「第十章 晚清的正統經學與經學異端」中就將鄭珍、莫友芝列爲道咸時期重要的漢學家。參見吳雁南 秦學順 李禹階主編的《中國經學史》，福建人民出版社，2010 年 1 月第 1 版。

「沙灘文化現象」中的經學研究，從成果數量和成就上都以鄭珍爲最，鄭珍的經學研究又以「三禮」、尤其是《儀禮》研究爲重。

清代學者十分注重對「禮」的研究，據臺灣「中央研究院近代史研究所」研究員張壽安的《乾嘉實學研究展望》介紹，作爲清儒治經總成績的《皇清經解》（道光九年阮元編）和《皇清經解續編》（光緒十四年王先謙編），前者中有關「三禮」的專著佔了百分之二十，後者「三禮」專著則增至百分之二十八，只有《春秋》研究可與之相比。張壽安進一步指出，儘管按錢穆教授的看法清儒（尤其是皖派樸學家）在治禮中多篤實，注重典章制度的考辨，較少對性命義理的長篇大論，但從凌廷堪在《復禮》三篇中對力圖以「禮」重整社會秩序，以「禮」復性、治世等的倡導，到程瑤田、阮元、胡培翬等對凌廷堪禮學思想的繼承，再到曾國藩提倡以「禮學經世」，意圖通過「以禮自治」、「以禮治人」挽救日趨敗壞的社會秩序，似乎「禮學」的經世色彩並沒有完全淹沒在支離的訓詁校勘之中。〔註64〕

儘管可能無法否認凌廷堪、胡培翬、曾國藩等人在禮學研究中對「禮學」經世意義的關注和強調，也儘管清代經學中禮學研究本身具有相應的經世「實用」意義，但就整體上的特徵來看，可歸入漢學的清代禮學研究最突出的特徵還是其廣徵博證的考據特點。更何況就鄭珍而言，目前尚未發現有像凌廷堪《復禮》那樣闡述禮學思想的系統篇章，鄭珍禮學研究的專著《儀禮私箋》所關注的只是篤實的名物制度考辨。換言之，鄭珍《儀禮私箋》的突出特徵是可以歸入研究方法層面的「考據」。有鑑於此，本文將以鄭珍的《儀禮私箋》爲具體分析對象，以圖對鄭珍在經學研究中的治學態度和「實證」的考辯方法進行分析，同時也適當兼顧鄭珍禮學思想的闡述。這是本文所論的「沙灘文化現象」「實學取向」的第一個解讀層次。

史志類著述在「沙灘文化現象」中所佔的比重是相對比較大的。48 卷的《遵義府志》無論從篇幅完整度，還是從學術成就上都可以視爲「沙灘文化現象」中此類著述的代表。歷史性著述鑒往以知來、關照現實的經世意識本來就十分明顯，吸納了較多地理因素而成的方志著述，因其關注的地域空間

〔註64〕 參見《實學文化與當代思潮》（中國實學研究會主編，首都師範大學出版社，
2002 年 10 月）「第二十一章 明清實學研究的現狀及展望」，及馮天瑜 黃長義
的《晚清經世實學》（上海社會科學院出版社，2002 年 12 月）「第六章 洋務
派的經世觀念與經世實踐」。

相對縮小，對地方政治、經濟、文化教育發展的敘述也就變得更具體、更細緻。在這種條件下，《遵義府志》作用於地方的「資治意義」也就更具有現實性和可能性。此外，和經學研究中立論要求「證據」真實、有效一樣，《遵義府志》在纂修中堅持「求實」的立場和「言必有據」、「無據不論」的方法原則，尋求人物、紀事的真實還原，為「經世」功能的發揮提供可靠基礎。「求實」的纂修態度、「實證」式的編纂方法及以之為基礎的針對現實的「經世意義」，就成為「沙灘文化現象」「實學取向」的第二個分析層面。

雖然在《遵義府志》中鄭珍、莫友芝表現出了明顯的經邦濟民意識，但他們的這種「經世目的」距離最終的實現還有一段距離，他們的表述似乎只能算是宏觀的「綱要」或理想，而非具體的「措施」。這或許也是二人主要只能作為學者名世的原因。黎庶昌的價值追求和著述則顯然與上述兩個層次有明顯不同。無論是少年時即對南宋「事功學派」「功利主義」思想的傾慕，還是中年以後在《西洋雜志》中透露出的對單純「文事」的相對輕視，與鄭珍、莫友芝相比，黎庶昌對學問（著作）「實用」和「實效」及建功立業的強調是明顯的。黎庶昌的這種思想取向和價值追求同時促成了其對行動和實踐的重視。這種狀況似乎也決定了黎庶昌的「經世」思想將追求更高程度的現實性和可操作性。這在《上穆宗毅皇帝書》、《上穆宗毅皇帝第二書》和《敬陳管見摺》中可以明顯看出來。強調學以致用，追求學問的「實用性」，以「事功」的實現作為治學「有用」及人生價值實現的證明可以視為「沙灘文化現象」「實學取向」的第三個關注層面。

（二）三個層次區分的依據

「沙灘文化現象」「實學取向」分析中的三個層次區分主要是依據「沙灘文化現象」的著述情況、代表人物及學術成就等因素綜合做出的，如果需要暫時撇開「沙灘文化現象」實際而對這種區分進行邏輯上的根源探究，則本書大體可以借用張傳友在《清代實學美學研究》中對張岱年先生針對「實學」涵義的理解的概括進行說明。關於「實學」的涵義，張傳友引述張岱年先生在《清代哲學》「序言」中提出的「『實』有訓詁考據之實，有修養履踐之實，有國計民生之實」的看法，在指出張岱年先生主要從「達用」方面理解「實學」，而對「達用」之上的「實體」之「實」（「氣」）有所忽略的同時，張傳友將張岱年先生的「實學」涵義概括為「研究者經一番努力，能夠把效果和

作用落到實處」，即「實證」、「實在」和「實踐」。〔註65〕除張岱年先生及張傳友博士外，北京大學哲學系張學智教授在《中國實學的義涵及其現代架構》一文中也將「人格修養上的實有諸己、經學上的通經致用和篤實解經學風，以及事功上的經世致用」視爲「實學」概念應該囊括的內容，張學智教授進一步引用姜廣輝的「修德、通經、致用」予以概括。〔註66〕儘管張學智教授似乎主要是從「實學」所指涉對象的不同成分上對實學涵義進行理解，但從學術研究活動的「縱向結構」來看，張學智教授和張岱年先生對「實學」涵義的理解基本一致，都大致可以視爲是從方法（解經）、意義（「修養」以「自治」並「治人」）和效果（事功）幾個方面對作爲治學取向的「實學」涵義的不同層次的概括。這或許也是張傳友以「實證」、「實在」、「實踐」概括張岱年先生看法的邏輯立足點。不過鑒於詞義指涉的明晰性，本文以爲或者可以用「實證」、「實用」和「實踐」進行替換。

當然「沙灘文化現象」「實學取向」的三個解讀層面並不能完全與「實證」「實用」和「實踐」一一對應，比如第二個層次中纂修者對《遵義府志》在經濟發展、地方治理、道德教化等方面的「功能意義」的主張就比較缺乏對個人「修養履踐」的關注，而只能大致歸入「修身」以「治人」及「國計民生」方面。不過本文以爲這點細微偏差應該不會在整體上影響三個層次區分在結構上的系統性，也即三個層次在時間上儘管不能說具有前後相繼的順承關係，因爲經學和《遵義府志》的著錄基本同時，且都集中於同一個人，但從邏輯上，三個層次應該是可以視爲相互關聯的。原因在於，一方面上文已經提及「實證」、「實用」和「實踐」的區分與張岱年或張學智教授從實學指涉對象入手的思考維度稍有不同；另一方面，張岱年和張學智教授對「實學」內涵的梳理基本可以視爲是「實學」一般性特徵的概括，而「沙灘文化現象」及其「實學取向」則可能只是一個「實學單元」。

最後還需指出的是，儘管本文對「沙灘文化現象」的「實學取向」做出上述三個層次的區分，但這種劃分只是力圖對「沙灘文化現象」「實學取向」進行具體、深入的分析和解讀，以爲「沙灘文化現象」典籍的「整體研究」

〔註65〕 張傳友：《清代實學美學研究》，復旦大學中國語言文學系文藝學專業博士學位論文，2006 年 4 月，第 8、9 頁。

〔註66〕 張學智：《中國實學的義涵及其現代架構》，《北京大學學報（哲學社會科學版）》，2003 年第 6 期。

提供一個新的視角，因而在層次區分中，選取的人物與相應層次的對應關係也不應該絕對化。比如鄭珍撰述的《樗繭譜》儘管難懂，但旨在推廣蠶絲養殖，因而「實用」的目的明顯，黎庶昌在《拙尊園叢稿》中也寫過諸多純粹「吟詠性情」的詩文，〔註67〕同時黎庶昌在日本致力於對國內失傳古籍的搜集（編輯《古逸叢書》）、出版等文化活動時也並沒有體現出直接的功利性目的。

第三節 本文的研究思路、分析方法及遺留問題

本文針對「沙灘文化現象」研究中缺乏典籍分析和「整體研究」的現狀和問題，力圖以具體的典籍解讀爲基礎，對「沙灘文化現象」中的部分內容進行某一個視角的整體透視。儘管在本文的撰寫中，先有大綱，也即上述「沙灘文化現象」「實學取向」的三個層次區分，而後才有具體文本內容的解讀，但在撰寫之前的實際研究中，這一順序則是倒置的。這種思路也是一般研究中研究者對其主觀構建傾向的盡可能限制。

具體分析中，本文以「沙灘文化現象」中的「實學取向」爲線索，以「實證」的研究方法、觀照現實的學術「功能意義」和實踐效果爲具體層次展開論述。在三個層次的分析中，又以具體的文本解讀爲重點。第一至第三層次分別以鄭珍的《儀禮私箋》、鄭珍和莫友芝合纂的《遵義府志》、黎庶昌的《拙尊園叢稿》和《西洋雜志》爲主要分析文本。分析中，並不僅僅停留在對鄭珍、莫友芝、黎庶昌著作文本的簡單解讀或內容概括上，而是注重與其他學者相關論說的對比或結合時代背景。這樣做的原因在於「特色」或「成就」一定程度上應該建立在「對比」的基礎之上。

儘管本文抱有對「沙灘文化現象」進行「整體研究」的意圖，但在具體的分析和論述中，還是遺留了不少問題。比如在對鄭珍的分析解讀中，只以《儀禮私箋》作爲分析文本而對他的其他經學成果以及莫友芝的經學研究沒有涉及，更別說「沙灘文化現象」中其他人物的著述。不止如此，甚至即使只有 8 卷的《儀禮私箋》，詳細分析中也只能擇取部分內容，這儘管有經學研究，尤其是《儀禮》解讀頗爲困難的原因，但分析的覆蓋面始終有待擴展。

〔註67〕可參見《黎星使宴集合編》（黃萬機點校，貴州人民出版社，1992 年）及《黎星使宴集合編補遺》（黃萬機等點校，貴州人民出版社，2001 年）等。

另一方面，上文已經提及無論是「沙灘文化現象」所包括的著述，還是具體
人物的學術研究實踐，其組成和實際狀況都是非常複雜的，在此情形下，三
個層次的分析路向有可能會將歸入其中的學者或著述單一化或平面化，隨著
分析廣度和深度的擴展、延伸，問題可能將趨於複雜。由於本人學力和本次
研究時間的原因，這些問題的克服或解決只能留待以後了。

第二章　鄭珍《儀禮》研究中的考辯方法及其禮學思想

鄭珍傾心於經學研究大致始於道光四年（1824）。此年，鄭珍受程恩澤引導開始致力於小學和禮學研究，後成就顯著。正是文字學、經學著述成就了鄭珍漢學家之名，也才使得鄭珍成爲黔北「沙灘文化現象」的重要人物。一定程度上或者可以說，捨經學則無以論鄭珍，而捨鄭珍則無以言「沙灘文化現象」。

第一節　鄭珍經學研究綜述

一、鄭珍生平及思想淵源述略

鄭珍，遵義人，嘉慶十一年（1806）生於遵義天旺里（今遵義縣鴨溪鎮），先世居江西吉水，明萬曆年間鄭珍七世祖鄭益顯隨劉綎入播州平楊應龍亂，後留居遵義。鄭珍祖父名仲僑，字學山，父親名文清，字雅泉，二人未舉業，但皆通醫道。嘉慶二十二年（1817），鄭珍入遵義湘川書院讀書，但爲時不長，嘉慶二十五年（1820）退學返家，〔註1〕並隨家遷居遵義樂安里堯灣（今遵義縣新舟鎮），受學於舅父黎愷。道光元年（1821），鄭珍大舅父黎恂服父喪回里，鄭珍隨大舅父學習。道光四年（1824），鄭珍應鄉試未中。也就在此年，

〔註1〕 此處據《續遵義府志・卷二十上・列傳一》（楊兆麟 趙愷 楊恩元主纂，遵義市紅花崗區地方志辦公室 2000 年 11 月影印）載，另據黃萬機先生的《鄭珍評傳・鄭珍年譜簡編》，嘉慶二十四年（1819）鄭珍退學返家。

受貴州學政程恩澤賞識，鄭珍得選「拔貢」，自此「受知於歙縣程恩澤」〔註2〕。道光六年（1826），以「拔貢」身份赴京會試，未中，此時程恩澤已調任湖南學政，邀鄭珍入幕，鄭珍於是遊幕湖湘。兩年後，即道光八年（1828），爲應鄉試，鄭珍返回遵義。道光十七年（1837），鄭珍中舉，但此後終生未再考中進士。自中舉到同治三年（1864）病逝，近二十餘年間，鄭珍除進京赴考和入川交遊外，足跡再未出貴州境，且除得選教職赴古州廳（今榕江縣）、威寧州、荔波縣就任外，基本都避居鄉里。鄭珍著述除《說文新附考》撰成於 1833 年（道光十三年）外，史學、經學研究的重要著述大部分成於這二十餘年間，如《遵義府志》纂於 1839 至 1841 年，《儀禮私箋》、《輪輿私箋》、《巢經巢經說》、《說文逸字》撰於或刊於 1851 至 1853 年。從卷帙和影響看，鄭珍的代表性研究成果主要爲：《儀禮私箋》、《考工輪輿私箋》、《說文逸字》、《說文新附考》、《汗簡箋正》、《遵義府志》，此外還有近 40 卷的詩文集。晚年受貴州「黃白號軍」起義影響，顛沛於遵義、桐梓、綏陽等地，同治三年（1864）病逝，年 59 歲。

　　從鄭珍的著述來看，除大量詩歌、散文外，鄭珍研究的重心主要在小學、經學方面。從研治方法上，正如《清史稿》所載，鄭珍「師承其說」，所採取的乃是「益進求諸聲音文字之原，與古宮室冠服之制」爲基礎的「漢學」之立場。〔註3〕這應該是有學者視鄭珍爲道、咸間漢學家的重要原因。

　　《清史稿》所說的鄭珍「師承其說」中的「師」，應該就是上文言及的曾任貴州學政的程恩澤。一方面，《清儒學案・春海學案》中列爲程恩澤之弟子者共三人，分別爲何紹基、鄭珍、莫友芝；〔註4〕另一方面，《清史稿・程恩澤傳》中有言：「鄭珍有異才，特優異之。餉以學，卒爲碩儒」，但傳文對何、莫二人則並未提及。此外，從相關材料中，也可以看出鄭珍與程恩澤的交往

〔註2〕　《清史稿・列傳二百六十九・儒林三》，中華書局，第 13288 頁。

〔註3〕　見《清史稿・列傳二百六十九・儒林三》，中華書局，第 13288 頁。關於鄭珍治經，黃萬機先生認爲「鄭珍的學術思想和治學方法與『皖派』爲近」（見《鄭珍評傳》，第 219 頁），臺灣學者張壽安在《乾嘉實學研究展望》（見《實學文化與當代思潮》「第二十一章 明清實學研究的現況及展望」，首都師範大學出版社，2002 年）中引用錢穆教授的話，認爲「吳派喜思辨故學專於《易》，而皖派多篤實故專《三禮》」。從治學態度、方法及治經對象來看，認爲鄭珍治經近於「皖派」並非全無道理。

〔註4〕　【清】徐世昌等編纂，沈芝盈、梁運華點校：《清儒學案卷一百四十六・春海學案》，中華書局，2008 年 10 月，第 3870 頁。

可稱密切。自道光五年（1825）鄭珍被選爲「拔貢」而與程恩澤相識後，次年程氏調任湖南，鄭珍並未拒絕程氏的邀請而遠赴湖南，應該說在鄭珍生平中，除進京赴考外，遠離家鄉遊幕，這是唯一一次。道光十五年（1835），在並非爲科考的情況下，鄭珍又遠上京師，儘管難說赴京往拜程恩澤是鄭珍此行的惟一目的，但請程恩澤點定鄭珍文字學著作《說文新附考》應是重要目的。〔註5〕同時，道光十八年（1838）鄭珍赴京會試，此時程恩澤已病逝，鄭珍特往哭祭：

> 我爲許君學，實自程夫子。憶食石魚山，笑余不識字。從此問弦鍇，稍稍究《滂喜》。相見越七年，刮目視大弟。爲點《新附考》，詡過匡石氏。公時教惠亡，歸沐輒奉幾。每歎伯申喪，無一可共語。留我辛漢業，令館王學士。區區苦思歸，告別前街邸。月中行且言，送我至騾市。焉知即永訣，師弟終一世。逾年與秋薦，先月公已死。猶幸棺未返，及哭龍泉寺。於今十八年，念至止出涕。令子歿廣州，文孫知何地。在日所撰著，十不存一二。插架三萬編，散歸他人廢。此帙何自來，舊檢辨題識。歎落衒姜口，徒令詡裝襪。無錢可買得，我愴焉得已。〔註6〕

在這首詩中，鄭珍自述可證程恩澤對鄭珍致力於小學、文字學研究的影響和激勵，而詩歌本身蘊含的對程恩澤深厚的感激和懷念之情則可證程鄭二人交往之密切淳厚。

從治學取向上，鄭珍與程恩澤也有相應的師承聯繫。前引《清儒學案‧春海學案》言程氏「所學襧廣，凡天算、地志、六書、訓詁、金石，皆精究之」，由此可以說程恩澤治學也具有明顯的「漢學」特徵。此外，儘管程氏專門研究經學的專著所刊刻者僅《戰國策地名考》，但在程氏文集中，有不少關於地名、喪服等的考證文章，這些文章的關注對象基本都是鄭珍著述論及的重點。〔註7〕同時，載於《續遵義府志》，也爲眾多研究者所提及的程恩澤對鄭珍的「爲學不先識字，不足以讀先秦兩漢之書，令服膺許鄭，以鄉先哲爲

〔註5〕關於鄭珍此行與程恩澤的交往詳情，可參見貴州社會科學院黃萬機先生的《鄭珍評傳》第二章第四節「再度進京」。

〔註6〕鄭珍著，龍先緒注：《巢經巢詩鈔注釋》，三秦出版社，2002年8月第1版，第483頁。

〔註7〕參見《程侍郎遺集（二）‧初編卷七》，王雲五主編，商務印書館，民國二十四年（1935）十二月初版。

期許」的教導與鄭珍以《說文逸字》、《說文新附考》、《汗簡箋正》等爲成果的文字學研究實踐正相吻合。〔註8〕

二、鄭珍經學研究及《儀禮》研究概述

（一）鄭珍經學研究述論

整體而言，以上文列舉的經學研究專著而論，鄭珍經學研究可以概括爲以小學爲基點，以禮學爲依歸。鄭珍師承程恩澤，秉持其教誨，首先致力於小學的研究。

鄭珍小學研究的成就集中體現在其文字學著作之中。鄭珍的文字學著作有多種，除上文列舉的《說文逸字》、《說文新附考》、《汗簡箋正》外，還有《補錢氏經典文字考異》、《說隸》、《說文大旨》、《轉注本義》、《說文諧音》等，但已刊行傳世的僅前三種。《說文逸字》中的「逸字」，指的是許慎「《說文》原有而今之鉉本亡逸者」。《說文解字》傳世本爲宋初徐鉉考訂整理以後行世的版本，與許慎原本並非完全一致。鄭珍積三十年時間，審知推證，詳細考訂，集得許慎《說文解字》原有而徐鉉本所遺漏的文字共 165 字，並詳加解說，成《說文逸字》兩卷。徐鉉在校訂許慎《說文解字》時，除對《說文》原本所收之字有遺漏外，還加入了一些《說文》原本未收的字，也就是所謂的「說文新附字」，這些字成爲鄭珍另一部文字學著作《說文新附考》的研究對象。〔註9〕徐鉉校訂許慎《說文解字》時所附入的字共 402 個，鈕樹玉的《說文新附考》、錢大昕的《徐氏說文新補新附考證》均是針對這些附入字而發。鄭珍在《說文新附考》中將徐鉉所附入的 402 字逐一考訂，「窮源究委」，「縷析條貫」，「於文字正俗，歷歷指數其遞變所由」。〔註10〕《汗簡》一書爲宋郭忠恕所撰，是我國古文字學研究中的一部重要著作，共收「古文」2900 餘字。按照鄭珍之子鄭知同在《汗簡箋正·題記》中的說法，鄭珍撰寫《汗簡箋正》的目的在於「對徐氏『新附字』和郭氏『古文』——『追窮根株，精加研核，顯揭眞雁所由來』」，也即「甄別『古文』，以免

〔註8〕 楊兆麟 趙愷 楊恩元主纂：《續遵義府志卷二十上·列傳一·鄭珍》，遵義市紅花崗區地方志辦公室 2000 年 11 月影印，第 697 頁。

〔註9〕 關於鄭珍小學研究著述的內容及特徵介紹，可參見黃萬機《沙灘文化志》「第五章 三家著作概述」及王鍈等點校出版的《鄭珍集·小學》。

〔註10〕 王鍈等校：《鄭珍集·小學》，貴州人民出版社，2001 年 12 月，第 180 頁。

『溷亂許學』」。〔註11〕鄭珍這三部文字學專著的刊行時間，據王鍈、袁本良等考證，《說文逸字》最早刊行於咸豐十八年（1858），爲望山堂家刻本，後有無名氏袖珍本（與《說文新附考》合刻）、天壤閣叢書本、1931年商務印書館據望山堂原刻鉛印本等；《說文新附考》最早刊行本是光緒四年（1878）的姚氏咫進齋叢書本影印，另有益雅堂叢書本、《說文解字詁林》本等；《汗簡箋正》最早刊行本是光緒十五年（1889）的廣雅書局本，其後又有黎氏影廣雅書局本、文通書局鉛印本、貴州省府刊行的《巢經巢全集》本等。2001年貴州人民出版社點校出版的《鄭珍集‧小學》應該是目前收錄鄭珍已刊行的小學研究成果最全的本子，該本除收錄上述三種文字學著述之外，還附有鄭珍所著的《親屬記》。

　　鄭珍致力於小學研究，但研究目的並非僅僅局限於文字的梳理考證。清代樸學家「以識字爲讀經之始」，〔註12〕戴震就曾言「經之至者，道也，所以明道者，詞也，所以成詞者，字也」，〔註13〕這應是清儒治經中常常「許鄭」並稱的原因所在。鄭珍也不例外。程恩澤期許鄭珍的「爲學不先識字，不足以讀先秦兩漢之書」，在強調小學研究的同時，也暗示了「識字」並非最終目的，儘管清儒整體上似乎也並沒有能進一步向「義理之途」推進，但「識字」至少首先必須爲「窮經」服務。

　　鄭珍在小學基礎上所窮的「經」即是「三禮」，尤其是其中的《儀禮》。上文已引，鄭珍已刊行的經學著作中，即使不含收錄於《巢經巢經說》中的關於「三禮」的論文，僅從《儀禮私箋》在經學著作中所佔的卷帙比例，也能看出《儀禮》研究在鄭珍經學研究中所佔的主要地位。關於鄭珍的《儀禮》研究，將在下文予以詳論，此處僅就《巢經巢經說》、《輪輿私箋》和《考工㮚氏圖說》作一簡要介紹。

　　《巢經巢經說》是鄭珍所寫的經學論文集，共收論文十九篇，主要考證《尚書》、《孝經》、《爾雅》、《禮記》等文句的錯亂眞僞。內容涉及《爾雅》三篇、《尚書》二篇、《孝經》一篇、《史記》一篇、《孟子》一篇、「三禮」八篇、人物考證三篇。這些論文相互之間沒有明顯的義理關聯，主要是對經、注、疏的考訂、校勘或匡正。按王鍈等的看法，《巢經巢經說》重點不在闡發

〔註11〕王鍈等校：《鄭珍集‧小學》，貴州人民出版社，2001年12月，第448頁。
〔註12〕王鍈等校：《鄭珍集‧小學》，貴州人民出版社，2001年12月，第8頁。
〔註13〕【清】戴震撰：《戴東原集‧卷九‧與是仲明論學書》，段氏經韻樓藏版。

經文的微言大義，而是主要應用樸學的方法，對經文或歷代注疏進行校勘、辨僞、補闕、匡謬。〔註14〕

《輪輿私箋》和《考工鳧氏圖說》是鄭珍考訂《周禮・考工記》中車制和鍾制的結果。《輪輿私箋》共兩卷，上卷主要解釋《輪人》，下卷主要解釋《輿人》和《輈人》，注解的目的，可以用爲改變「經至今日，能者無不名鄭學，而鄭義轉幾無一是。即此車制，其一端也」的狀況來概括。〔註15〕由於年代久遠，且歷代注疏家意見不一，《考工記》所記的鍾制之形狀、大小等眾說紛紜，鄭珍在《考工鳧氏圖說》中對古代的鍾制予以了詳細訂正。

（二）鄭珍《儀禮》研究綜述

「三禮」研究，尤其是《儀禮》研究是鄭珍經學研究的重點。在鄭珍已刊行的十二卷經學著述中，《儀禮》研究的卷帙超過一半。《清史稿・列傳・儒林卷三》所錄鄭珍百餘字的傳文中共三次提及「三禮」或「禮」。鄭珍精於「三禮」研究，尤其是《儀禮》，而《儀禮私箋》又是鄭珍《儀禮》研究的集中成果。

鄭珍鑽研「三禮」、箋正《儀禮》的動機，其子鄭知同在《〈儀禮私箋〉後序》中有所提及：

> 爰暨國朝，考據成風，學者不通典禮，不列名家，往往衒名復古，不嫌與鄭氏操戈。自萬氏斯大迄乎乾嘉，百餘年間，各出危言，人矜創獲，致令禮堂舊業、宏綱細目無不形爲踌誤。雖不無張稷若、江愼修、惠紅豆、武虛谷諸子爲之功臣，而幾莫敵紛紛眾口之強辭曲辯也。鄭學之弊，莫勝於今。假令狂瀾莫挽，恐千古禮宗不淹晦於飾僞亂眞之手，殆幾希矣。此先君子《儀禮私箋》之所由作也。先君子自壯歲即通家康成公之學，於古今聚訟之地，必研究康成立說之所以然，窮源導窽，見爲鑿不可易而後已焉。〔註16〕

正是由於敖繼公、萬斯大等人爲求創獲而多倡異說，擾亂「禮堂舊業」，所以鄭珍才力挽狂瀾，使「千古禮宗不淹晦於飾僞亂眞之手」，鄭珍的研究也

〔註14〕 王鍈等校：《鄭珍集・經學》，貴州人民出版社，1991年1月第1版，第6頁。
〔註15〕 鄭珍：《輪輿私箋・自序》，王鍈等校，貴州人民出版社，1991年1月第1版，第179頁。
〔註16〕 鄭知同：《鄭珍集・經學・〈儀禮私箋〉後序》，王鍈等校，貴州人民出版社，1991年1月第1版，第169頁。

即要尊仰禮經、復崇鄭學。

就《儀禮私箋》所反映出的治禮原則而言，除「視《儀禮》十七篇為一個整體，進而視三禮為一個整體」，〔註17〕不斷章取義或「斷篇取義」，及「明文例」，〔註18〕注意歸納總結「禮」的通例、特例以幫助明瞭經義之外，本文以為還可以有以下兩點：

「本於昏，重於喪祭」。《儀禮私箋》共八卷，考釋《儀禮》十七篇中的四篇，其中考釋《士昏禮》兩卷，考釋《公食大夫禮》一卷，考釋《喪服》四卷，考釋《士喪禮》一卷。八卷共考釋四篇經文 104 條，其中《士昏禮》26 條，《公食大夫禮》6 條，《喪服》64 條，《士喪禮》8 條（附《既夕》1 條）。無論是從卷帙還是考釋經文的條目數，《喪服》篇的箋正均佔據了《儀禮私箋》的大部分內容，其次才是對《士昏禮》的箋正。儘管《儀禮私箋》僅只涵蓋《儀禮》十七篇中的四篇，而非全部，但這四篇並非依次是《儀禮》篇目結構中的第一至第四篇。如下表：

《儀禮》篇次	士冠禮	士婚禮	士相見禮	鄉飲酒禮	鄉射禮	燕禮	大射禮	聘禮	公食大夫禮	觀禮	喪服	士喪禮	既夕	士虞禮	特牲饋食禮	少牢饋食禮	有司徹
《儀禮私箋》所解經文分佈		26							6		64	7	1				

儘管鄭珍在篇目上只考釋了四篇，但至第十三篇《既夕》止，我們可以認為鄭珍考釋的視野至少覆蓋了《儀禮》十七篇中的前十三篇，也即《喪服》之前跳過 8 篇，並非是出於偶然。當然可能存在鄭珍對《儀禮》前十三篇均有所箋釋，只是《既夕》之前的另外八篇的考釋因各種原因沒有輯入《儀禮私箋》，或者鄭珍在選擇上述四篇目進行考釋時完全出於隨機，但從目前所見的資料看，似乎並沒有可以有效支撐這兩點假設的依據。〔註19〕所以本文大

〔註17〕王鍈等校：《鄭珍集・經學・儀禮私箋》，貴州人民出版社，1991 年 1 月第 1 版，第 55 頁。

〔註18〕王鍈等校：《鄭珍集・經學・儀禮私箋》，貴州人民出版社，1991 年 1 月第 1 版，第 56 頁。

〔註19〕理論上似乎還應考慮各篇歷代注疏被校勘、匡謬的可能，也即鄭珍「發揮」的空間大小。但從理論上說，不存在絕對無法被修正、匡謬的解說。同時儘管鄭珍之子鄭知同在《儀禮私箋》後序》中說鄭珍對《儀禮》「全經皆有考論」，但輯成的《私箋》篇目，還是如所見，所以本文還是暫不做其他猜想。

膽揣測，所涵蓋的四篇在《儀禮私箋》中所佔的比重差異情況，一定程度上可以反映出「士昏禮」、「公食大夫禮」、「喪服」、「士喪禮」在鄭珍禮學研究整體中的輕重地位，進而間接體現出鄭珍的禮學思想。

《禮記·婚義》曰：

夫禮始於冠，本於昏，重於喪祭，尊於朝聘，和於鄉射，此禮之大體也。

不難發現鄭珍《儀禮私箋》闡述經文的篇目分佈特點與《禮記》中的這句話正相吻合。鄭玄注《禮記·婚義》中的這句曰：「始，猶根也。本，猶幹也。」孔穎達疏曰：「此經曰『昏禮』爲諸禮之本，遂廣明禮之始終。始則在於冠、昏，終則重於喪祭，其間有朝聘、鄉射，是禮之大體之事也」。〔註20〕鄭玄注非常簡略，孔穎達則較全面地說明了各禮，尤其是冠、昏、喪祭在「禮制」體系中的地位，更爲清晰地揭示了「禮制」的結構關係。

如果我們再考慮鄭珍在《儀禮私箋》中「殆無一語非經」的闡釋取向，〔註21〕聯繫上文梳理的《儀禮私箋》的篇目和分佈比重，認爲鄭珍贊同並在《儀禮》研究中秉承經文所言的「禮始於冠，本於昏，重於喪祭」的觀點應該是可以成立的。

第二，「尊經」與「崇鄭」。鄭珍以「禮始於冠，本於昏，重於喪祭」爲治禮軸心，同時結合《儀禮私箋》的撰寫動機及其體現出的具體研究取向，鄭珍「尊經」的立場可以說一目了然。自東漢以降，鄭玄經注被奉爲圭臬，「古禮之學」遂以「康成爲宗」，〔註22〕所以「尊經」才會與「崇鄭」相表裏。或許正因爲此，《清史稿》、鄭珍之子鄭知同，乃至鄭珍本人均有「鄭珍治禮墨守鄭注」之說。如《清史稿·列傳·儒林卷三》說鄭珍「故言三禮，墨守司農，不敢苟有出入」，鄭知同在《〈儀禮私箋〉後序》中也謂其父「自壯歲即通家康成公之學，於古今聚訟之地，必研究康成立說之所以然，窮源導窾，

〔註20〕【漢】鄭玄注【唐】孔穎達疏：《禮記注疏·卷六十一·昏義》，同治十年重刊本。另，因現代語境下「婚禮」一詞之所指與傳統社會中之「昏禮」意義差別甚大，且傳統文獻中皆作「昏禮」，故本文即使在非引文中亦將「婚禮」寫作「昏禮」，下文同。

〔註21〕任可澄：《鄭珍集·經學·〈儀禮私箋〉跋》，王鍈等校，貴州人民出版社，1991年1月第1版，第171頁。

〔註22〕鄭知同：《鄭珍集·經學·〈儀禮私箋〉後序》，王鍈等校，貴州人民出版社，1991年1月第1版，第169頁。

見爲鑿不可易而後已焉」，同時鄭知同還在《後序》中引述鄭珍自語：「康成經訓，當時學者頗譏其繁，至今讀之，猶若太簡。唯其簡奧，故雖以孔賈專門，尚不能盡通其義。無惑乎近人以輕心從事，初不得解，即妄意有所牴牾。遂牽私見，必求案證。異論紛紜，恒由此作。余之墨守康成，往往一言一事，或思之數日，不識所謂者，始亦訝其不合，迨熟玩得之，覺渙然冰釋，切合經旨，都無瑕纇。然後知世之據以詆斥康成者，皆偏駁曲見，惜未登高密之堂，令我公以數語箴其膏肓也」。可以說鄭珍治禮學墨守鄭玄之說幾成公論。但本文以爲說鄭珍治禮宗主鄭玄尚可，但冠以「墨守」兩字，則或太過，鄭珍在箋正《儀禮》之「士昏禮」和「喪服」等篇中，並非完全惟鄭注是從，其不贊同鄭注處亦不難發現（可詳見後文分析）。或許正是鄭珍這種「不立異，不苟同」、「實事求是」的治禮態度，〔註23〕才會有認爲鄭珍《儀禮私箋》「樸愻敦確，實事求是」及鄭珍崇尚並秉持清初顧炎武「經世致用」醇博學風的種種認識或評價。〔註24〕

　　以下就以《儀禮私箋》對《儀禮》中「士昏禮」、「喪服」兩篇的名物、儀節的考釋爲具體分析實例，力圖在分析梳理中對鄭珍《儀禮私箋》體現出的「實證」解經方法及暗含的禮學思想予以細緻的考察。不過需要先行說明的是，由於清代漢學本身「廣徵博引」的特點，本文在對鄭珍解經的實例分析中，將不得不分出相當篇幅對所涉及到的前人的論說進行必要的敘述和歸納，這既可作爲鄭珍立論及看法的背景和映襯，更是爲鄭珍在分析中對他說進行駁難時提供讀者理解的便利或批判的可能，更何況，鄭珍《儀禮私箋》考證的價值也應該是在這些觀點的碰撞和辯難之中。由此，如果關於前人論說的敘述可能造成對本節鄭珍解經方法這一敘述中心的適當衝擊，很大程度上也是無奈之選。

　　另一方面，儘管本節的重點在於鄭珍《儀禮》研究中的「實證」方法，但在下文的具體分析中，本文將難以完全依據「實證」的解經方法組織敘述內容，而將不得不兼顧鄭珍在經文考釋中體現出的禮學思想敘述的系統和完整性，因爲以按語爲主要敘述形式的經文考證，首先在行文形式上顯得「瑣碎」和「支離」，其次又在內容考證中廣徵博引、牽涉甚廣，爲訂正某一名物，

〔註23〕《清史稿・列傳二百六十九・儒林三》，中華書局，第 13288 頁。

〔註24〕前者參見任可澄：《鄭珍集・經學・〈儀禮私箋〉跋》，第 171 頁；後者參見黃萬機：《鄭珍評傳》，巴蜀書社，1989 年 3 月第 1 版，第 218 頁。

可能綜合運用多種解經方法，因此如果僅以解經方法爲敘述著眼點，則鄭珍禮學思想的完整性將在考證方法的劃分中被肢解。這種狀況顯然不是典籍研究的眞正初衷。

第二節　《儀禮私箋·士昏禮》的解經立場和實證方法

《儀禮》素稱難讀、難治。一方面因成書年代久遠，經文言簡義隱，要明瞭經傳文義有必要借助相應的注疏，另一方面積累了千年的注解文獻浩如煙海、汗牛充棟，欲盡通前人之說已然不易，要在前人基礎上有所創獲，更是難上加難。鄭珍積數十年努力，也只撰成八卷文字，研治的艱辛可以想見。從成果上說，鄭珍研究中對《儀禮》經義提出的新見解自然對促進《儀禮》研究具有重要意義，但以現代的視角看，鄭珍在《儀禮》研究中的解經立場和論證方法對從研治方法層面審視傳統《儀禮》研究和漢學特點同樣具有重要意義。

《儀禮私箋》共八卷，卷一和卷二箋釋《儀禮》「士昏禮」，對「士昏禮」的箋釋也成爲《儀禮私箋》除考釋《儀禮·喪服》外最爲重要的內容。其中卷一共箋釋《儀禮·士昏禮》13 條，卷二共箋釋 16 條。以下擇取較具代表性的幾條予以詳論。

一、依據經文與「重左證」

（一）嚴格從經文出發：「下達」釋義

「下達」、「用雁」出自《儀禮·士昏禮》，全文爲：

> 昏禮：下達，納采，用雁。〔註25〕

鄭玄注此句：

> 達，通也。將欲與彼合昏姻，必先使媒氏下通其言。〔註26〕

鄭玄釋「達」爲溝通，但對爲何在「達」之前加一個「下」字及「下」字作何解，鄭玄沒有說明。

〔註25〕【漢】鄭玄注【唐】賈公彥疏：《儀禮注疏·卷四·士昏禮第二》，同治十年重刊本。「納采」爲古代婚禮之「五禮」中的第一禮，也就是男家向女方家送雁（即鵝）爲禮，以示求親之意。

〔註26〕【漢】鄭玄注【唐】賈公彥疏：《儀禮注疏·卷四·士昏禮第二》，同治十年重刊本。

爲明確「下」的涵義，賈公彥引入了「男女陰陽之義」：

> 言下達者，男爲上，女爲下，取陽倡陰和之義，故云下達，謂以言辭下通於女氏也。〔註27〕

與鄭玄和賈公彥不同，在「下達」、「用雁」的按語中，鄭珍並沒有直接對「下達」的意義予以考證，而是首先就句首「昏禮」二字前是否有「士」字，即「昏禮」是否專爲「士」階層所有進行了分析：

> 《儀禮》每篇首句是其標目，其目爲「士禮」者，曰《士冠》、《士喪》、《士虞》、《士相見》，凡四篇。此經止首曰「昏禮」，原無「士」字，則爲上下通行之禮也。原前聖之意，蓋以天子、諸侯雖尊，其未即位而昏者，即天子之元子，猶士也；其即位始昏者，合二姓之好，以繼先聖之後，以爲天地宗廟社稷之主，必不能外六禮而別有所行。〔註28〕

清初經學家姚際恒也持這種說法，認爲「昏禮」之「六禮」雖於不同階層「義節不無不同」，但大端則「自天子下達於庶人」，〔註29〕故句首無需「士」字。〔註30〕

認爲「昏禮」並非「士」階層所專有可以說是鄭珍分析「下達」、「用雁」的前提立場。既然「昏禮」非爲「士」所專有，儘管天子、諸侯等各階層行「六禮」「雖使者異人，車服異等，圭幣異制，送逆異宜」，但「至儀節之大端，尊卑無或異，故筆以爲經，據上下通制立文，而不專名爲士」，〔註31〕所以：

> 曰「下達」者，總冒全篇，言此禮自上通下爾。〔註32〕

鄭珍從經文開頭只有「昏禮」而沒有「士」字出發，以「六禮」被作爲

〔註27〕【漢】鄭玄注【唐】賈公彥疏：《儀禮注疏・卷四・士昏禮第二》，同治十年重刊本。

〔註28〕王鍈等校：《鄭珍集・經學・儀禮私箋卷一・士昏禮》，貴州人民出版社，1991年1月第1版，第59頁。

〔註29〕【清】姚際恒撰：《儀禮通論・卷二》。

〔註30〕關於《昏禮》是否爲「士禮」之辯，還可參見曹元弼的《禮經學・卷五・昏禮爲士禮說》。

〔註31〕王鍈等校：《鄭珍集・經學・儀禮私箋卷一・士昏禮》，貴州人民出版社，1991年1月第1版，第59頁。

〔註32〕王鍈等校：《鄭珍集・經學・儀禮私箋卷一・士昏禮》，貴州人民出版社，1991年1月第1版，第59頁。

「通禮」爲依據，將「下達」之「下」字解釋爲上下通行（自上下行）之意，
體現出了嚴格依據經文，不妄牽的解經立場和方法。

（二）精密而系統的闡發：「用雁」、「摯不用死」釋義

在上文關於「下達」的解釋中，朱熹反對鄭玄將「下達」釋爲「以媒氏
下通其言」，而將「下達」具體化爲「爲用雁一事而發」。〔註33〕

鄭珍贊同朱子批評鄭玄將「下達」釋爲「以媒氏下通其言」，但反對朱子
將「下達」具體化爲就「用雁」之事而發。

關於爲何「用雁」，鄭珍認爲：

> 《白虎通義》云：「用雁，取其隨時南北，不失其節，明不奪女
> 子之時也。」又「取飛成行、止成列也。」注：「取其順陰陽往來」，
> 本前義，疏釋以夫爲陽、婦爲陰，取婦人從夫之義，非注意，惟云
> 「昏禮無問尊卑，皆用雁」極確。秦氏蕙田乃謂士庶人攝盛，故用
> 大夫之雁，若卿以上，當用本等之摯，不必下同大夫。不思摯不用
> 死，若孤執皮帛，則爲死物矣。〔註34〕

鄭珍肯定《白虎通義》及鄭玄在對「用雁」的解釋中取「隨時南北，不
失其節」及「取順陰陽往來」之義，但反對賈疏將「用雁」釋爲「以夫爲陽、
婦爲陰，取婦人從夫之義」。不知是否因爲這種朦朧的平等意識，鄭珍才又對
賈疏中的「婚禮無問尊卑，皆用雁」的看法表示了明確的支持。

對「昏禮」中爲何「用雁」，褚寅亮表達了與鄭珍不同的看法：

> 至用雁之意，注所謂順陰陽往來也，與六摯絕不相涉，若云士
> 許用大夫之摯以攝盛，則天子諸侯大昏，合二姓之好，以爲宗廟社
> 稷之主，何反降用大夫之所摯乎？又案白虎通云用雁者，取其隨時
> 南北，不失其節。明不奪女子之時也。又取飛成行，止成列，明嫁
> 娶之禮，長幼有序，不相踰越也。此二義兼可補注所未備。〔註35〕

〔註33〕 【宋】朱熹：《朱子全書（二）·儀禮經傳通解（1）·士昏禮第三》，上海古籍
出版社/安徽教育出版社，2002 年版，第 83 頁。

〔註34〕 王鍈等校：《鄭珍集·經學·儀禮私箋卷一·士昏禮》，貴州人民出版社，1991
年 1 月第 1 版，第 60 頁。

〔註35〕 【清】褚寅亮撰：《儀禮管見·卷上之二》。另，「六摯」者，乃「孤執皮帛，
卿執羔，大夫執雁，士執雉，庶人執鶩，工商執雞」，見《周禮注疏·卷十八·
大宗伯》（十三經注疏整理委員會整理，北京大學出版社，2000 年 12 月第 1
版），第 560 頁。

褚寅亮反對朱子，仍支持鄭玄說法，認爲「用雁」與六摯並不相關，否則何以天子諸侯「大昏」反降用大夫之摯。褚氏對爲何士庶爲「攝盛」而用大夫之雁，而天子諸侯反降用大夫之摯的質疑自然頗爲有力，但僅於此，也實難爲其「用雁不與六摯相涉」的論斷提供可靠的支撐。或亦因此，黃以周在《禮書通故》中對褚氏的看法表示反對，轉而認爲：

> 記玉人：「穀圭，天子以聘女；大璋，諸侯以聘女。」大昏用雁，無見文。賈疏「昏禮無問尊卑用雁」未知何據。士當用雉，雉難生致，攝盛雁。大夫用雁，如公孫黑強委禽是。記曰「摯不用死」，死謂雉。褚說非。〔註36〕

黃以周對鄭珍肯定的賈疏「婚禮無問尊卑，皆用雁」持懷疑態度，而對褚說「用雁與六摯絕不相涉」則提出了有力的反駁。

黃以周與鄭珍均對何以士庶可以「用雁爲摯」提出解釋，以此達到對以之爲據的褚氏「用雁與六摯絕不相涉」及朱子、秦蕙田謂「士庶用雁爲攝盛」之意的反駁，反駁的依據均爲《儀禮·士昏禮·記》中的「摯不用死」。因「摯不用死」，生雉難致，故士庶「昏禮」用雉變通而爲用雁；皮帛爲死物，故卿、諸侯亦只能降而以雁爲摯。前者釋士何以許用大夫之禮，後者釋天子、諸侯何以降用大夫之禮。但欲以黃以周的「雉難生致」解釋天子、諸侯用雁或爲不夠，如黃以周已暗示天子、諸侯未必降而用大夫之禮（見上引「『穀圭，天子以聘女；大璋，諸侯以聘女。』大昏用雁，無見文。」）。同樣鄭珍以「摯不用死」解釋天子、諸侯降用大夫之禮殊爲有力，但將庶人及「工商」何以陞用大夫之禮的原因歸爲疏中所言的「昏禮無問尊卑」，在能夠有效彌補以「皮帛爲死物」和黃以周的「生雉難致」解釋各個階層均得「用雁」的漏洞時，也同時顯得沒有實證依據而有些突兀。而且這樣也會隨之產生一些新的問題，如「昏禮無問尊卑」，庶人何以只陞用大夫之禮，而不是陞用卿之禮，或者爲何不是卿降而用庶人之禮，而要用大夫之禮等。此處，若將黃、鄭二者看法相結合，對「用雁」的解說或許能有更爲全面的思路。

關於「摯不用死」，黃以周認爲「死謂雉」，當是因襲賈疏。《士昏禮·記》：「摯不用死，皮帛必可制」一語，賈疏云：

〔註36〕【清】黃以周撰：《禮書通故（一）》，中華書局，2007年4月，第247頁。

云「摯不用死」者，凡摯亦有用死者，是以《尚書》云「三帛二生一死摯」，即士執雉。今此亦是士禮，恐用死雁，故云不用死也。
〔註37〕

對此，朱熹不以爲然：

又昏禮「摯不用死」，故不得不越雉而用雁爾。〔註38〕

儘管因「雉性耿介，不可生服」，〔註39〕「士昏」不得不用雁，但卻不可認爲「死」乃專指雉。朱熹的這種看法與上引鄭珍認爲「死」非專指雉大致相同。

合賈公彥、黃以周與前述朱熹、鄭珍兩種意見，因「六摯」中本有「死物」（皮帛），賈疏、黃以周所持之「摯不用死」專謂雉似更爲合理。但如果將《周禮》之「六摯」與《士昏禮》之「六摯」分而別之，即視「昏禮」中之「六摯」爲《周禮》「六摯」在特定事宜中之具體運用，而「摯不用死」也就是專門針對「昏禮」中之「六摯」而言，則朱子、鄭珍之說亦有道理。且本文以爲上引鄭珍「秦氏蕙田乃謂士庶人攝盛，故用大夫之雁，若卿以上，當用本等之摯，不必下同大夫。不思摯不用死，若孤執皮帛，則爲死物矣」正是就此一層意義而言的。理由有五：一，《周禮》、《禮記》言及「六摯」者共三處，所指基本一致，皆含「死物」。一處如前引，出自《周禮·春官》；另一處出自《周禮·夏官》，云：「射人掌國之三公、孤、卿、大夫之位，三公北面、孤東面、卿大夫西面。其摯，三公執壁，孤執皮帛，卿執羔，大夫執雁」；再一處出自《禮記·曲禮下》，即「凡摯，天子鬯，諸侯圭，卿羔，大夫雁，士雉，庶人之執匹。童子委摯而退。野外軍中無摯，以纓、拾、矢，可也。婦女之摯，椇榛脯修棗栗」。由此看來，「摯不用死」與《周禮》意指不合。二，「六摯」在《儀禮》中也只出現一次，《儀禮·士相見禮》有言：「士相見之禮。摯，冬用雉。夏用腒」，其中亦有「死物」。〔註40〕三，《周禮》六篇並未出現「摯不用死」之說。四，「摯不用死」僅在《儀禮》中出現，即《士

〔註37〕 【漢】鄭玄注【唐】賈公彥疏：《儀禮注疏·卷六·士昏禮·記》。

〔註38〕 【宋】朱熹：《朱子全書（二）·儀禮經傳通解（1）·士昏禮第三》，上海古籍出版社/安徽教育出版社，2002年版，第83～84頁。

〔註39〕 十三經注疏整理委員會：《周禮注疏·卷十八·大宗伯》，北京大學出版社，2000年12月第1版，第561頁。

〔註40〕 「腒」，《說文解字注·第四篇下·肉部》解爲「北方謂鳥臘腒」，即鳥的乾肉，此處即雉的乾肉。

昏禮・記》中。〔註41〕五，從上述引文看，朱子、鄭珍對「摯不用死」之釋義皆是在闡釋「昏禮」的語境中所發。將前三條論據相合可以有效說明除「昏禮」外，「摯不用死」並不適用於《周禮》、《禮記》及《儀禮》中涉及到「六摯」的其他各種「禮儀」，後兩條則可以相應支撐「摯不用死」只是針對「昏禮」之「六摯」的推論。

通過對鄭珍與其他經學家對「用雁」闡發的比較，我們可以得出鄭珍在解釋「用雁」經義中的以下幾個特徵：

第一，儘管鄭珍在解經中堅持的「昏禮無問尊卑」並不完滿，除了賈公彥疏外，缺乏更多實證性的立論依據，但如果暫時拋開解釋的有效性，則可以反映出鄭珍解經不局限於單個的字義闡釋。

第二，從經文出發，秉承《士昏禮・記》中「摯不用死」原則，並不像黃以周等經學家，在以「摯不用死」進行解釋遇到障礙時，將「摯不用死」中的「摯」視爲專指「雉」而言。

第三，在「摯不用死」的原則部分「失效」時，鄭珍對原則進行了靈活處理，不過與將「摯」視爲專指「雉」的簡單處理方法不同，鄭珍將原則的使用範圍進行了限制，即將「摯不用死」視爲專門就「昏禮」而言，這其實是在爲「皮帛爲死物」因而天子、諸侯降而用大夫之禮和「生雉難致」因而士人升而用大夫之禮兩種具體的論證提供解釋的大前提，即只有「昏禮」中的「六摯」才不得用死物。相比較而言，鄭珍的處理方法顯得更爲精密。

二、「記」文與其他文獻相資爲用

《儀禮・士昏禮・記》：

> 凡行事必用昏昕，受諸禰廟。

這一句實際包含兩個問題：第一，「昏禮」的「納采」至「請期」五禮等儀節是否僅行於女方家？因爲《儀禮》本經中對男方家所行之儀節幾乎沒有提及。第二，若男方家亦須行相應儀節，是否和女方家相同，都需「受諸禰廟」？

這兩個問題在鄭玄和孔穎達對《禮記・曲禮上》「男女非有行媒，不相知名；非受幣，不交不親。故日月以告君，齋戒以告鬼神」的注、疏中分別有論：

鄭玄注：

〔註41〕【漢】鄭玄注【唐】賈公彥疏：《儀禮注疏・卷六・士昏禮・記》。

昏禮，凡受女之禮，皆於廟爲神席，以告神，謂此也。爲酒食，以召鄉黨、僚友，會賓客也。以厚其別也。厚，重慎也。取妻不取同姓，故買妾不知其姓，則卜之。爲其近禽獸也。〔註42〕

從文義看，「於廟爲神席」是否兩家皆須行，關鍵在於「受」之意。「受」，段玉裁解爲「相付也。受者自此言，受者自彼言，其爲相付一也」。〔註43〕依此意，則「皆於廟爲神席，以告神」就是對女家而言的。

或者正因此，孔穎達才認爲：

齋戒，謂嫁女之家於受六禮，並在於廟布席告先祖也，明女是先祖遺體，不可專輒許人。而娶婦之家，父命子親迎，乃並自齋潔，但在己寢，不在廟也。所以爾者，《白虎通》云：娶妻不先告廟者，示不必安也。然夫家若無父母，則三月廟見，亦是告鬼神。故云齋戒以告鬼神。〔註44〕

孔穎達肯定受禮、告廟皆主女家，男家行親迎之禮前只需「齋潔」，且不必在「廟」。

鄭珍反對孔穎達對鄭玄注的解說，認爲鄭玄本主告君、告廟諸事非專主女家，但爲孔穎達所曲解爲僅專主女家。理由是《禮記·曲禮》中「男女非有行媒，不相知名」至「厚其別也」皆自兼男女兩家而言，而鄭玄注「昏禮，凡受女之禮，皆於廟爲神席以告鬼神」正是指此，經文中僅言女家行「設筵布几」之禮，只是舉例，並不是男家就不須行。

同時鄭珍爲支撐「昏禮」諸事男女家相類，而絕非專主女家，共提出如下依據：

第一、「昏禮」儀節若專行於女家，男家幾乎無事，有違情理：

經文「納采」至「請期」五禮，皆行事於女家之儀節，男家直若無事者然。愚嘗思使者之行五禮者也，其將禮者有所執之雁，及束帛儷皮，是物也，必先自男家之主人授之，而主人又必有以命之。豈男家以先祖之承宗繼嗣者求人，而顧於居室堂階之間，褻焉率焉，以授之禮而命之往乎？又使者四次往女家，受許諾之命，及厚待之醴，取脯而出，執以反命於男家，其將於何致脯？於何致命？豈女

〔註42〕 【漢】鄭玄注【唐】孔穎達疏：《禮記注疏·卷二·曲禮上》。
〔註43〕 【清】段玉裁：《說文解字注·第四篇下》。
〔註44〕 【漢】鄭玄注【唐】孔穎達疏：《禮記注疏·卷二·曲禮上》。

—54—

家愼重如此，至男家即於居室堂階之間，隨便受之，曰：「吾既已知
之」乎？聖人制禮，斷未有如是不倫也。〔註45〕

此處鄭珍依「聖人制禮」的目的和意義先做出整體上的推測性判斷，得
出「經之不備載男家者，記盡補詳於此三句之內」的結論。〔註46〕

第二、男女雙方所須行之禮幾乎都是對等的，如「若屬昏者，其於父則
受醮酒，及往迎之命，往奠之雁，《昏義》所謂『親受之於父母』者也，於女
家則奠雁降出，是受其女於女父，《坊記》所謂『舅姑承子以授婿』者也。凡
此皆於禰廟受之」。〔註47〕

第三、上引《禮記・曲禮上》：「男女非有行媒，不相知名；非受幣，不
交不親。故日月以告君，齋戒以告鬼神」及《左傳・昭公元年》載楚公子圍
娶於鄭而「布几筵，告於莊共之廟」的文獻和史例可爲證。

第四、宗子母弟「無父母乃稱嫡長主昏。所以然者，命必使於廟，庶子
無廟故也」。〔註48〕

第五、恰因男家行事與女家相類，即亦須「受諸禰廟」，男家可參照女家
行禮，所以經文中沒有特別點明男家之禮，而「記」作爲補充欲明瞭男家之
禮，所以才特別標明「凡行事必用昏昕，受諸禰廟」，否則經文中既已明言女
家所行之禮皆受於禰廟，只是沒有言明「五禮用昕」，則此處記中只需「必用
昏昕」就可，何必再次重複「受諸禰廟」語。

綜合而論，鄭珍所列之依據，除第一點帶有推測性的成分外，其他四點
都有相應的文獻或史例根據。或許正因爲此，曹元弼才在《禮經學・卷五上・
昏禮告廟說》中肯定鄭珍所論，並全文引錄鄭論。

與曹元弼一樣，黃以周與鄭珍的觀點更趨一致：

昏禮前半篇敍六禮之行，皆主婦家立文，男家之事多從略，立
文然也。婦家六禮之行皆受於廟，男氏不言可知。白虎諸家因禮經

〔註45〕王鍈等校：《鄭珍集・經學・儀禮私箋卷二・士昏禮》，貴州人民出版社，1991
　　　　年1月第1版，第76頁。

〔註46〕王鍈等校：《鄭珍集・經學・儀禮私箋卷二・士昏禮》，貴州人民出版社，1991
　　　　年1月第1版，第77頁。

〔註47〕王鍈等校：《鄭珍集・經學・儀禮私箋卷二・士昏禮》，貴州人民出版社，1991
　　　　年1月第1版，第77頁。

〔註48〕王鍈等校：《鄭珍集・經學・儀禮私箋卷二・士昏禮》，貴州人民出版社，1991
　　　　年1月第1版，第83頁。

無男氏告廟之文，遂生曲説。〔註49〕

引文幾乎可以說是上引鄭珍文字之翻版，且黃以周也同鄭珍一樣認爲《白虎通義》主張「男氏不告廟」的觀點並不合理。

對「昏禮」中男方家舉事、告廟是否與女家相類，持完全否定意見者也不乏人。如姚際恒就認爲《士昏禮・記》中謂「凡行事必用昏昕，受諸襧廟」，乃是專對女方家受夫家之禮於襧廟，並非指男女家須共同受命，且「昏禮多主女姓言，而於男姓不一及之，則此單主女姓尤甚明」。姚氏除同樣引《白虎通義》以爲證，並對女家爲何行禮告廟予以說明外，還對爲何男家不行禮受命進行了解釋，即「婦至，不言告廟，則行禮自不在廟，可知古人扶陽抑陰應別有旨」，〔註50〕但對郝懿行也同樣予以肯定的上述男娶女嫁「六禮」皆須受命於宗廟的說法沒有再做進一步的分析反駁。

綜上所述，關於「昏禮」行事儀節是否男女家皆「受諸襧廟」之辯，以鄭珍、黃以周爲代表的肯定性意見或許更具說服力。而在鄭、黃二人中，黃以周之見又可視爲鄭珍論證的有力補充。更值得一提的是，如前已提及，鄭珍在論證己說過程中，固然含有揣度聖人制禮之義，依「情理」予以推測的色彩，但將《儀禮》本經和「記」文進行「整合」，並援引《左傳》、《曲禮》等以爲實際佐證，卻是鄭珍論證方法的重要方面。

鄭珍及上述諸人的論述在於對「凡行事必用昏昕，受諸襧廟」中包含的兩個問題做出分析。從前引鄭珍所列的五條立論依據可大概察知，鄭珍在對該句經文的分析中，所側重的似乎並非是男家是否也需如女家行「昏禮」儀節，即第一個問題，強調的好像是第二個問題，即男家是否也應「受諸襧廟」。從所引鄭珍按語看，對不在於男方家是否行「昏禮」儀節，而在男方家是否也需「受命於廟」的重視，似乎又間接突顯出了鄭珍將「昏禮」儀節「敬慎重正」的象徵意義視爲儀節形式特徵的根據。換言之，就鄭珍的語境而言，在理論層面「昏禮」儀節的象徵意義高於其形式意義。〔註51〕在中國傳統禮樂文化中，尤其是在實踐層面上，儘管「禮」的象徵意義作爲儀禮的「內容」，

〔註49〕【清】黃以周撰、王文錦校：《禮書通故（一）》，中華書局，2007 年 4 月，第246 頁。

〔註50〕【清】姚際恒撰：《儀禮通論・卷二》。

〔註51〕鄭珍按語中對「昏禮」儀節「敬慎重正」意義的強調並不止上文所引一處，因篇幅原因未能全引。可參見王鍈等校：《鄭珍集・經學・儀禮私箋卷二・士昏禮》，第 76～78 頁。

其地位自然高於作爲形式的儀節儀式，但這並不代表儀節儀式可有可無，或者說儀節的「內容」是可以離開形式而存在的。在實踐層面，形式方面的儀節和內容方面的象徵意義同樣重要，沒有形式的儀節，內容方面的象徵意義也將難以維繫。「昏禮」儀節中以「女是先祖之遺體，不可專輒許人」（女家）和「以先祖之承宗繼嗣」（男家）爲內容的宗法性象徵意義，從理論層面自然可以脫離「受諸禰廟」的形式而獨立存在，但在實踐層面，如果缺乏嚴格，乃至嚴苛的儀節形式的支撐，要在社會生活變遷中保持長期的延續和傳承應當是極爲困難的。或許這一特點，正是包括鄭珍在內的傳統學者、士大夫在實踐層面極爲重視「禮節」形式的一個重要原因。

三、從實際出發的解經立場及「六禮」的系統化思想

（一）鄭珍對其他「問名」解義的反駁

《儀禮・士昏禮・記》：

> 昏辭曰：吾子有惠，某室也。某有先人之禮，使某也請納采。
>
> 對曰：某之子惷愚，又弗能教。吾子命之，某不敢辭。致命，曰：
>
> 敢納采。問名曰：某既受命，將加諸卜，敢請女爲誰氏。〔註52〕

對這一節的闡釋，鄭珍與歷來注疏家關注的重點相同，主要集中在最後一句的兩個問題上，一是「問名曰」中的「名」指什麼，二是在應該已知的情況下，爲什麼還有「女爲誰氏」之問。

鄭玄注：

> 某，使者名也。誰氏者，謙也，不必其主人之女。〔註53〕

鄭玄對「名」之所指沒有言明，但從其將「女爲誰氏」解釋爲「謙也。不必其主人之女」，可知鄭玄將「問名」等同於問「姓氏」。

賈公彥疏曰：

> 今乃更問主人女爲誰氏者，恐非主人之女，假外人之女收養之，是謙，不敢必其主人之女也。其本云問名，而云誰氏者，婦人不以名行，明本不問女之三月名，此名即姓號之名。〔註54〕

〔註52〕【漢】鄭玄注【唐】賈公彥疏：《儀禮注疏・卷第六》。

〔註53〕李學勤主編：《儀禮注疏・卷第六》，北京大學出版社，1999 年 12 月第 1 版，第 102 頁。

〔註54〕李學勤主編：《儀禮注疏・卷第六》，北京大學出版社，1999 年 12 月第 1 版，第 102 頁。

　　這裡賈公彥認爲「此名即姓號之名」，正如「《尚書》孔注云：『虞氏，舜名。』舜爲謚號，猶爲名解之，明氏姓亦得爲名。若然，本問名上氏姓，故云誰氏也。」此處賈公彥也將「名」之所指與爲什麼有「女爲誰氏」之問聯繫起來進行解釋。賈公彥在對「名」的闡發中，沒有區分姓、氏、字的差別，同鄭玄基本一致，認爲「問名」，即是普通的「問姓名」，因爲「問名」即是問「姓氏」，所以才有後文的「女爲誰氏」之問。換句話說「女爲誰氏」屬於復問。

　　儘管鄭玄、賈公彥的觀點影響極大，但與二人看法相異者也代不乏人。先有孔穎達釋「問名」爲問「其母所生之姓名」的異說，〔註55〕及姚際恆的「問名」乃「問女生三月之名」說：

　　　　問名，問女生三月之名，而此之「女爲誰氏」者，不敢直斥問
　　名但謙言問氏也。〔註56〕

　　朱熹也明確意識到孔穎達解「問名」爲「問其女之所生母之姓名」的說法與賈公彥《儀禮》疏義不同，但只以「未詳孰是」結之，〔註57〕沒有在「問名」及「女爲誰氏」之問上進行詳細闡發。而姚際恆的「問女生三月之名」說又早爲賈公彥所明確反對。〔註58〕

　　此後又有盛世佐、黃以周諸人認爲「問名」乃是「問字」。〔註59〕

　　到此，「問名」中「名」的所指，上述論述大致可以歸納出三類，即鄭玄、賈公彥的「問名」即問「姓氏」，孔穎達、姚際恆的問「姓名」和盛世佐、黃以周的「問名」即「問字」。

　　鄭珍在本節按語中對除鄭玄觀點之外的另外兩種說法進行了反駁。

　　首先對孔穎達在《禮記·昏義》疏中所持的看法進行了否定：

　　　　《昏義》疏解「問名」爲「女所生母之姓名，不知六禮中何爲

〔註55〕　【漢】鄭玄注【唐】孔穎達疏：《禮記注疏·卷六十一》。

〔註56〕　【清】姚際恆撰：《儀禮通論·卷二》。

〔註57〕　【宋】朱熹：《朱子全書（二）·儀禮經傳通解（1）·士昏禮第三》，上海古籍出版社/安徽教育出版社，2002年版，第83～84頁。

〔註58〕　賈公彥云：名有二種，一是名字之名，三月之名是也；一是名號之名，若以姓氏爲名之類是也。……婦人不以名行，明本不問女三月之名。（見【清】黃以周撰、王文錦校：《禮書通故（一）》，第249頁）。

〔註59〕　參見【清】盛世佐撰：《儀禮集編·卷四》及【清】黃以周撰、王文錦校：《禮書通故（一）》，第249頁。

須行一禮，請得女母之姓名以卜之，」其說實爲極謬。〔註60〕
給出的理由是：

> 嘗謂《禮記正義》屢經覆校，中間駁雜不通處，皆出於荒經粗
> 淺者之手，非顏、孔原文也。如女之所生母乃問名時文書具有之一
> 端，顏、孔所據六朝舊疏，必其說有如愚所見者，中數及女之生母，
> 而粗淺人不顧全義，刪併成說，亦自不知其不通耳。〔註61〕

其次對盛世佐等人所肯定的「問名即問字」進行了反駁，認爲女子許嫁
之前尚無字：

> 愚謂盛氏誠辨，但上文云「女子許嫁，笄而醴之稱字」，《曲禮》
> 亦云「女子許嫁，笄而字」，是明明許嫁乃笄，笄乃字之，與男子冠
> 而字同，乃女子之常也。此時方及問名，何從有字？〔註62〕

並認爲儘管《雜記》云：「女雖未許嫁，年二十而笄」，但「是言女子長
猶未許人者，非常事也。」

可以說鄭珍的反駁頗爲有力，尤其是對「問名即問字」的駁斥，幾乎已
推翻了這一說法，所依據的「實證」較爲充分。

在對「問名」的解釋中，其實如果重新考慮前引《儀禮·士昏禮·記》
中「某」的所指，則「問名」和「敢請女爲誰氏」的意指亦將發生改變。比
如將「某」視爲「壻父名」。胡培翬在《儀禮正義》中就將「某」釋爲「壻父
名」，根據則在於「注以『某爲使者名』，加卜豈使者事乎？」〔註63〕在這個
前提下，「敢請女爲誰氏」就可以被解釋成是使者代「壻父」而問，既是代「壻
父」問，則即使「壻父」已知「女爲誰氏」，但因未與女家見面，而請使者有
此復問，也似乎更合情理，或者至少較使者本已知「女爲誰氏」，且與女家此
前已見，此次再見而復有此問更爲合理。

對「問名」的考釋，即使只以本文所提及的各家觀點而言，也已是眾說
紛紜、莫衷一是。眾多注疏家多在鄭玄未予明確之處掘隱發微，相互駁難，

〔註60〕王鍈等校：《鄭珍集·經學·儀禮私箋卷二·士昏禮》，貴州人民出版社，1991
　　　年1月第1版，第82頁。
〔註61〕王鍈等校：《鄭珍集·經學·儀禮私箋卷二·士昏禮》，貴州人民出版社，1991
　　　年1月第1版，第82頁。
〔註62〕王鍈等校：《鄭珍集·經學·儀禮私箋卷二·士昏禮》，貴州人民出版社，1991
　　　年1月第1版，第82頁。
〔註63〕【清】胡培翬撰：《儀禮正義·卷三》。

在立說紛紜，各有所據，又往往各受質疑的情形下，皓首窮經的最終結果可能也只是在瑣碎的駁難中如前人一樣，爲漢學茫茫滄海添一「可備之說」而已，而且隨著時代越往後，經學家創立新說的餘地相應越小，而駁斥他說的篇幅則相對越大。比如胡培翬四十卷的《儀禮正義》可被視爲清代儀禮研究的總結性著作，然而就以《儀禮正義》對「問名曰：某既受命，將加諸卜，敢請女爲誰氏」這一節的釋義看，可以說是駁斥眾家之說多，即破者多，但新立之己論少，除將「某」釋爲「壻父名」而與前述諸說明顯有異外，儘管對前人眾說的質疑或駁斥不可謂無力，但對新穎看法的提出，胡氏似乎顯得極爲謹慎。〔註64〕這種狀況似乎從一個側面折射出清代學術界所著重用力的漢學在盛世之後，學者固守鄭玄框架和樸學「家法」而力圖有重大創獲的空間和餘地越來越有限的實際情形。

或許正源於「發揮」空間的有限，鄭珍在對「問名」兩種主要觀點予以駁斥的基礎上，沒有延續對經文字義、詞義反覆駁難、考釋進而提出新說的路子，而是從另一個角度提出了自己的看法。

（二）以「昏禮」儀節的施行爲基礎提出新說

鄭珍在按語中首先對立論基礎進行了敘述：

> 議昏之初，媒氏於兩姓止往來口說，至於兩姓俱諧，儼然行之於禮，其最要者，女之生於何年月日，其父母爲何人，其名爲某，其次爲幾。此皆必得一文書具之。然後女之長幼，及出之適庶，今所議者何女，始可有憑。若止恃主人對一女名，其他皆待女嫁之後，男氏始問而知之，古今決無是理。且即論女名，如魯之重，宋之棄，秦之簡、璧，茍無文書，而但憑口對，保聽者必記之乎？又必能辨「重」是「輕重」之「重」，「棄」是「棄櫃」之「棄」，而「簡」、「璧」是「簡策」、「圭璧」之「簡璧」乎？故愚意主人西面對者，必即以此文書授賓，是爲對以女名也。名，所議之主。故止曰問名耳。〔註65〕

鄭珍先肯定「昏禮」儀節的鄭重，進而認爲僅以口頭言語往來，顯得不夠正式，同時在通雙方姓名、生辰等過程中也容易出錯，因而應該首先有一份書面文字。隨後「主人……必即以此文書授賓，是爲對以女名也。名，所

〔註64〕 參見【清】胡培翬撰：《儀禮正義・卷三》。

〔註65〕 王鍈等校：《鄭珍集・經學・儀禮私箋卷二・士昏禮》，貴州人民出版社，1991年1月第1版，第81頁。

議之主，故止日問名耳。」並進而認爲「夫在納采之前，媒氏於此女年紀之
長幼、所出之嫡庶，未有不知。即主人納采之對，亦明白『某之子』矣，而
請名乃日『女爲誰氏』，若尚不知女爲何姓氏者然，蓋以前皆口說，至是而請
具書其年、名、所出，以與男氏重難之際，極有不便置辭者，故惟借卜筮以
爲辭，日：『某既受命，將加諸卜，敢請女爲誰氏』，其意若謂：人則無不知
矣，但欲取決於鬼神，則不得不詳確云爾。」〔註66〕

　　鄭珍這裡對「問名」和「女爲誰氏」的解釋，完全是以「昏禮」在實際
生活中的具體實施爲依據。從「昏禮」在實際生活施行的可能性出發，通過
「以今揆古，同此人情」，避開前人力圖通過對姓、氏、字等的繁瑣辨析以尋
求解釋的途徑，而直接在「出具文書」說的基礎上，將「問名」等同於簡單
的「對名」，對經義提出新的解釋。

　　當然鄭珍從實際出發提出的新解也並非完全與鄭玄無關。上引鄭珍「蓋
以前皆口說，至是而請具書其年、名、所出，以與男氏重難之際，極有不便
置辭者，故惟借卜筮以爲辭」與前述賈公彥的「恐非主人之女，假外人之女
受養之」雖說法各異，但卻都可以視爲是對鄭玄注中「謙也」的發揮，不同
的只是賈公彥以「假外人之女收養之」釋「謙」，而鄭珍則換以「欲取決於鬼
神」釋之，但鄭珍同樣依據「人情」而以「借卜筮以爲辭」釋鄭玄的「謙」
似乎也比賈公彥「假外人之女收養之」的解釋方式更合乎情理。

（三）以「昏禮」實際情形爲出發點的「六禮」系統化思想

　　鄭珍從「昏禮」實際施行出發，依據「以今揆古，同此人情」進行的解
釋並沒有止步於「問名」和「敢請女爲誰氏」，而是將視野覆蓋「昏禮」之「六
禮」，力圖將「六禮」視爲一個整體，並揭示「六禮」在這一系統中的各自位
置。

　　鄭珍首先認爲「昏禮」中雖然「納采」爲第一禮，但行「納采」禮之時，
男女兩家結成婚宴的事實已經確定，不可更改：

　　　　男女結昏，當納采之先，必其爲親友者知某氏有男、某氏有女，
　　年德門戶相若，乃始居中媒之。而其事必自男氏先可，乃聽可否於
　　女氏。在男氏亦未遽苟焉爲可也，必審之於親黨，卜之於著龜，乃始
　　可之，而聽媒氏成之。苟女氏不許，未害也。至女氏亦審之親黨，

〔註66〕王鍈等校：《鄭珍集・經學・儀禮私箋卷二・士昏禮》，貴州人民出版社，1991
　　年1月第1版，第81頁。

> 卜之著龜而可之，則男氏更不容變議，以次行六禮而已。此經賓請
> 主人云「惠眖室某」，謂以前許昏成約。而主人對以「吾子命之，某
> 不敢辭」，謂一如媒氏以前所議。則是禮雖首云納采，而兩氏議昏，
> 已一成不易也。〔註67〕

鄭珍的敘述依據還是「昏禮」的具體執行，雖然沒有其他文獻佐證，但
從實際情形出發，認爲「納采」雖名爲「六禮」之首，但行「納采」禮之時，
並不意味著男女雙方議婚才剛剛開始的看法應該是可以自圓其說的。

隨之鄭珍又打破習慣上的「六禮」程序，進一步提出：

> 其實納采之前，兩姓之卜吉已久，止是禮文節次必如是而後宜
> 耳。既云加卜，男氏於知名之後，無妨更卜，以盡其愼重之意。要
> 是人謀者，苟以德義決之於先，鬼謀亦絕無不協者。即不再卜，前
> 固吉矣。至是而始納之以爲禮之一節，亦誰責以未卜乎？爻至不吉，
> 則使人告之。而漫以人之處女聽其採擇取捨乎？故六禮「問名」爲
> 始，「納徵」爲中，「親迎」爲終，而以「納采」、「納吉」、「請期」
> 飾其間，使曲成文理，皆不欲直情徑行，近於夷狄之道。而究其本
> 意，則皆爲養廉恥也。〔註68〕

在鄭珍看來，儘管程序上的「六禮」應依次爲「納采」、「問名」、「納吉」、
「納徵」、「請期」、「親迎」，但若依實情，應該是「問名」、「納吉」、「納采」、
（「納吉」）、「納徵」、「請期」、「親迎」，之所以「六禮」在儀禮節文上與實際
順序不同，且以「『納采』、『納吉』、『請期』飾其間」，在於「使曲成文理，
皆不欲直情徑行，近於夷狄之道」，而其最終原因，則是爲「養廉恥也」。

總體而言，對「昏禮」中「問名」和「敢請女爲誰氏」的考釋，在對其
他觀點的反駁中，鄭珍延續了「重左證」的實證立場，而在提出自己看法的
過程中，主要的立足點則是從實際出發的「昏禮」執行的可能性和可行性。
雖然鄭珍從實際出發，以及「以今例古」的解經態度和方法可能會有「以今
繩古」之嫌，不利於經義的「客觀」解釋，但撇開經義本身，鄭珍避開解經
中瑣碎的字、詞考釋，關注現實，以實際生活中的「昏禮」施行爲出發點，

〔註67〕 王鍈等校：《鄭珍集·經學·儀禮私箋卷二·士昏禮》，貴州人民出版社，1991
年1月第1版，第81頁。

〔註68〕 王鍈等校：《鄭珍集·經學·儀禮私箋卷二·士昏禮》，貴州人民出版社，1991
年1月第1版，第81頁。

結合經文和其他文獻對經義進行適當的推測，其實事求是的態度，乃至求得
「古爲今用」的目的應是能夠察知的。

第三節　《儀禮私箋》對《儀禮・喪服》的經文解釋

《儀禮私箋》卷四至卷七都是對《儀禮・喪服》的考辨勘定，對《儀禮・
喪服》的考釋佔據了《儀禮私箋》一半篇幅，足見鄭珍對「喪服」用力之深。
卷四針對《儀禮・喪服》「斬衰三年」、「齊衰三年」，共箋正 14 條；卷五針對
「齊衰不杖期」、「齊衰三月」及「緦麻三月」，箋釋 17 條；卷六針對「殤大
功九月」、「大功九月」，箋釋 11 條；卷七針對「殤小功五月」、「小功五月」和
「緦麻三月」，共箋釋 25 條。以下選取箋釋較詳的數條進行詳細梳理，以期
對鄭珍的「考據」方法及「禮學」思想進行具體挖掘。

一、經文解釋中的「經傳分離」與「經傳互證」

《儀禮・喪服》：

> 斬衰三年章　斬衰裳，苴絰杖，絞帶，冠繩纓，菅屨者。

> 父、諸侯爲天子，君、父爲長子，爲人後者，妻爲夫，妾爲君，

> 女子子在室爲父，布總，箭笄，髽，衰三年。〔註69〕

此節是《儀禮・喪服》的開篇，針對「五服」中最重的「斬衰」，內容涉
及喪服、爲服之人及喪期。所引文字轉自鄭珍《儀禮私箋・卷四》原文，文
句與《儀禮・喪服》原文有所不同，省略了子夏所作的傳文。依據《儀禮・
喪服》，自「斬衰裳」至「衰三年」，其間夾有子夏傳文共九節。鄭珍略去傳
文，只將經文引出，只是爲了解答此節經文述喪服、爲服之人（即爲死者服
喪之人）、喪期之順序與《齊衰》以下諸章相異的問題。

《儀禮・喪服》在安排喪服、爲服之人和喪期的敘述順序時，除《斬衰》
章以外，其他各章均是先陳喪服、喪期，後列爲服之人。而唯獨《斬衰》章
先陳喪服、再列爲服之人，最後才述及喪期。上引文字只引經文，中間未列
入傳文，將喪期「衰三年」緊置於最後，看似差別不大。然而，《儀禮・喪服》
原文中因子夏傳文遠較經文爲長，將傳文夾於其中，且經文首句本就是在明

〔註69〕王鍈等校：《鄭珍集・經學・儀禮私箋卷四・喪服》，貴州人民出版社，1991
　　　　年 1 月第 1 版，第 95～96 頁。

確喪服，而喪期卻未同時列出，難免給人以《喪服》《斬衰》章不言喪期的印象。所以前述喪服、喪期、爲服之人的行文順序問題也就被轉化爲《斬衰》章爲何不言喪期的問題。關於這個問題，經學家眾說紛紜。

賈公彥明確認爲「斬衰」不言喪期，乃是因「喪之痛極」：

> 已下諸章並見年月，唯此斬章不言三年者，以其喪之痛極，莫甚於斬，故不言年月，表創巨而已。〔註70〕

後世沿襲賈說者很多。朱熹在《儀禮經傳通解（二）》中就全引賈疏，朱子在引文後雖未明確表示支持賈說，但也未予質疑，或者另提出他說。胡培翬等也大致如朱熹一樣「默許」賈說。

對於「喪之痛極」的解釋，鄭珍在《儀禮私箋》中進行了反駁：

> 三年之爲痛甚創鉅，齊斬一也，齊衰何以忍言三年？至此服不止爲父，亦不應獨體其罔極之心。〔註71〕

除賈公彥因「喪之痛極」而不忍言三年之外，對《斬衰》章無喪期的問題，還有另一種解釋，即認爲既然「齊衰」已言喪期三年，則比「齊衰」服制更重的「斬衰」自然可以推而得之，而於經文中不必再言。持此種說法者如盛世佐、夏炘。〔註72〕

事實上，認爲「斬衰」所以不言明喪期是因爲與「齊衰」喪期互見的說法，早在賈公彥時已見其端。賈公彥在《儀禮注疏・喪服》中提出「斬衰」因「喪之痛極」而不言喪期之後，又說：

> 舉齊衰云三年，明上斬衰三年可知。〔註73〕

鄭珍在《儀禮私箋》按語中對《喪服》首章「斬衰」不言喪期，而借次章「齊衰」言明的這種看法也進行了反駁：

> 夫三年達喪，諸服統紀，經顧含隱其文，反借他章以見年月，聖人不如此回曲無謂也。〔註74〕

〔註70〕【漢】鄭玄注【唐】賈公彥疏：《儀禮注疏・卷二十八》。

〔註71〕王鍈等校：《鄭珍集・經學・儀禮私箋卷四・喪服》，貴州人民出版社，1991年1月第1版，第96頁。

〔註72〕參見【清】盛世佐撰：《儀禮集編・卷二十二》及【清】夏炘撰：《學禮管釋・卷之十七》。

〔註73〕【漢】鄭玄注【唐】賈公彥疏：《儀禮注疏・卷二十八》。

〔註74〕王鍈等校：《鄭珍集・經學・儀禮私箋卷四・喪服》，貴州人民出版社，1991年1月第1版，第96頁。

鄭珍不贊成由賈公彥發其端的上述觀點，認爲這些觀點「皆不憭本經，妄爲之說」，要準確把握《斬衰》章爲什麼不言喪期，必須如前引經文，暫時拋開子夏傳文，把《斬衰》章經文首尾連貫，進行整體理解：

> 自「斬衰裳」至「髽，衰三年」凡五十字，經文一連序下，讀亦當一氣直下作一句，始得立文本意。〔註75〕

在此基礎上，才可對《斬衰》章不言喪期予以解答：

> 獨此章首陳其服，中列其人，末乃著其喪期爲異。所以然者，經例首陳五服，男女並同，而女之衣與裳連、首服笄總，與男子異。不著其異者，即於服有遺，雜異者於同者之中，又於服不晰。〔註76〕

所以此節經文先列喪服，求與其他諸章同例，而在言喪期前先將服喪之人列出，是因爲「女之衣與裳連、首服笄總，與男子異」，所以先列爲服之男子，後列爲服之女子，如此是爲了：

> 以「妻爲夫，妾爲君」、「女子子在室爲父」上承「斬衰裳，苴絰杖，絞帶，冠繩纓，菅屨」之同者，下蒙「布總，箭笄，髽，衰」之異者。而後以「三年」總著上男女諸人喪期。〔註77〕

因《斬衰》章「婦人之服」與男子異者只有「布總，箭笄，髽，衰」，而女子之「要絰」等則與男子同，〔註78〕所以經文列爲服之人於中，且先列男子，後列女子，有上承、下啓之用意。

鄭珍將《斬衰》章經文還原爲一個整體之後，《斬衰》章未列喪期的問題也就轉變爲爲何喪期不似他章列於喪服之後，而要列於爲服之人後，也即置於經文最末的問題。《斬衰》章經文最末的「衰三年」三字實際上確實已經表示經文本身並非沒有言明「三年」喪期，但賈公彥等爲何仍認爲「斬衰」不言三年，從而不遺餘力地從「喪之痛極」或「斬衰」與「齊衰」喪期互見等解釋中去尋求答案，原因應該正如鄭珍所指出的：

〔註75〕 王鍈等校：《鄭珍集·經學·儀禮私箋卷四·喪服》，貴州人民出版社，1991年1月第1版，第96頁。

〔註76〕 王鍈等校：《鄭珍集·經學·儀禮私箋卷四·喪服》，貴州人民出版社，1991年1月第1版，第96頁。

〔註77〕 王鍈等校：《鄭珍集·經學·儀禮私箋卷四·喪服》，貴州人民出版社，1991年1月第1版，第96頁。

〔註78〕 【清】褚寅亮撰：《儀禮管見·卷中之五》。

自子夏離析作傳，間為九條，經不相連，讀者因昧。〔註79〕

鄭珍將子夏傳文剝離之後，《斬衰》章不言喪期的問題也就被還原為另一個問題，而鄭珍又依託經文（「五十字中，罔不明備」），從「聖人立文之妙」的角度，通過對「首陳五服，男女並同」但「女之衣與裳連、首服笄總，與男子異」的區分中言之有據地解答了這個問題。鄭珍闡述的「聖人立文之妙」比較新穎，也較合經文行文思路，但如果沒有剝離傳文，還原經文為一個整體，並對之進行整體而系統的把握，要避開前人面臨的文句訓詁泥潭而提出新解，恐怕也是不易的。

二、「禮不外乎情」的解經取向

《儀禮·喪服》：

齊衰杖期章　出妻之子為母。傳曰：出妻之子為父後者，則為出母無服。

被父親所休棄的母親的喪服之所以複雜，主要是因為父親之存沒、被「出」之母是否「淫佚」、是否再嫁等因素均對之產生影響，鄭珍以上千字的按語討論了這些因素對「出母」喪服產生的影響，並在分析過程中，以「親情」為立論著眼點，結合經文本身，對「出妻之子為母」服進行了闡發。在關於父親存沒及「出母」是否再嫁對「出妻之子為母」服是否有影響的各種觀點中，鄭珍雖有駁斥，但論述並不集中，為了敘述的完整性，本文仍然不避繁瑣，將涉及到的重要觀點概括於前，然後再敘述並分析鄭珍提出的新看法和論證特點。

（一）父親存沒對「出妻之子為母」的影響

喪服制度中，父親存沒對兒子為母親服喪的服制影響極大，如父親健在，則為母服「齊衰一年」，如父已先於母沒，則為母服「齊衰三年」。因而有論者就認為父存父沒對「出妻之子」為母親的服制服期也有影響。如敖繼公曾云：「出妻者，見出之妻也。云出妻之子主於父在者也。若父沒，則或有無服者矣。」〔註80〕高愈也認為「出妻之子為母期，蓋指父沒言之。父沒，本應為母齊衰三年，因其出也，故降為期。不敢欺其死父也。若父在而出母沒也，

〔註79〕王鍈等校：《鄭珍集·經學·儀禮私箋卷四·喪服》，貴州人民出版社，1991年1月第1版，第96頁。

〔註80〕【清】盛世佐撰：《儀禮集編·卷二十三》。

惟其心喪乎。」〔註81〕胡培翬支持敖繼公、高愈等人的說法：

> 今案諸說，以高爲是。父不爲出妻服，則子於父在自不爲出母
> 服，明矣。〔註82〕

胡培翬繼續陳述的下文，可以視爲其持此說的根據：

> 況父在爲母期，以父服至期而除，子不敢過之。亦服期而止，
> 豈出母父所不服者，而子敢服之於父側乎？然則爲母期者，以父在
> 而屈；爲出母期者，必父沒乃申。〔註83〕

鄭珍對父存父沒對「出妻之子」爲母服喪有影響明確持反對態度，對敖
繼公的說法進行了駁斥：

> 經不言父在父卒，知父存沒皆爲期，不當如敖氏言專主父在者
> 也。〔註84〕

儘管這裡鄭珍沒有對敖繼公立論的依據予以進一步說明，但從上引敖氏
「出妻者，見出之妻也。云出妻之子主於父在者」之語隱約可以覺出敖繼公
所以認爲父在父沒對「出妻之子爲母」服有影響乃在於如胡培翬在《儀禮正
義・卷二十二》中所引述的「或謂經言子者，皆有父之稱，似當以父在爲是，
不知經若言出母，則似子出其母，於義有乖，故繫父言之。」

從上引文字看，胡培翬的根據可以歸納爲「父所不服，子亦不敢服」。對
此條依據的含義，曹元弼在《禮經學》中進行了詳細的分析，進而認爲「父
所不服，子亦不敢服」這一規則並不適用於「出妻之子爲母服」。〔註85〕

〔註81〕【清】胡培翬撰：《儀禮正義・十・卷二十二》。

〔註82〕【清】胡培翬撰：《儀禮正義・十・卷二十二》。

〔註83〕【清】胡培翬撰：《儀禮正義・十・卷二十二》。

〔註84〕王鍈等校：《鄭珍集・經學・儀禮私箋卷四・喪服》，貴州人民出版社，1991
年1月第1版，第104頁。

〔註85〕關於對「父所不服，子亦不敢服」的反駁，一方面曹元弼認爲：「父所不服，
子亦不服者，謂從乎父而降也。父本有服而不服之，故子亦本有服而不敢服
之，義統於父也。今母已出，則父本無服，並非父之所不服之謂。而子視其
母則固母也，母不可絕，則固當服之。此母爲子一人之親，母之服爲子一人
之服，於父無與不服，則是自絕其母，非從乎父而降。以父與母已路人，
父之爲出妻無服，非降也，絕也。非服之絕，恩義之絕也。父已無此親，而
子尤執父所不服之例而謂己不敢服，是絕己所當服之親而於從父之義蔑如
也。……後人以降屈之服例此而謂父在不敢服，……非經意也。」見曹元弼
撰：《禮經學・卷五下・出妻之子爲母繼母嫁從服辨》。另一方面，「伯魚之母
死，期而猶哭。夫子聞之，曰：『誰與哭者？』門人曰：『鯉也。』夫子曰：『嘻，
其甚也。』……注嘻悲恨之聲者，謂非責伯魚悲恨之聲也……伯魚在外哭，

在反駁諸說基礎上，曹元弼同鄭珍一致，也認為：

> 唯妻及出妻之子為母二條不言父在父卒，則父在父卒所同也。

〔註86〕

在「父存父沒」無關「出妻之子為母服」這一點上，儘管鄭珍沒有如曹元弼等對看法的成立予以進一步的敘述論證，但從上述梳理及鄭珍按語來看，鄭珍對其自身觀點的肯定也並非完全出於臆測。

（二）「出母」是否再嫁對服制的影響

除「父存父沒」外，影響「出妻之子為母」服的第二個因素是「出妻」是否再嫁。如果說在主張「父存父沒」對「出妻之子為母服」沒有影響上表現出來的鄭珍在解經中對傳統倫理加諸經學的濃厚道德要求有所忽視還不夠明顯的話，那麼在「出妻」是否再嫁及「是否淫佚」對「出妻之子為母服」的影響上，鄭珍對該問題的闡釋，則更為鮮明地反映了其解經中重視以孝為核心的親情關懷的一面。

在傳統倫理中，從「昏禮」為「取其隨時南北，不失其節」〔註87〕或「夫雁不再偶，是以取之」〔註88〕而「用雁」，到為維繫婚姻秩序的「三綱五常」，再到「從一而終」和涉及結束婚姻的「七出」，可以說傳統兩性倫理對女子加諸了太多的道德要求。

傳統婚姻關係中的「七出」，以現代觀念而言，對女性自然苛責過甚，但也並非只要女子有「七出」之一，就一定會被休棄。如果真如此，在女性並不具備獨立從事生產經營活動資格和能力的男權社會，被休棄女子若無本家可歸，則對其加諸「從一而終」的倫理要求，則顯然太過悖情悖理。或許正因此，《大戴禮記》中才有「三不去」之一的「有所取，無所歸，不去」之規定。〔註89〕在這一前提之下，男家休棄女子而「大都使之歸還本宗而已，非

故夫子怪之」（見【宋】魏了翁撰：《禮記要義・卷第三》），此即應為《禮記・檀弓上》中「門人問諸子思曰：『昔者子之先君子喪出母乎？』曰：『然』」之事。儘管隨後就有子思不使其子為出母喪而引出「孔氏之不喪出母，自子思始也」之論，但如曹元弼所言，此論乃為「明禮所由廢」，而非謂「不喪出母」合於禮。

〔註86〕 曹元弼撰：《禮經學・卷五下・出妻之子為母繼母嫁從服辨》。

〔註87〕 王鍈等校：《鄭珍集・經學・儀禮私箋卷一・士昏禮》，貴州人民出版社，1991年1月第1版，第60頁。

〔註88〕 【清】胡培翬撰：《儀禮正義・卷三》。

〔註89〕 《大戴禮記・本命》。

出之使適他族」的願望或要求在傳統道德倫理系統內也就能夠成立了。換言之，傳統社會中凡「出妻」之女子，一般皆有本家可回，而不會無家可歸。應該也正是在這種情況下，傳統倫理規範對「出妻」而再嫁者的容忍程度才顯得極爲有限。而這種「有限容忍」乃至「零容忍」的重要表現之一就是對「出妻之子爲母服」（母再嫁者）的反對或不承認。

　　褚寅亮、胡培翬等人對「出妻之子」爲再嫁後的母親服喪都予以明確反對。

　　胡培翬認爲：

> 小記曰：未練而反，則期；惟其未嫁，故夫可命之反也。據石渠議，嫁母本無服，則出而嫁者，更無論矣。故經無爲嫁母杖期之文。〔註90〕

　　褚寅亮則更爲直接：

> 傳曰：「出妻之子爲母期，則爲外祖父母無服」，無謂有無繼母及父存與沒，俱爲服期。然此謂未再嫁者耳。嫁則已絕於子，不爲之服。故呂氏坤有出母而嫁，兩相絕之論。〔註91〕

　　除這類明確的反對意見之外，其餘眾多論者，包括鄭玄、賈公彥等人，儘管對傳文中有明文的「出妻之子爲母」沒有予以否定，但對「出而再嫁者」，其子是否可以爲「母服」的情況則基本沒有表示支持。

（三）以「母子無絕道」爲出發點闡述新觀點

　　在《儀禮私箋・卷四》中，儘管鄭珍也認同「婦人之義，從一而終，一與之齊，終身不改，聖人蓋不許婦人再嫁也」，但鄭珍明確表示了對「出妻」即使再嫁，子同樣應該爲之「服」的肯定，並以鄭玄注爲依據：

> 或曰：爲嫁母有服乎？曰：嫁母齊衰章，康成《檀弓》注言之矣，則服視出母也。〔註92〕

　　而對《儀禮・喪服》諸經文不記爲「嫁母之服」的原因也進行了說明，鄭珍認爲經文中不記「嫁母之服」，並非如上述胡培翬、褚寅亮等人所主張的「嫁則已絕於子，不爲之服」，鄭珍認爲聖人在經文中不言及「嫁母之服」，

〔註90〕【清】胡培翬撰：《儀禮正義・卷二十二》。
〔註91〕【清】褚寅亮撰：《儀禮管見・卷中之五》。
〔註92〕王鍈等校：《鄭珍集・經學・儀禮私箋卷四・喪服》，貴州人民出版社，1991年1月第1版，第104頁。

乃有深意,並非簡單的反對:

> 婦人之義,從一而終。一與之齊,終身不改。聖人蓋不許婦人
> 再嫁也。而以時以勢,固有難禁焉者,若著於經,是許之再嫁也。
> 故深沒其文,以存夫婦之義,而隱示其例,以全母子之恩。〔註93〕

另一方面,之所以不可著「嫁母之服」,原因還在於「義窮辭窮,聖人止
付之不言也」:

> (母嫁)是妻棄其夫,母棄其子也。棄其夫已不可言,棄其子
> 尚忍言哉?⋯⋯不言,則雖再嫁者不絕於世,而不許再嫁之義存;
> 言之,則雖無再嫁者,而已見有可以再嫁之理。此聖人立人道,緣
> 子心之精義也。然則何以言「繼母嫁」?曰:聖人以不許嫁之義,
> 於繼母不足見也。繼母於夫非原配,於子非無絕道故也。然明其意,
> 即繼母之不可再嫁,亦在其中矣。。〔註94〕

鄭珍在說明經文未言「嫁母之服」的基礎上對聖人經文「精義」的揭示
與前述胡培翬、褚寅亮諸人基於文字、典故之上的釋義相比,旨趣頗不相同,
「揆人情」卻又沒有隨意發揮。

接著鄭珍進一步闡釋了雖然經文未著,但「出」而再嫁者之「服」可以
「視出母」:

> 母得罪於父,父出之,父與母絕矣。其嫁與不嫁,父皆不與知
> 矣,惟知其出而已。而母子無絕道,其出也,母也;出而再嫁,亦
> 母也。其不出,母也。不出而父卒再嫁,亦母也。母之當出,主乎
> 父;母之再嫁,主乎母。子能痛母怨母,而不敢罪母也,惟知其爲
> 母而已。聖人許爲出母服期,自爲母子無絕道,以存母子之恩。不
> 論父之存沒,亦不論母之再嫁與否也。若論父之存沒,父存爲期如
> 常服;父沒亦應如常爲齊衰三年,是無出不出之別也。若論再嫁與
> 否(與「爲母服」有關),是子敢以縱情喪恥之罪輕重其母也。且如
> 母犯淫佚而出,再嫁同一淫佚耳,僅以淫佚出則服,再以淫佚嫁則
> 不服,可乎?故爲出母,聖人之所難言也。於難言之中,就母之義,

〔註93〕 王鍈等校:《鄭珍集・經學・儀禮私箋卷四・喪服》,貴州人民出版社,1991
年1月第1版,第105頁。

〔註94〕 王鍈等校:《鄭珍集・經學・儀禮私箋卷四・喪服》,貴州人民出版社,1991
年1月第1版,第106頁。

制子之服，以存母子之恩而已。未出已前，既出已後，皆非子之所
敢論。聖人自不必論。其出而再嫁，與不出而再嫁，使一視出母，
以存母子之恩而已。〔註95〕

　　鄭珍為「出母」而再嫁者之「服」可以視同為「出母」之「服」進行了
論證，首先從經義本身的邏輯上說，既然為母親「淫佚出則服」，則「再以淫
佚嫁」也不可不服，其次從情理上說，無論母親是否再嫁，兒子都沒有資格
「罪母」。前者從經文本身的邏輯出發立論，後者從情理入手進行相應推理。
當然，從整體上看，以「母子無絕道」為基礎的經義推理仍然是論證特徵的
重點。「母子無絕道」本可說是雙向的，即母無法絕其子，子亦無法絕其母，
但從引文看，鄭珍顯然更強調「子無法絕其母」，而且甚至認為「母絕其子，
不過為天下無子之人；子絕其母，則為天下不有母之子矣，不有母而尚得為
人乎」。〔註96〕「母可絕其子」，但無論如何「子無法絕其母」，所以無論「父
存沒」、「出母」是否再嫁，子皆應為其服喪。母已卒，無論先前母是否絕其
子，此時子若不「服」，則是子自絕其母。這與褚寅亮所認同的「出母而嫁，
兩相絕」之論大相徑庭。以「親情」為出發點的解經傾向，可以說是鄭珍經
義闡釋中的突出特點。

　　儘管我們可以認為鄭珍在解此節經文時或許受到其與母親情感深厚的因
素影響，〔註97〕但即使僅以上述諸家論說及鄭珍引文看，鄭珍對「出妻之子

〔註95〕王鍈等校：《鄭珍集・經學・儀禮私箋卷四・喪服》，貴州人民出版社，1991
　　　　年1月第1版，第105頁。
〔註96〕王鍈等校：《鄭珍集・經學・儀禮私箋卷四・喪服》，貴州人民出版社，1991
　　　　年1月第1版，第105頁。
〔註97〕鄭珍與母親的感情及鄭母黎氏對鄭珍的影響從基本貫穿鄭珍一生的詩歌創作
　　　　中可窺端倪。自1826年至1864年，有關母親、母子親情及孝子情懷的詩文
　　　　在鄭珍所創作的詩歌散文中並不少見，詩歌如《芝女周歲》（1826）、《五月一
　　　　日祀唐孫華原先生》（1830）、《渡桶口》（1834），及1837年作的《泊雷尾》、
　　　　《題黔西孝廉史藹州勝書六弟〈秋燈畫荻圖〉》、《桂之樹》、《雙棗樹》、《黃焦
　　　　石》，1842年作的《題新昌俞秋農汝本先生〈書聲刀尺圖〉》，1844年作的《子
　　　　午山詩七首》等，集中抒發鄭珍對母親思念之情的散文則有《辛丑二月初三
　　　　日記》（1841）等。從時間分佈看，似乎越臨近鄭母逝世，鄭珍涉及母親或母
　　　　子親情的詩文出現的頻率就越高。相比較而言，儘管鄭珍父親鄭文清在鄭母
　　　　去世後六年方才謝世（鄭母生卒年：1773～1840，鄭文清生卒年：1777～
　　　　1846），但鄭珍的詩作與鄭父有關的卻極為少見。此外鄭珍在鄭母去世後摹擬
　　　　鄭母口吻記錄母親生平言行，即《母教錄》，共68條成1卷刊行，也可見鄭
　　　　珍對母親的思念之情。關於鄭珍的詩文創作，參見《巢經巢詩鈔注釋》（鄭珍

爲母」服的分析，主要立足於「母子無絕道」，且「子無法絕其母」基礎上的對「父存沒」和「出母是否再嫁」的反對，較其他諸說於理似無虧，於情更可憫。而鄭珍對經文未著「嫁母之服」的「深沒其文」而「不許再嫁之義存，以存夫婦之義」，但「隱示其例，以全母子之恩」的經義闡發，精微細緻的同時，也愈發顯得充滿「溫情」。

三、邏輯論證與反例說明

喪服制度本身具有很強的體系性，《儀禮》作爲其主要的記錄文本，從行文的規範和邏輯性上來說，應該是嚴密和緊湊的；另一方面，喪服制度同時存在於民眾現實生活中，與現實生活具有密切的關聯。解經中利用經文體系的嚴密性並比照實際執行中的喪服實例，也就成爲經學家解釋經義的方法之一。

（一）《儀禮・喪服》：對繼子爲繼父的喪服制度的闡釋

1. 影響繼子爲繼父服喪的因素

《儀禮・喪服》：

> 齊衰不杖期章 繼父同居者。傳曰：何以大功也？傳曰：夫死，妻稚，子幼。子無大功之親，與之適人，而所適者亦無大功之親；所適者以其貨財爲之築宮廟，歲時使之祀焉；妻不敢與焉。若是，則繼父之道也，同居則服齊衰期，異居則服齊衰三月也。必嘗同居，然後爲異居；未嘗同居，則不爲異居。〔註98〕

依據經文和傳文，注疏家認爲影響繼子爲繼父「服制」及「服期」輕重長短的因素主要有三方面，分別爲傳文中所言及的「子無大功之親」、「所適者亦無大功之親」及「所適者以其貨財爲之築宮廟」，如果三者皆備，繼子與繼父爲「同居」，則繼子爲繼父服「齊衰一年」，三者先備，而後有缺，爲「異居」，則繼子爲繼父服「齊衰三月」。

賈公彥在《儀禮・喪服》的疏中就明確提出爲繼父「服期」需同時具備這三個方面，也即要具備「同居」條件：

著，龍先緒注，三秦出版社，2002 年 8 月）及《鄭珍集・文集》（王鍈等校，貴州人民出版社，1994 年 10 月第 1 版）。關於《母教錄》的內容介紹，可參見《沙灘文化志》「第五章 三家著作概述」（黃萬機，中國文史出版社，2006 年 10 月）。

〔註98〕《儀禮・喪服》。

謂子家無大功之內親，繼父家亦無大功之內親，繼父以財貨爲
此子築宮廟，使此子四時祭祀不絕，三者皆具，即爲同居，子爲之
期，以繼父恩深故也。言妻不言母者，已適他族，與己絕，故言妻。
欲見與他爲妻，不合祭己之父故也。云「異居則服齊衰三月。必嘗
同居，然後爲異居」者，此一節論異居，繼父言異者，昔同今異，
謂上三者若闕一事，則爲異居。假令前三者仍是具，後或繼父有子，
即是繼父有大功之內親，亦爲異居矣。〔註99〕

賈公彥提出「子無大功之親」、「所適者亦無大功之親」及「所適者以其
貨財爲之築宮廟」三個因素對繼子爲繼父服喪的「服制」有直接影響，因爲
這三個因素是判斷「同居」和「異居」的主要條件。依據這「三個因素」的
具備情況對「同居」、「異居」的判斷，比較複雜而更富有爭議的是對「異居」
的判定。

賈公彥在引文最後一句中認爲「繼父有子」，就是「繼父有大功之內親」，
進而也就與傳文中「所適者亦無大功之親」的規定相悖，因而就是「異居」。
賈公彥的這一解釋實際上導源於鄭玄。

鄭玄在對《禮記·喪服小記》「繼父不同居也者，必嘗同居。皆無主後。
同財而祭其祖禰爲同居，有主後者爲異居」這兩句的注中說：

錄恩服深淺也，見同財則期，同居異財，故同居。今異居，及
繼父有子，亦爲異居，則三月。未嘗同居則不服。〔註100〕

從經文中「有主後者爲異居」及鄭玄注中「及繼父有子，亦爲異居」的
聯繫看，鄭玄隱約有將「有主後」與「繼父有子」相聯繫的指向。

於是孔穎達在《喪服小記》本節經文的疏中對「有主後」的指意進行了
明確，同時加入了「此子有子，亦爲異居」：

今言「有主後者爲異居」者，謂繼父更有子也。舉此一條，餘
亦可知矣。然既云「皆無主後」爲同居，則有主後者爲異居，則此
子有子，亦爲異居也。〔註101〕

孔穎達在這裡將「繼父更有子」和「此子有子」視爲「有主後者」因而
算作「異居」的指向已經比較明顯。不過和賈公彥的觀點一樣，多是得益於

〔註99〕　【漢】鄭玄注【唐】賈公彥疏：《儀禮注疏·卷三十一》。
〔註100〕　【漢】鄭玄注【唐】孔穎達疏：《禮記注疏·卷三十三·喪服小記》。
〔註101〕　【漢】鄭玄注【唐】孔穎達疏：《禮記注疏·卷三十三·喪服小記》。

鄭玄「繼父有子，亦爲異居」注解的啓發。

2. 鄭珍對鄭玄的批評及對影響因素的重新思考

鄭玄將《禮記‧喪服小記》中「皆無主後，同財而祭其祖禰爲同居，有主後者爲異居」中的「有主後」解爲「繼父有子」，賈公彥進一步將「（繼父）有子」與「所適者有大功之親」相等同，進而與「異居」相關聯，〔註102〕所以鄭玄關於「皆無主後」的釋義可以說是賈公彥說法得以形成並廣爲後學沿襲的關鍵點。〔註103〕

鄭珍在《儀禮私箋》中對鄭玄「皆無主後」的解釋進行了質疑：

> 特「主後」不當如鄭說耳。「主」即下經「無主」之主，「後」
> 即「爲後」之後，爲後作祭主，故稱主後。「主」與「後」兩字皆當
> 如晉杜瓊說，非並生之稱，言「主」則祭者已死，言「後」則先者
> 必沒。〔註104〕

鄭珍舉鄭玄在《禮記‧王制》篇「天子諸侯，祭因國之在其地而無主後者」的注爲證：

> 謂所因之國，先王先公有功德宜享世祀，今絕無後，爲之祭主

〔註102〕此論鄭珍在《儀禮私箋卷五‧喪服》中也有涉及：「鄭注以『繼父有子』解『主後』，則『皆無主後』即此兩無大功之親，『同財祭其祖禰』即此爲築宮廟。賈疏以作三事別同異居，據彼經解此經耳。」

〔註103〕後世朱熹、姚際恒、盛世佐、胡培翬等人均表示出了對賈疏的支持。朱熹在《儀禮經傳通解》中大段摘引賈疏，卻並未提出別論（見《朱子全書（三）‧儀禮經傳通解（2）‧續卷第一》，上海古籍出版社/安徽教育出版社，2002年版，第1257頁）。其他數人的態度則更爲明顯。如姚際恒在《儀禮通論‧卷十一上》中說：得稱繼父，必是數者兼備。又獨父孤子，終身相依，如此眞繼父也，然後可爲齊衰期。若三者雖備，始同居而後異居，則但可爲齊衰三月。若初未嘗同居，於前數者無一焉，路人耳，三月不可，況期年乎？盛世佐在《儀禮集編‧卷二十三》中更爲明確：「皆無主後」即傳所謂「子無大功之親」、「所適者亦無大功之親也」，「同財而祭其祖禰」即傳所謂「以其貨財爲之築宮廟，歲時使之祀焉也」。三者具，爲同居，一不具，即爲異居。云「有主後者爲異居」，舉一以例其餘耳。胡培翬在《儀禮正義‧十‧卷二十二》中也表示：馬以子不隨母往爲未嘗同居（馬融釋「未嘗同居則不爲異居」云：「謂己自有宗廟，不隨母適人，初不同居何異居之有也？」），賈則以初隨母往時三者有一闕，即爲未嘗同居。以此傳及小記之文考之，則賈說爲細密。蓋一有大功之親，即非無主後者；不爲築宮廟，即非同財祭先之義。故一事闕，即不爲同居也。

〔註104〕王鍈等校：《鄭珍集‧經學‧儀禮私箋卷五‧喪服》，貴州人民出版社，1991年1月第1版，第111、112頁。

者。〔註105〕

　　另外又舉《儀禮・喪服》篇另一節傳文中有「無主者，謂其無祭主者也」
之說以為根據。

　　正是由於「言『主』則祭者已死，言『後』則先者必沒」，「此時繼父現
在，從母適人之子，又方孩幼寄育」，〔註106〕所以不可能出現將兩人之子謂之
「主後」的情形，因而「皆無主後」並非指「皆無子」，乃是「謂此子及繼父
之家皆無主祭其祖禰之後人」。由於此處之「主祭祖禰」者，乃指「以繼祖小
宗言」，因而「有世父則世父當之，世父亡則當之者為從父昆弟之嫡長，正大
功之親也」，最終「子無主後，即此子無大功之親；繼父無主後，即此所適者
無大功之親」。〔註107〕總之，繼父或繼子有無「子」與有無「主後」沒有直接
關係，進而也就不會影響繼子喪服的輕重。

　　為進一步說明繼父或繼子有無「子」與繼子喪服輕重無關，鄭珍又進行
了補充，以增強闡釋的說服力：

　　　　不思此服緣恩而制，彼誠於己盡繼父之道，其為恩不因彼此無
　　　子而增，亦不因彼此有子而減，何以因子之有無而增減月數也？且
　　　子於父何得為大功之親？當子隨母嫁時，繼父猶可云有子無子。此
　　　子明是方孩幼寄育，而曰「因其無子，與母適人，」其立言不尤可
　　　笑乎？後儒沿襲莫悟，致此經千古不明，實疏說先誤之也。〔註108〕

　　鄭珍以傳文為立足點，修正鄭玄注的意指，提出新的看法，進而對前引
賈公彥「假令前三者仍是具，後或繼父有子，即是繼父有大功之內親，亦為
異居矣」的觀點進行了修正。

　　在對鄭玄、賈公彥解釋的分析之後，鄭珍對「子無大功之親」、「所適者
亦無大功之親」及「所適者以其貨財為之築宮廟」與繼子喪服的關係進行了
重新說明：

　　　　故子苟有大功之親，先無與母適人之理；繼父苟有大功之親，

〔註105〕【漢】鄭玄注【唐】孔穎達疏：《禮記注疏・卷十二・王制》。

〔註106〕王鍈等校：《鄭珍集・經學・儀禮私箋卷五・喪服》，貴州人民出版社，1991
　　　　年1月第1版，第112頁。

〔註107〕王鍈等校：《鄭珍集・經學・儀禮私箋卷五・喪服》，貴州人民出版社，1991
　　　　年1月第1版，第112頁。

〔註108〕王鍈等校：《鄭珍集・經學・儀禮私箋卷五・喪服》，貴州人民出版社，1991
　　　　年1月第1版，第111頁。

決無以財築廟之事。傳文云者，著其事由，於繼父服之所以輕重不
相涉也。注云：「大功之親，謂同財者。」晉陳詮復申之云：「子有
大功，不可以隨母；彼有大功，不可以專財。」於傳旨盡矣。初何
嘗以大功親爲子，而以其有無分別其同居異居乎。自疏家不了傳意，
以兩無大功親是無子，合之築廟爲三事，謂三者皆具，則爲同居；
三者先具而後缺一，則爲異居；三者本缺一，則爲未嘗同居。〔註109〕

如果子有「大功之親」，就不可能隨母親再嫁，繼父如果有「大功之親」，
也就不可能有「以財築廟之事」，反之，既然子已經隨母親再嫁，繼父也已爲
繼子「以財築廟」，則可以肯定繼子和繼父都沒有「大功之親」，換句話說，
只要有繼父爲繼子「以財築廟」這一個事件存在，則繼子和繼父都無「大功
之親」就是不言而喻的。如此，如果子夏在傳文中提及這「三事」是將之當
作判別「同居」和「異居」的標準，進而影響繼子喪服的輕重，那完全可以
只用說明「以財築廟」就行，不必再提另外兩事，否則就重複了。據此，鄭
珍認爲傳文寫明這「三事」，只是「著其事由」，「三事」對「繼父服之所以輕
重不相涉」。

綜合以上敘述分析，鄭珍在闡釋《儀禮・喪服》中繼子爲繼父的喪服問
題時有以下三點值得注意。首先，從經傳文出發，「唯經義是從」，並不迷信
鄭玄注解；其次，在「有主後」問題上對鄭玄的反駁中，具有「以經證經」
的特點；最後，也是最爲重要的，在提出「三事」與「繼父服之所以輕重不
相涉」的看法中，立足傳文，運用邏輯推理提出疑問，進而引出結論。就《儀
禮・喪服》中所列的「三個因素」與繼子爲繼父服喪的關係，鄭珍的看法言
之成理，這應該與鄭珍的解經立場和分析方法分不開。

（二）以反例論證：《儀禮・喪服》「屬從」義辨

《儀禮・喪服》齊衰不杖期章：爲夫之君。傳曰：何以期也？
從服也。

這節經文和傳文指出妻子「爲夫之君」的服制是「從服」，但並未明確屬
於「從服」中「屬從」還是「徒從」，而「從服」中「屬從」和「徒從」有明
顯區別：

〔註109〕王鍈等校：《鄭珍集・經學・儀禮私箋卷五・喪服》，貴州人民出版社，1991
年1月第1版，第111頁。

　　　從服者（徒從），所從亡，則已。屬從者，所從雖沒，也服。
〔註110〕

　　要回答「爲夫之君」屬於「屬從」還是「徒從」的問題，自然需要明確
「屬從」和「徒從」的內在區別。但《儀禮》對喪服中「從服」的含義、特
徵及其類別沒有集中說明，雖然《禮記》中的《喪服小記》和《大傳》對「從
服」有說明，但也都非常簡略，鄭玄在對《喪服小記》和《大傳》的注中也
沒有對「從服」進行細緻闡釋。〔註111〕

　　相比較而言，孔穎達對「從服」制度進行了較爲詳細地闡發。孔穎達在
《喪服小記》和《大傳》疏中對「徒從」進行了分類，〔註112〕並對「屬從」
和「徒從」的內涵特徵進行了界定。

　　「徒從」：

　　　徒，空也。與彼非親屬，空從此而服彼。〔註113〕

　　　徒，空也。與彼無親，空服彼之支黨。〔註114〕

　　「屬從」：

　　　屬者，骨血連續以爲親也。〔註115〕

〔註110〕《禮記・喪服小記》。
〔註111〕《禮記・喪服小記》：「從服者，所從亡則已。屬從者，所從雖沒也服」，《禮
　　　　記・大傳》中列舉了「從服」的六種形式：「有屬從，有徒從，有從有服而無
　　　　服，有從無服而有服，有從重而輕，有從輕而重」，兩篇對「從服」的論述都
　　　　異常簡略，《大傳》儘管列舉了「從服」的六種形式，但後四種與其說是「從
　　　　服」形式，不如說是「從服」的特徵。只有前兩種可以視爲是依據「從服」
　　　　針對的對象以及「爲服者與所從之人」間的關係而對「從服」所作的類型劃
　　　　分。鄭玄在《喪服小記》和《大傳》的注中也未對「從服」予以詳細說明，
　　　　只是在《喪服小記》注中爲「從服（徒從）」舉了「爲君母之父、母、昆弟、
　　　　從母也」，爲「屬從」舉了「自爲己之母黨」之例；在《大傳》對應注中重複
　　　　「子爲母之黨」屬「屬從」，「臣爲君之黨」屬「徒從」。
〔註112〕在《喪服小記》的疏中分「徒從」爲「一是妾爲女君之黨，二是子從母服於
　　　　母之君母，三是妾子爲君母之黨，四是臣從君而服君之黨」（見《禮記注疏・
　　　　卷三十二・喪服小記》）；在《大傳》的疏中分「徒從」爲「妻爲夫之君，妾
　　　　爲女君之黨，庶子爲君母之親，子爲母之君母」（見《禮記注疏・卷三十四・
　　　　大傳》）。對兩種分法的差別，鄭珍認爲是「乃並數妻爲夫之君，而不及臣服
　　　　君黨」（見《儀禮私箋卷五・喪服》）。
〔註113〕【漢】鄭玄注【唐】孔穎達疏：《禮記注疏・卷三十二・喪服小記》。
〔註114〕【漢】鄭玄注【唐】孔穎達疏：《禮記注疏・卷三十四・大傳》。
〔註115〕【漢】鄭玄注【唐】孔穎達疏：《禮記注疏・卷三十二・喪服小記》。

屬，謂親屬。以其親屬爲其支黨。〔註116〕

孔穎達強調「徒從」一類，服喪之人和被服之逝者非親屬，而「屬從」一類，服喪之人和被服之人屬於是有血緣聯繫的親屬。孔穎達的這一總結可以說是對鄭玄爲「從服」（「徒從」）和「屬從」所舉實例的概括。不過仔細考察，既然是「從服」，服喪之人和被服之逝者之間本就已經有一個中間者居其中起牽連作用，二者的關係已非「直接」，在這種情況下，僅以是否有「骨血連續」來區分不同類型的服喪之人和被服之逝者間的關係，恐怕難以眞正釐清其間的複雜情形。

比如鄭珍就質疑說「相連則爲屬從，不相連則爲徒從，如疏云徒者『與彼非親屬』，屬則『骨血連屬以爲親』，若謂所爲服者於己有血屬之親，惟母黨是骨血相連屬，若妻爲舅姑、夫爲妻之父母，有何骨血相連乎？」這幾種情況下，雖不屬於血緣親屬，但其「服」均屬「屬從」；另一方面，「若謂所爲服者於所從之人，惟母之君母非骨血相連，若女君之黨於女君，君母之黨於君母，非骨血相連者乎？又何以爲徒從乎？」〔註117〕鄭珍以實際情況中的反例對孔穎達的解釋提出了質疑。

在列出反例的基礎上，鄭珍放棄孔穎達對「屬」的釋義，重新進行了認定：

> 「徒從」義自以《小記》四徒爲正。「爲夫之君」，即從夫服夫黨之一。自是屬從。蓋「屬」字不宜解爲「血屬」，止當作「連屬」解。母黨夫黨妻黨，皆於母於夫於妻相連屬者也。女君之黨、君母之黨及母之君母，並隔一層，連屬不去。〔註118〕

此處如果以「×層連屬關係」來理解鄭珍按語中的「連屬」或許更便於理解，表述也顯得更爲清楚。服喪之人和被服之逝者間如果是「兩層連屬關係」，如「子從母服母之黨，妾（妻）從夫服夫之黨，夫從妻服妻之黨」，則屬於「屬從」，如果二者具有「三層」或「三層以上連屬關係」，如「妾爲女君之黨，子從母服於母之君母，妾子爲君母之黨」，則屬於「徒從」。

由於「臣服君之黨」中的「臣」和「君之黨」間只具有兩層連屬關係，

〔註116〕【漢】鄭玄注【唐】孔穎達疏：《禮記注疏・卷三十四・大傳》。
〔註117〕王鍈等校：《鄭珍集・經學・儀禮私箋卷五・喪服》，貴州人民出版社，1991年1月第1版，第115頁。
〔註118〕王鍈等校：《鄭珍集・經學・儀禮私箋卷五・喪服》，貴州人民出版社，1991年1月第1版，第115頁。

所以應該將「臣服君之黨」視爲「屬從」。

> 惟義作連屬，臣與君相連，夫之君是夫黨，故得爲屬從。〔註119〕

「臣服君之黨」爲「屬從」，則與之相類，「爲夫之君」也同樣可視爲「屬從」。

> 自疏有「血屬」誤解，又有《大傳》疏駁文，宜後人皆以夫之君非血屬而歸之徒從矣。〔註120〕

鄭珍還從另一個角度對妻子「爲夫之君」的服制不可歸入「所從亡則已」的「徒從」進行了補充論證：

> 若夫亡即不服夫之君，如公卿大夫之妻，皆命婦也。於君之喪，正尸有堂上北面之位。小斂有新君之特拜，大斂有尸西東面之位。五日既殯，又有當授之杖。此不問夫之存沒，其禮宜同，決無有夫亡而不與君喪之理。謂與喪而可以無服乎？故以此服爲徒從，在疏家一時偶失關會，後人相沿據爲典禮，有傷名教大矣。〔註121〕

和上述對孔穎達的質疑根據一樣，鄭珍在這裡的補充論證還是以喪服的實際施行情況爲出發點對將妻子「爲夫之君」的服制歸爲「徒從」提出質疑，進而論證自己提出的觀點。

本章小結

章太炎在論述清代「漢學」研究方法時，將「漢學」方法的特點從總體上概括爲六個方面，即「審名實、重左證、戒妄牽、守凡例、斷情感、汰華辭」。〔註122〕六個特徵中除了最後兩個方面是關於研究的態度和行文的要求之外，其他都可以視爲是對「漢學」研究者腳踏實地的研究態度和「言必有據」的論證方法的總結。在鄭珍對《儀禮》經文的考釋和敘述中，章太炎所概括的「漢學」方法的特點有了具體的體現，無論是嚴格從經文出發、「經傳互證」，

〔註119〕王鍈等校：《鄭珍集・經學・儀禮私箋卷五・喪服》，貴州人民出版社，1991年1月第1版，第115頁。

〔註120〕王鍈等校：《鄭珍集・經學・儀禮私箋卷五・喪服》，貴州人民出版社，1991年1月第1版，第115頁。

〔註121〕王鍈等校：《鄭珍集・經學・儀禮私箋卷五・喪服》，貴州人民出版社，1991年1月第1版，第115頁。

〔註122〕洪治綱主編：《章太炎經典文存・說林下》，上海大學出版社，2003年12月第1版，第287頁。

注重經文表述的邏輯關係，還是注意文獻佐證，從現實出發、講求「以今例古」和現實中的喪服與注疏的矛盾，都從不同角度反映出鄭珍經學研究「戒妄牽」和「斷情感」的實事求是的踏實作風。即使是在「出妻之子爲母」服的闡釋中，鄭珍「禮不外乎情」的取向表面看似乎與「斷情感」相悖，但章太炎的意指應該是指斷個人情感，而鄭珍在解經中，分析的立足點則是「母子恩義」的人類情感，儘管與採用文獻佐證的方式不同，但不脫離現實的「求實」特點依舊明顯。或許正是鄭珍對多種「實證」方法的綜合運用，其在《士昏禮》和《喪服》研究中關於「用雁」、「摯不用死」、「六禮」的系統化思想和繼子爲繼父的服喪制度的新闡釋才顯得新穎並具有相應說服力。

第三章 《遵義府志》的「實證」特徵和「功能意義」

道光十八年（1838），鄭珍貢舉落地回鄉，受遵義知府平翰之請，主持編纂《遵義府志》，鄭珍隨即邀莫友芝相助。二人專心致志，三年完成，成書 48 卷。《遵義府志》的主纂者應該是鄭珍，鄭珍的治學傾向及其思想淵源上節已詳述，下文先對莫友芝的生平及思想淵源進行相應補充。

第一節 莫友芝生平及思想淵源

莫友芝（1811～1871），字子偲，自號邵亭，又號紫泉、眲叟，貴州獨山人（今黔南州獨山縣）。莫氏家族原籍江蘇上元縣，明弘治年間，莫友芝八世祖莫先隨軍征討都勻苗民，後定居都勻。莫友芝祖父莫強（1723～1804），秀才，屢次鄉試未中後，在家鄉團館授徒爲業。莫友芝父親莫與儔（1763～1841），嘉慶四年（1799）進士，選翰林院庶吉士，散館後，派任四川鹽源縣知縣。嘉慶九年（1804）莫與儔丁父憂，期滿後因母親年老體弱，請終養，家居十數年。道光二年（1822）起莫與儔改任教職，選遵義府學教授，直至病逝。莫友芝幼承父訓，道光六年（1826）成秀才，先後受學於黎恂、程恩澤，道光十一年（1831）鄉試中舉，此後四次會試均未得中。道光十八年（1838）起與鄭珍共同纂修《遵義府志》，三年書成。道光二十二年（1842）至咸豐六年（1856），先後受聘主講遵義湘川書院、啓秀書院。〔註1〕咸豐七年（1857），

〔註 1〕 據《遵義府志卷二十四·學校三》，康熙五十四年，遵義縣知縣邱紀建建湘川書院（初名湘江書院）。康熙五十六年，遵義知府趙光榮、遵義縣知縣邱紀建共建育才書院，後乾隆朝督學孫士毅將其改名爲啓秀書院，乾隆三十五年，

入貴陽知府劉書年幕。咸豐十年恩科會試未中，攜子至武昌入湖北巡撫胡林翼幕。次年胡林翼病逝，轉入曾國藩幕，訪書校勘，遊歷蘇杭，同治十年（1871）病逝於揚州，享年 61 歲。

莫友芝博學多才，主要著述涉及小學、經學、目錄學、史學等，並有詩文集二十餘卷傳世。縱觀莫友芝的研究成果，尤其以版本目錄學和小學爲人所稱道。莫友芝目錄學著作主要爲《郘亭知見傳本書目》。《郘亭知見傳本書目》收錄《四庫全書簡明目錄》未輯古籍六百餘種，較邵懿辰所著《四庫簡明目錄標注》所補書目還多，學術價值得到許多學者的肯定。〔註2〕另一部目錄學著作《宋元舊本書經眼錄》著錄宋、金、元、明古籍一百三十餘種，同樣是閱讀、研究古籍的重要參考。小學著作《唐寫本說文木部箋異》以《唐寫本說文木部》殘卷爲參考，補正大、小徐本錯漏數十處。《韻學源流》可稱一部音韻學史專著，對晉至清朝間重要的音韻學家及其著述予以介紹和評價，在音韻學演變研究中也有不可忽視的價值。

《清史稿》載莫友芝「家世傳業，通會漢、宋」，〔註3〕不過從莫友芝的研究實踐及主要著述來看，莫友芝治學的漢學取向似乎更爲明顯。莫友芝的學術成就集中於版本目錄學和小學，小學自不必言，版本目錄學同樣可以作爲「實事求是」的漢學取向的重要體現。有清一代，版本目錄學異常發達，但一定程度上可以說版本目錄學的興盛是清代以「考據」和「實證」爲特徵的漢學潮流推動下才出現的。從這一角度，也可以說版本目錄學本身就是漢學的一個分支。〔註4〕

　　遵義知府於方柱將之與湘川書院合併（但似仍各依舊名）。乾隆五十二年，因遵義知府劉詔升別建湘川書院，邱紀建於康熙五十四年所建之湘川書院改名培英書院。《莫友芝年譜長編》（張劍著，第 47 頁）載道光二十一年莫友芝除修府志外，兼講培英書院，而《莫友芝評傳・莫友芝年表》（黃萬機著）則載莫友芝主講於湘川書院，二者實際上應是同一書院，只是一稱呼書院現名，一稱呼書院舊名。

〔註2〕吳雁南 秦學頎 李禹階主編：《中國經學史》，福建人民出版社，2010 年 1 月第 1 版，第 595 頁。

〔註3〕《清史稿・列傳第二百七十三・文苑三》，中華書局，第 13410 頁。

〔註4〕葛榮晉在《中國實學思想史》中言及乾嘉考據學時曾說：「考據學以治經爲主，多兼治小學、訓詁學、音韻學、史學、地理學、天文曆算學、呂律學、諸子學、版本目錄學、金石學等」，雖未直言，但也含有目錄學可視爲考據學組成部分的意思。見《中國實學思想史（中卷）》（葛榮晉主編，首都師範大學出版社，1994 年 9 月第 1 版），第 643 頁。

民國《獨山縣志‧卷二十四‧人物一》對莫友芝的學術研究實踐有過概括：

> 友芝之學於《倉》、《雅》故訓，六經名物制度，靡所不探討，旁及金石目錄家之說，尤究極其奧頤，疏導源流，辨析正僞，無銖寸差。〔註5〕

在言及莫友芝學術研究的主要內容之外，強調莫友芝以「客觀實證」爲依據和準繩的「樸實」學風也可以從引文中看出來。或許正是因此，莫友芝九弟莫祥芝才評價莫友芝治學爲「教人崇篤學，去浮靡，從學者言考據、言義理、言詩古文辭，悉各就其性之所近，不拘拘焉以門戶相強，故人益樂親之」，〔註6〕薛福成在《祭莫邵亭先生文》中也才會有「自昔黔中，僻處西南。儒風樸略，古訓未諳。君開厥先，博討窮探。溯源漢代，許鄭之圉」的評語。〔註7〕

縱觀莫友芝的一生，晚年遊幕蘇杭之前，除赴京會試，足跡基本未出黔地。與莫友芝相交的學者文人，也多爲鄭珍、黎兆勳等黔籍人士。〔註8〕道光八年（1828），莫友芝至遵義「沙灘」拜黎恂爲師，與鄭珍、黎兆勳相識。然而從交遊及學術思想特徵來看，貴州籍學者中對莫友芝治學和學術研究影響較大的還是其父莫與儔。儘管莫與儔的思想傾向在《清史稿》及《續遵義府志》中幾乎沒有提及，而且從有限的著述來看，莫與儔似乎也難以被視爲有影響力的學者，〔註9〕但認爲莫與儔深受乾嘉漢學之影響，並對漢學亦有較深造詣應當是完全可能的。一方面，莫與儔於嘉慶四年（1799）中進士，該科會試總裁爲朱珪，副總裁爲阮元。二人皆爲重要的漢學家。與莫與儔同科中進士的還有姚文田、王引之、張惠言、郝懿行，其時或其後，這些人皆成爲

〔註5〕王華裔修、何幹群等續修：《獨山縣志‧卷二十四‧人物一》，民國四年稿本。

〔註6〕莫祥芝：《清授文林郎先兄邵亭先生行述》，見張劍：《莫友芝年譜長編‧附錄四：莫氏家族傳記資料》，中華書局，2008年11月第1版，第624頁。

〔註7〕薛福成：《祭莫邵亭先生文》，見張劍：《莫友芝年譜長編‧附錄四：莫氏家族傳記資料》，中華書局，2008年11月第1版，第626頁。

〔註8〕這裡如此說，只是就主要方面而言。莫友芝交遊似較鄭珍爲廣，即使在遊幕江南之前，與莫友芝相交的文人學者也並非無外籍士人，具代表性者爲道光二十七年（1847）莫友芝赴京會試期間與曾國藩結識。莫友芝時年已37歲，且從曾氏與莫友芝「偶舉論漢學門戶」，曾氏大驚，並有「黔中固有此宿學耶」的評語，可知即使曾國藩對莫友芝治學取向有影響，也應該不屬於「淵源性」的影響。

〔註9〕據黃萬機的《沙灘文化志》統計，莫與儔刊行的著述僅《貞定先生遺集》（4卷）。

譽滿儒林的漢學大師。此外，此時科舉有「士之欲致身通顯者，非漢學不足見重於世」的說法。〔註10〕另一方面，也有直接記載可證，《莫友芝年譜長編》引《莫公行狀》言莫與儔：「公少時所治，唯取士五經，及成進士，座主則相國朱公珪、劉公權之、阮公元；又師事相國紀公昀、編修洪公亮吉；而同年友如編修張公惠言、主事郝公懿行、尙書姚公文田、王公引之，講六書、明漢學者數十計。故熟於國朝大師家法淵源。」〔註11〕同時蕭光遠在《莫邵亭徵君誄並序》中也說莫與儔「官遵義教授，一稟國朝大師家法」。〔註12〕此外，《獨山縣志》在記錄莫與儔任遵義府學教授之後對其教授生員的情形有過詳細記述：

> 程朱氏之論，窮神造化，乃不越麗堁應對日用之常；至六藝故訓，則國朝專經大師，實邁近古。其稱《易》惠氏、《書》閻氏、《詩》陳氏、《禮》江氏、說文詁釋有段氏、王氏父子。蓋未嘗無三宿不言，言之未嘗不津津聽者。雖愚滯，未嘗不怡如旱苗之得膏雨也。久之，門人鄭珍與其第五子友芝遂通許鄭之學，充然西南碩儒矣。〔註13〕

這一段記錄不僅反映出莫與儔崇奉漢學，以漢學家法訓導生員，同時也表現出其對鄭珍、莫友芝研治漢學的重要影響。

莫與儔既然崇奉漢學，並對漢學家法有深入瞭解，《莫友芝年譜長編》載有莫友芝四歲時莫與儔即授之《毛詩》、《尙書》、《儀禮》、《戴記》，十三歲時又示莫友芝治漢學之法也就可以理解了：

> 謂友芝曰：「學者立身行己，當法程、朱，輔以新吾、蘇門、潛菴、稼書之篤近。若言著述，我朝大師相承，超軼前代矣。」每舉惠氏《易》、閻氏《書》、胡氏《禹貢》、陳氏《詩》及諸言《禮》家說精覈絕者，爲友芝指講。即歎曰：「吾少也，不及知，知之矣，又無所得書，今書十九備，而吾已老。若輩不及今爲之，亦何及矣。」
> 〔註14〕

〔註10〕 轉引自林香娥：《乾嘉考據學熱潮成因新探》，《江西社會科學》，2007 年 5 月。原文出自張星鑒：《仰蕭樓文集》，清光緒八年刊本。

〔註11〕 張劍撰：《莫友芝年譜長編》，中華書局，2008 年 11 月第 1 版，第 5 頁。

〔註12〕 蕭光遠：《莫邵亭徵君誄並序》，見張劍：《莫友芝年譜長編·附錄四：莫氏家族傳記資料》，中華書局，2008 年 11 月第 1 版，第 627 頁。

〔註13〕 王華裔修、何幹群等續修：《獨山縣志·卷二十四·人物一》，民國四年稿本。

〔註14〕 張劍：《莫友芝年譜長編》，中華書局，2008 年 11 月第 1 版，第 19、21 頁。

進而，可視爲對莫與儔、莫友芝父子治學取向及二者關係之總結的「考與儔，……教授故名進士，日以樸學倡其徒、教其子弟。子偲獨一意自刻厲，追其志而從之」也就順理成章了。〔註15〕

第二節　遵義地方志書簡述

據《遵義府志卷四十八·舊志敘錄》，明朝以前並沒有記錄遵義區域政治、經濟、文化等內容的專書，只在宋鄭漁仲《通志·藝文略》中《梓州路圖經》（69 卷）及《夔州路圖經》（52 卷），《宋史·藝文志》中《南平軍圖經》（1 卷）（遵義在宋時分屬夔州、梓州、南平），以及顧祖禹的《方輿紀要》相應卷中有所涉及。專門記述遵義地區的志書，依鄭珍、莫友芝的考證，最早應爲明朝萬曆年間遵義知府孫敏政主持修纂的 22 卷《遵義軍民府志》，〔註16〕其後又有康熙二十四年（1685）遵義縣知縣陳瑄主持修纂的 32 卷《遵義軍民通志》。黃樂之在《遵義府志·黃樂之序》中言及鄭珍對二志的評價：「《孫志》詳今而不詳古，《陳志》略古而且略今」。按照賀長嶺的說法，孫敏政主持修纂的《遵義軍民府志》其時已失傳，僅「有舊抄前半，棄在民間」，而陳瑄修纂的《遵義軍民通志》則「三月纂成。其書率盡抄《孫志》，略爲增減」。〔註17〕正因爲此，黃樂之等人才評價鄭珍、莫友芝纂修《遵義府志》無異於「創始」。

第三節　《遵義府志》的體例及整體特徵

一、《遵義府志》體例

（一）細目並列

倉修良先生在《方志學通論》中將方志體例歸納爲兩大類，一是分綱列

〔註15〕 張裕釗：《莫子偲墓誌銘》，見張劍：《莫友芝年譜長編·附錄四：莫氏家族傳記資料》，中華書局，2008 年 11 月第 1 版，第 621 頁。

〔註16〕 據《遵義府志卷四十八·舊志敘錄》，遵義的志書還有《遵義舊志》及《盧守曾志》，但前書應成於明萬曆朝播州土司楊應龍被滅之後，且已亡佚，後書修於孫敏政《遵義軍民府志》前十年，但「舊不採，新不載，世亦無傳」。

〔註17〕 《遵義府志·賀長嶺序》，遵義市志編纂委員會整理，1986 年 3 月。

目，二是細目並列，[註18] 依照這種形式及邏輯上的區分原則，《遵義府志》的體例顯然屬於「細目並列」。平行分目、不以類屬的方志體例，據學者所論，最早發端於南宋范成大於紹定二年（1229）修纂的《吳郡志》。[註19]《吳郡志》共 50 卷，平分沿革、分野、戶口稅租、土貢、風俗、城郭、學校（縣學附）、營寨、宮宇、倉庫（場房市樓附）、坊市、古蹟、封爵、牧守、題名、官吏、祠廟、園亭、山、虎丘、橋樑、川、水利、人物（烈女附）、進士題名（武舉附）、土物、宮觀、府郭寺、郭外寺、縣記、冢墓、仙事、浮屠、方技、異聞、考證、雜詠、雜志 39 門（目），另有 3 個附錄，詳細記錄了蘇州地區的地理、政治、經濟、文化等演變情況。一般而言，由於細目平分，無類統屬，在卷目較多的情況下各目之間結構常會顯得不夠嚴謹，且不利查閱。「細目並列」體例的這一缺點之所以在《吳郡志》中沒有明顯表露，該志也依舊爲《四庫全書總目提要》譽爲「徵引浩博，而敘述簡核，爲地志之善本」，[註20] 且「細目並列」也逐步發展爲宋元時期方志修纂體例的主要形式，[註21] 原因除志書纂修者主觀才識出眾之外，應該也和所修志書涵蓋地域較小有關。如果所修志書爲省志或全國性的「一統志」，則「細目並列」體例將難以適應，否則只會讓各目顯得「頭緒紛繁，雜亂無章」。[註22]

　　遵義和蘇州一樣同屬於府一級行政單位，這或許是鄭珍、莫友芝以「細目並列」體例安排《遵義府志》內容的首要原因。其次，從各目來看，《遵義府志》也顯得比《吳郡志》簡潔、清晰。《遵義府志》全帙 48 卷，平列的 33 目依次爲圖說、星野、建置、疆域、山川、水道考、城池、公署、壇廟、關

[註18] 倉修良：《方志學通論》，齊魯書社，1990 年 11 月第 1 版，第 375 頁。另，此處所說的「體例」，指志書的「編寫格式」，與作爲文章或著述類別的「體裁」和爲說明著述內容和編纂體例的文字的「凡例」有明顯不同。參見張革非：《中國方志學綱要》，西南師範大學出版社，1992 年 10 月第 1 版，第 112 頁。此外，本文以爲「體例」儘管是作爲「編寫格式」，但不應僅僅只當作「形式」層面的問題。不同的志書，如果涵蓋內容一致，只是「編寫格式」不同，此時的「體例」差異當然主要只是「形式上」的；但如志書之間涵蓋的內容已不同，則「體例」上的差異將同時包含「內容」方面的問題。換句話說，體例同時也涉及志書的收錄內容問題。

[註19] 楊軍昌：《中國方志學概論》，貴州人民出版社，1999 年 11 月第 1 版，第 87 頁。

[註20] 薛正興主編：《江蘇地方志文獻叢書・吳郡志》，江蘇古籍出版社，1999 年 8 月第 1 版。

[註21] 倉修良：《方志學通論》，齊魯書社，1990 年 11 月第 1 版，第 376 頁。

[註22] 倉修良：《方志學通論》，齊魯書社，1990 年 11 月第 1 版，第 376 頁。

梁、古蹟、金石、戶口、賦稅、蠲岻、農桑、物產、木政、坑冶、風俗、祥異、學校、典禮、兵防、職官、宦績、土官、選舉、人物、紀事、藝文、雜記、舊志敘錄，內容涵蓋了遵義區域自然地理、政治、經濟、文化教育和社會風俗的沿革演變。與《吳郡志》相比，《遵義府志》少 6 目，如將《吳郡志》所含附錄計算在內，則少 9 目，加之纂於清後期的《遵義府志》較《吳郡志》晚六百餘年，可以視爲是中國傳統方志纂修總結期的作品。〔註 23〕再次，儘管兩志均是針對府一級的行政區域，但《吳郡志》所涵蓋的蘇州地區不只有確切記錄的建城年代較爲久遠（公元前 514 年，吳王闔閭建城），且在宋以後經濟、文教發展逐漸並駕或領先於全國其他地區，蘇州區域範圍內傳世的各種府志、縣志有一百八十餘種，千餘卷，並有數目更多的鄉鎮小志及山、水、亭、園、寺觀、祠廟等專志即是一證。〔註 24〕這種情況爲《吳郡志》修纂提供足夠資料的同時，也決定了志書在修纂過程中將面臨較《遵義府志》更爲複雜的條目分類及整理情況。這或許也是從前列分目情況看，《吳郡志》分目較《遵義府志》複雜的原因所在。前已提及，道光以前遵義地區所留存的府志，僅只兩三種，府轄各縣所可參引的縣志也爲數很少，〔註 25〕加之與江浙地區相比相對單一的經濟、文教發展狀況，如果《吳郡志》細目並列尚可稱恰當的話，即使暫時撇開《遵義府志》的各目內容，以 33 目平列而無類統屬的體例應該也是符合實際的。

　　還值得一提的是，源於南宋而爲《遵義府志》所堅持的「細目並列」的志書體例在志書修纂大盛的清代並沒有發生明顯的革新性變化。〔註 26〕儘管

〔註 23〕　倉修良認爲兩宋時期爲志書修纂的定型期，見《方志學通論》（倉修良，齊魯書社，1990 年 11 月第 1 版）第 300 頁；張革非認爲兩宋元明爲方志學發展的成熟階段，見張革非：《中國方志學綱要》（西南師範大學出版社，1992 年 10 月第 1 版）第 39 頁。兩書均認爲清代爲方志學發展的全盛時期。

〔註 24〕　薛正興主編：《江蘇地方志文獻叢書‧吳郡志‧弁言》，江蘇古籍出版社，1999 年 8 月第 1 版。

〔註 25〕　參見《遵義府志卷四十八‧舊志敘錄》，遵義市志編纂委員會整理，1986 年 3 月，第 1538～1542 頁。

〔註 26〕　明代方志體例基本處於「分綱列目」和「細目並列」並行的狀態。「分綱列目」的體例，如嘉靖年間修纂的《九江府志》（16 卷）、《南寧府志》（11 卷），「細目並列」體例則有成化年間修纂的《湖州府志》（24 卷）及萬曆年間編纂的《太平府志》（3 卷）等。也有學者認爲明代因永樂十六年（1418）朱棣頒行《修纂志書凡例》而使志書體例以「分志、目二級」的「分綱列目」體例爲主。參見張革非：《中國方志學綱要》，西南師範大學出版社，1992 年 10 月第 1

清代作為方志修纂的全盛時期，不僅志書修纂數目超越前代，在傳統方志學理論的建設方面也貢獻頗多。但就方志體例而言，對志書體例的變革主要集中在呈梯級形式的「分綱列目」式方面。如《河間府志》，該志由乾隆年間的杜延甲纂，體例屬於以「輿地」、「宦政」、「人物」、「典文」4 類統屬其他子目的「三寶體」，還有乾隆年間章學誠纂修的《湖北通志》，以志、掌故、文徵總領其餘「四體八門」的「三書體」。這些方志基本都屬於對志書「綱」（「類」）和「目」的涵括關係的調整，而對「細目並列」體例的整體性變革則基本沒有涉及。〔註 27〕無論是順治時期纂修的《河南通志》（賈漢復主修）、還是乾隆時期纂修的《汾州府志》，包括道光時期的《遵義府志》，都是「細目並列」體例因時因地適當變通、調整的結果，整體變化並不大。〔註 28〕

（二）「仿圖經體」

以上是在方志體例類型及沿革流變的視野下，對《遵義府志》「細目並列」體例的特點予以宏觀式的說明，如果我們將關注點聚焦，則《遵義府志》體例在「形式上」的「細目並列」之外，還有更具「內涵性」的特徵。這個特徵可以用「仿圖經體」來概括。

上文在論及清代方志體例時曾提及乾隆年間戴震編纂的《汾州府志》。戴震作為清代考據學全盛時期的領袖人物不僅經學研究著作等身，也主持或參與過眾多志書的修纂，如《汾州府志》、《汾陽縣志》、《直隸河渠書》、《應州續志》、《壽陽志》等。戴震及洪亮吉、孫星衍等考據學家在纂修方志過程中，將考據學原則與方法融入其間，形成了所謂方志學中的「考據派」。〔註 29〕而在內容方面，由於戴震在纂修志書中極重歷史和地理沿革的考證，這一傾向

版，第 45 頁。

〔註 27〕可參見楊軍昌：《中國方志學概論》「第三章：方志體例」，貴州人民出版社，1999 年 11 月第 1 版；張革非：《中國方志學綱要》「第四章：舊志體例」，西南師範大學出版社，1992 年 10 月第 1 版；王德恒 許明輝 賈輝銘：《中國方志學》「第三章：地方志編纂理論發展概況」，文化藝術出版社，1994 年 7 月第 1 版。

〔註 28〕此處，本文並沒有暗示堅持「細目並列」體例的纂修者缺乏創新性的意思，一定程度上，本文反而認為這種情形也許正說明「細目並列」體例與方志，尤其是涵蓋區域不大的府縣志書纂修實際有較高的相互契合性。

〔註 29〕關於方志學中的「考據派」，參見下文「歷史與考據：漢學『實證』方法的影響」。另，戴震、洪亮吉等纂修的「考據派」志書又可以被稱為「仿圖經體」，「考據派」主要是就其纂修方法而言，「仿圖經體」則大致是就其囊括內容而言。見下文。

又與隋唐時期偏重地理內容的志書的主要形式——圖經——多有一致，所以就有學者將乾嘉時期戴震、洪亮吉、孫星衍等考據學家在志書纂修中重視歷史、地理沿革考證的這一特徵概括爲「仿圖經體」。〔註30〕關於方志及《遵義府志》與考據學的關係，在下文「歷史與考據：漢學『實證』方法的影響」中再做具體論述，此處僅以體例及其所反映出的志書內容爲著眼點，就隋唐「圖經體」志書與乾隆時期考據學家纂修的「仿圖經體」志書及《遵義府志》之間的關聯進行簡要論述。

隋唐時期較爲盛行的「圖經體」志書基本上是在魏晉南北朝「地記」志書形式的基礎上發展而成的，「圖經」由「圖」和「經」兩部分構成，「圖」描繪地方土地、物產等形象，「經」則是圖的文字說明。〔註31〕倉修良先生在《方志學通論》中對隋唐「圖經」的內容進行了歸納，共概括出 7 個方面：敘建置的沿革，釋地名的由來，敘山河的走向，載各地的物產，講風俗與民情，記名勝和古蹟，集民間的傳說。〔註32〕

乾隆時期考據學者纂修的「仿圖經體」志書以重視歷史、地理沿革的考證爲主要特點。以戴震纂修的《汾州府志》爲例，《汾州府志》共34卷，平列32目，依次爲圖、表、沿革、星野、疆域、山川、城池、官署、倉廒、學校、壇壝、關隘、營汛、驛鋪、戶口、田賦、鹽稅、職官、宦績、食封、流寓、人物、義行、科目、仕實、烈女、古蹟、冢墓、祠廟、事考、雜識、藝文。

即使《汾州府志》目與目之間記述內容不存在交叉現象，「圖經」7 個方面的內容也基本可以包含於《汾州府志》32 目中的表、沿革、疆域、山川、城池、壇壝、關隘、義行、古蹟、冢墓、祠廟、雜識 12 個目下。從「仿圖經體」本身強調內容方面的意指看，《汾州府志》「仿圖經體」的稱呼確實名副其實。

再將《汾州府志》32目與《遵義府志》33目相對照，表述完全相同者有星野、疆域、山川、城池、官署、學校、戶口、職官、宦績、人物、古蹟、藝文，共 12 目，表述有異但所述內容基本一致者有圖說（圖）、建置（沿革）〔註33〕、

〔註30〕 張革非：《中國方志學綱要》，西南師範大學出版社，1992 年 10 月第 1 版，第 158 頁。

〔註31〕 參見王德恒　許明輝　貫輝銘：《中國方志學》「第二章：中國地方志發展概況」，文化藝術出版社，1994 年 7 月第 1 版。

〔註32〕 倉修良：《方志學通論》，齊魯書社，1999 年 11 月第 1 版，第 215～220 頁。

〔註33〕 《汾州府志》中的「表」所記內容也是汾州府及下轄各縣建置沿革。參見《汾州府志·表》（戴震纂　孫和相修，乾隆三十六年刻本影印本）。

壇廟（壇墠）、關梁（關隘）、營汛（兵防）、賦稅（田賦、鹽稅）、選舉（科
目）、紀事（事考）、雜記（雜識），共9目，另有《汾州府志》的倉廒、驛鋪、
流寓、義行、仕實、烈女、冢墓、祠廟述及的相應內容分別附於《遵義府志》
的「賦稅」（「倉廒」附於此目下）、「兵防」（「驛鋪」附於此目下）、「人物」（「流
寓」、「義行」、「仕實」、「烈女」附於此目下）、「古蹟」（「冢墓」附於此目下）、
「廟壇」（「祠廟」附於此目下）下，而《遵義府志》的「蠲卹」相應內容在
《汾州府志》中又附於「倉廒」一目下。只有《汾州府志》的「食封」，《遵
義府志》的「金石」、「農桑」、「物產」、「木政」、「坑冶」、「風俗」、「祥異」、
「典禮」、「土官」基本爲各自獨有，對方無系統涉及。兩志中這幾目所存在
的差別，固然可能有纂修者修志理念上的差異（如「金石」、「物產」、「典禮」、
「兵防」在《汾州府志》中無系統體現），但遵義與汾州地理、政治、經濟方
面的不同應該才是主要的原因（如《遵義府志》未列「食封」目，《汾州府志》
未列「農桑」、「木政」、「坑冶」、「土官」）。

如果我們再將《遵義府志》體目與隋唐「圖經」的7方面內容進行對照，
《遵義府志》建置、疆域、山川、水道考、城池、壇廟、關梁、古蹟、物產、
風俗、祥異、雜記12目同樣可以將圖經的主要內容涵蓋。

從以上對比分析中，可以看出《遵義府志》與《汾州府志》無論是從體
例的「形式」（均屬於「細目並列」），還是從體例反映出的內容都具有明顯的
類似性。如果《汾州府志》「仿圖經體」特徵的概括有其成立依據的話，則《遵
義府志》「仿圖經體」的特徵也將是明顯的。鄭珍、莫友芝在《遵義府志》正
文開頭即言：「《周官》職方氏掌天下之圖，土訓掌道地圖，而大司徒以天下
土地之圖，周知九州地域廣輪之數，圖學之於地理，自古蓋尤要矣。故方志
昔皆稱『圖經』。近世之作，頗失本意。塗飾名勝，標楬群景，直似以其書爲
風月魚鳥設者，顧不悖歟！」，〔註34〕反對「近世之作」，回歸「圖經」特徵
的意圖比較明顯。或者也可以說，《遵義府志》是以《汾州府志》爲代表的乾
嘉時期「仿圖經體」志書在很大程度上的延續。〔註35〕

〔註34〕《遵義府志卷一‧圖說》，遵義市志編纂委員會整理，1986年3月，第29頁。
〔註35〕《遵義府志》體例上與「仿圖經體」的接近，還包括《遵義府志》獨列「水
道考」一目，這似乎僅在表述上也與如戴震的《水地記》、洪亮吉的《澄城縣
志》等注重地理考證的志書及孫星衍所說的：「余病今世修志，無著作好手。
不如刻古志於前，以後來事蹟續之。或山川古蹟，舊有遺漏舛誤者，不妨別
爲考證一卷」具有明顯的一致性。參見孫星衍《重刊雲間志序》，亦可參見《中

二、《遵義府志》的史學屬性與漢學特徵

（一）歷史與地理：人文意義與「工具」屬性

從記述內容上看，《遵義府志》33目，其中圖說、星野、建置、疆域、山川、水道考、城池、關梁、物產，大致屬於對遵義府轄內山川、河流、地域面積、動植物，遵義府及其轄下州、縣行政區劃演變，府治及縣治所在地等自然地理和政治人文地理情況的記錄或考證；公署、戶口、賦稅、蠲卹、農桑、木政、坑冶、學校、典禮、兵防、職官、宦績、土官、選舉、人物、紀事，可視爲對遵義地區政治管理、軍事防禦、教育教化等演變情況的敘述或整理；壇廟、古蹟、金石、風俗、祥異、藝文、雜記、舊志敘錄，則基本屬於對遵義地區文化遺跡、社會風習及精神性文化成果的介紹或總結。從涵蓋的內容來看，《遵義府志》可以說是敘述遵義地區的一部「通史性」著作。

這裡的「通史性」，似乎更傾向於表達內容上「百科全書式」的資料編輯特徵，而非重點傳達作爲學科歸屬的「歷史性」，至少在對《遵義府志》進行「歷史學屬性」的檢驗之前是這樣。

1. 方志的學科屬性

關於方志的學科歸屬問題，方志纂修實踐中自來就分爲兩大派別。主張方志屬於地理的，包括《隋書・經籍志》（唐魏徵等）、《史通・雜述》（唐劉知幾）、《國史經籍志》（明焦竑）、《孫氏祠堂書目》（清孫星衍）、《書目答問》（清張之洞）等，主要理由包括：一、方志的源頭爲先秦時期的地理性專著《禹貢》和《周官・職方》；二、方志內容含有大量自然地理方面的內容；三、方志以特定區域爲編纂範圍，具有明顯的地域性。與之相反，持「方志爲歷史」說的，主要有元代的楊惟楨、清代的徐乾學、章學誠等人，主要理由有：方志導源於周官外史所掌的「四方之志」；志書與史書編纂原則和方法相通，甚至類似；方志廣泛收錄地方政治、經濟、文化等各方面資料，遠不止自然地理一類。〔註36〕近現代學者對方志的學科歸屬，看法則大體一致，即認爲

國方志學》（王德恒 許明輝 賈輝銘，文化藝術出版社，1994年7月第1版），第139頁。

〔註36〕參見來新夏主編：《方志學概論》「第一章，方志與方志學」，福建人民出版社，1983年8月第1版；倉修良：《方志學通論》「第一章 方志的起源、性質和特點」，齊魯書社，1990年11月第1版；楊軍昌：《中國方志學概論》「第一章 緒

方志總體上應該歸入歷史學範疇。〔註37〕

　　以方志的源頭是地理著作還是歷史著作作爲方志屬於地理或歷史的根據，雖然有一定的說服力，但畢竟支撐力有限，正如源於民歌的「詩經」，隨著時代的變遷，不會再有人將之視爲通俗作品一樣。其次，似乎也不能以方志中含有自然地理資料就判定其屬於地理著述，一方面應該看自然地理資料在其中所佔的比重，同時更應看著述者收錄自然地理資料的目的。再次，方志所具有的「地域性」與全國性「通史」所具有的「地域性」似乎也不應該有本質的區別，換言之，「地域性」不過是一個相對的概念，所不同的只是囊括區域的窄或廣而已。

　　關於方志學理論上「地理」與「歷史」的屬性之爭確實有其存在必要，這種爭論對豐富方志學的理論內涵，推進方志學的理論研究和實踐深入具有不可忽視的作用和意義。同時，理論上的分歧及其探討也有利於就具體方志著述，如《遵義府志》「地理」與「歷史」歸屬問題的解決。方志學科屬性歸屬分歧之所以出現，從演繹維度上大致源於研究者主觀假定或判斷的不同，從歸納維度則應該是源於被歸納的眾多個體間相互差異的情況過於複雜。鑒於本節論述的中心，本文不擬對方志學屬於「地理」，還是屬於「歷史」的爭論關注過多，只以上述所持立場爲依據，對《遵義府志》的屬性進行必要概括。

2. 《遵義府志》的歷史學屬性

　　就《遵義府志》而言，依據上述列舉的方志屬於「地理」或「歷史」的觀點和各自依據及本文所持立場，本文以爲《遵義府志》可以視爲一部區域性的歷史性著述。

　　首先，《遵義府志》的編纂體例和纂修方法與史書基本一致。從體例上說，儘管《遵義府志》沒有依照其他方志所採用的表、志、錄等大類及「分綱列目」體例，但依據方志涵蓋區域及囊括信息的寬窄、多寡而對方志編寫格式所作出的適當調整，不應該會根本改變方志的整體「屬性」。此外，從資料的搜集與眞實性考證到據「實」直書的著錄方式，《遵義府志》都與史書修撰大

論」，貴州人民出版社，1999 年 11 月第 1 版。
〔註37〕如李泰棻在《方志學》「通論」中認爲「志即史」，見第 1 頁；倉修良在《方志學通論》「方志的起源、性質和特點」中表示「（方志）總的是屬於歷史學的範疇」等，見第 73 頁。

同小異。

　　其次，《遵義府志》中自然地理記述所佔比重並不占大部分。「府志」33
目中，可以歸入自然地理的只有圖說、星野、建置、疆域、山川、水道考、
城池、壇廟、關梁、古蹟，共 10 目，雖然也佔了總目的近三分之一，但這 10
目在篇幅上只占總篇幅的五分之一不到。即使再算上金石、風俗、祥異，也
遠不到總篇幅的一半。由此看來，府志的主要關注點還是同為史學所重視的
（遵義區域）政治、經濟、軍事、教育、文化等的沿革和演變情況。

　　再次，在涉及自然地理的 10 目中，鄭珍、莫友芝收錄自然地理內容的目
的並不是為了研究地形、山川、水道、關梁等本身的形成原因，即「其造成
原因」，而是為了揭示或有助於後人研究這些因素與社會發展之關係。這或許
也正是「史者研究進化之現象也」及「方志者乃記載及研究一方人類進化現
象」的定義的具體注解。〔註38〕《遵義府志》各目著述與「人類進化」的關
係，在各目內容的導言部分基本都有涉及。〔註39〕

　　最後，鄭珍、莫友芝在《遵義府志》中明確表達出了「述往以鑒今」的
史學研究的「功能意識」。〔註40〕

　　認為《遵義府志》是一部歷史性著作，並沒有絕對排斥其含有「地理性」
成分的意思，「府志」中圖說、星野、建置、疆域、山川、水道考、城池、關
梁、物產等目所記錄的內容毫無疑問屬於自然地理或歷史地理。「地理性」因
素的存在，倒或許可以成為將《遵義府志》視為一部區域「通史性」著作的
重要因素。只不過就通常的語境而言，「通史性」更多強調著述對歷時態中連
貫性的關注，而這裡的語境，在「連貫性」意義之外，還包括對橫時態中各
因素間關聯性的重視。不過，需要特別指出的是純粹的地理類研究對人類生
活和社會發展的作用和效果迅速而明顯，其作用方式更接近於理工類學科作
為「工具性」手段的直接和「高效」，而作為「人文性」的歷史著述，其對社
會生活的「實用意義」通過「價值性」的涵容將不得不顯得相對間接和「低
能」。《遵義府志》作為整體上的歷史著述，其「實用」方面的這種特徵也將
在下文的分析中得到體現。

〔註38〕李泰棻：《方志學》「第一章：通論」，商務印書館，1935 年 1 月初版，第 1、
　　　　2 頁。

〔註39〕可詳見下文「《遵義府志》『以古鑒今』的意思表達」。

〔註40〕關於「功能意義」的分析，詳見下文。

言及《遵義府志》的「地理」、「歷史」歸屬，有必要提及民國年間遵義
地區的另一部志書，即本文開篇提及的由國立浙江大學史地研究所張其昀教
授於民國三十七年（1938）編成的《遵義新志》。全志只分章節，不分類目。
共十一章，依次爲地質、氣候、地形（上、下）、相對地勢、土壤、土地利用、
產業與資源、聚落、區域地理和歷史地理。從結構形式看，《遵義新志》已不
再屬於綱（類）目體例的舊志。內容上，僅從十一章的各章標題已不難看出
該志偏重遵義地區自然地理方面。以第一章「地質」爲例，該章分三節，第
一節爲「地層層序」，依次敘述「震旦紀」、「寒武紀」、「奧陶紀」、「志留紀」、
「二疊紀」、「三疊紀」、「侏羅紀」等地質時期遵義區域地質構造的特徵，第
二節橫向敘述或分析「褶皺部」、「斷層部」的地質構造特徵，第三節概要說
明「團溪錳礦」的礦類、成因和成分等，敘述方式主要以數據分析爲主。再
以第二章「氣候」爲例，該章主要包含「地理位置與環境」、「氣壓與風」、「溫
度」、「雨量」「濕度、雲量及日照」等幾節，雖有文字敘述，但基本仍以觀測
數據爲主。只有第八至第十一章涉及較多的經濟、社會生活方面的內容，但
這些內容更多地似乎是在「地理學視角」下被展現。以最具「歷史意味」的
第十一章「歷史地理」爲例，該章將遵義歷史發展分爲九個時期，但對各個
時期之間的連貫性（或者是否有連貫性）則基本沒有分析說明。在此情形下，
這九個時期所構成的序列也就不像是「遵義歷史」，而更像如「地理」般靜態
的遵義歷史發展的幾個橫切面。也許也正是因爲《遵義新志》的這些「地理」
特徵，張其昀教授才會在《遵義新志·引言》中說：「顧中國過去之方志，意
在保存桑梓文獻，故其記載偏重於地方史料。此次本所編纂之《遵義新志》，
大都爲地學著作，特重地區之表現，與舊志體例不同」。〔註41〕綜合各章標題
所關注的內容及張其昀教授的概括，與鄭珍、莫友芝修纂的《遵義府志》不
同，《遵義新志》從「體例」上已不再屬於「歷史」範疇，而可以歸於地理學
著作。〔註42〕《遵義新志》在內容上與《遵義府志》的區別，可以進一步佐

〔註41〕 張其昀：《遵義新志·引言》，民國三十七年浙江大學史地研究所鉛印本。
〔註42〕 前文在認爲《遵義府志》屬於「歷史」時，曾以《遵義府志》雖述及自然地
理因素，但卻是以研究「人類進化」（人類生產生活）爲最終目的爲依據之一。
《遵義新志》在關注自然地理時同樣有「目的」，張其昀在《遵義新志·引言》
中也曾說：「（《遵義新志》）與舊志體例不同，適足以補其所缺。而於民生利
病尤所關懷」，但《遵義新志》的這種「關懷」更多地是「具體和直接式」的，
與人文科目的「用」應該是有區別的。人文科目的這種「非直接式」的「用」
也應該是李泰棻先生在說「史者研究進化之現象也」及「方志者乃記載及研

證本文在上文中所持的方志「地理或歷史」歸屬之爭的分析立場及《遵義府志》的「學科」歸屬判斷。

（二）歷史與考據：漢學「實證」方法的影響

依據體例、纂修原則和方法以及內容構成等方面的特征將《遵義府志》與《遵義新志》等偏重地理性的著述相區分，有助於更準確把握作為歷史學著作的《遵義府志》在「實用性」和「功能性」方面的人文學科特徵。儘管如上文所說，作為人文學科的《遵義府志》在對社會發展和人類生活的「實用性」上，其作用方式不同於自然地理學科，但這並不表示《遵義府志》在纂修的「方法」層面可以如文學創作般任憑主觀意念，而沒有「客觀」的原則和「實事求是」的立場。事實上，《遵義府志》在纂修的「方法」層面，也體現出了客觀和「實證」的取向。這種取向集中表現在考據方法對「府志」纂修的滲透和影響上。以下暫結合清代方志纂修中「考據學派」的理論主張，就漢學方法與史書（方志）纂修的關係進行概要敘述，以對《遵義府志》的漢學特徵進行綜合描述，對《遵義府志》纂修中漢學「實證」方法的具體分析則在下文「『實證』的校勘方法」再進行討論。

有清一代，無論是方志纂修，還是講究「實證」的考據學均達於大盛。以經學家為代表的清代學者，其「專業」身份往往並不單一，常常經學家和方志學者合於一身。在這種情形下，方志學者自覺將經學研究思想和方法滲透進志書纂修理論和實踐之中，也就變得順理成章了。進而，前文提及的乾嘉時期出現方志學中的「考據學派」也就顯得可以理解了。

許多學者在梳理清代的方志學理論和纂修實踐時，常常將乾嘉時期的方志纂修劃分為兩個流派，即以戴震、洪亮吉、孫星衍為代表的「考據派」，或稱地理學派，和以章學誠為代表的史志派，又稱「文獻派」。〔註43〕朱士嘉將「考據派」的修志主張歸納為四點：一、修志者當無語不出於人，詳注出處，以資取信；二、「信載籍而不信傳聞」；三、「貴因不貴創」；四、重視地理沿

究一方人類進化現象」的話時所暗含的意思之一。

〔註43〕參見王德恒　許明輝　貴輝銘：《中國方志學》「第三章：地方志編纂理論發展概況」，文化藝術出版社，1994 年 7 月第 1 版；張革非主編：《中國方志學綱要》「第三章：方志理論」，西南師範大學出版社，1992 年 10 月第 1 版；倉修良：《方志學通論》「第二章：方志發展的三個階段和四個高潮」，齊魯書社，1990 年 11 月第 1 版。

革的考訂。〔註44〕前三點顯然可以視爲乾嘉時期考據學重「實證」、「無徵不信」以及「惟漢必尊，惟古必是」（考據學中的「吳派」）治學原則和方法的翻版。第四點「重視志書纂修中地理沿革的考訂」，如前文所論，有學者認爲該取向源於隋唐的「方志」──圖經。〔註45〕儘管可能無法排除隋唐圖經對方志學中考據派的纂修主張存在影響，但同樣不能否認的是地理沿革的考證同樣是考據學，或經學研究本身所固有的重要內容，如戴震的《水地記初稿》（六卷）、林伯桐的《兩粤水經注》（四卷）、程恩澤的《戰國策地名考》（二十卷）等。即使我們退一步排除第四點，僅依前三條，也已同樣可以看出考據學方法對方志學「考據派」纂修思想的重要影響。

儘管《遵義府志》修成的道光年間已距戴震逝世七十餘年，乾嘉時期的「考據學盛世」已經成爲過去，但考據學原則及方法的影響卻還遠不到終結的時候。同時作爲漢學家的鄭珍、莫友芝在治學方法上又秉持經學研究「家法」，在經學「實證」治學思想主導下纂修的《遵義府志》也就沾染上了諸多考據的色彩。從這一角度看，儘管應該承認《遵義府志》與乾嘉時期方志學「考據派」的志書並非沒有區別，但一定程度上也可以說鄭珍、莫友芝《遵義府志》的纂修是乾嘉時期方志學「考據派」的變相延續。這種延續有內容上的重視地理沿革的考訂，更有方法上的「言必有據」和「實事求是」。

第四節 「明史以鑒今」：「實證」方法基礎上的「資治意義」

《遵義府志》纂修過程中「實證」立場的堅持和對社會生活的「資治意義」自然是相互統一的，前者是後者實現的基礎和前提。儘管「方法」與「目的」兩相統一，但反映在《遵義府志》的「實學」取向上，兩者則有層面上的意義差別，前者體現的是如實反映客觀，要求的是方法層面，後者則要求有益於現實或未來，注重的是意義層面。

這裡之所以作出「方法之實」與「目的之實」的區分，乃是在於在本文第一節中，在考據思潮的籠罩下，鄭珍經學研究映照現實和未來的「目的」

〔註44〕朱士嘉：《清代地方志的史料價值》，《文史知識》，1983年第3、4期。

〔註45〕張革非主編：《中國方志學綱要》，西南師範大學出版社，1992年10月第1版，第158頁。「圖經」可以視爲方志在隋唐時期的主要存在形式，內容多以偏重自然地理的「地記」和人物爲主。

並不十分明顯，更多的只是「實證」式的考辨、勘正。「方法覆蓋目的」的考據學傾向儘管被鄭珍、莫友芝帶入了《遵義府志》，但屬於「歷史」的方志面對的畢竟不再是內容相對單一的經書文辭，且方志學本身也與經學（漢學）有所不同，於是儘管《遵義府志》在「實證」方法上具有「考據」色彩，但在鄭珍、莫友芝「經世」價值理想的推動下，《遵義府志》與考據學相比，在講求「言必有據」的同時，開始注重史學「以古鑒今」意義的表達。

一、「實證」的校勘方法

鄭珍、莫友芝在纂修《遵義府志》中對「實證」方法的運用集中體現在注重史實的校勘考證上。

校勘考證是《遵義府志》重要的纂修方法和原則。莫友芝在《答萬錦之全心書》中的「夫以文獻最闕之鄉，捐古一辭，動輒數篇；鈎今一事，動輒數日。有徵必窮，有聞必復，專心致志，首尾四年」，〔註46〕賀長嶺在《遵義府志·序》中的「按之史冊以窮其源，參之群籍以著其辨，驗之睹記以證其真」，以及黃樂之的「然苟舊說不安，雖在班《志》、桑《經》，亦力證傳本之誤，糾作者之失」，〔註47〕《遵義府志卷二·建置》中的「茲為條綱件按，縱加推測，皆有依憑」，〔註48〕《卷十·古蹟》中的「今備列舊聞，更加考辨，冀貽好事，不為虛作」，〔註49〕《卷三十九·年紀一》中的「茲仿前史紀、表意，逐代編年，事求徵核，無取約簡於全書」，〔註50〕無不間接或直接反映出鄭珍、莫友芝在纂修中對建置、人物、地理水道進行考證辨偽的努力和追求。

勘證方法的集中運用首先體現在對遵義建置沿革的考證之中，鄭珍、莫友芝對遵義建置沿革考證之詳又以平夷、夜郎兩郡設置時間考證為最。

關於平夷、夜郎兩郡設置時間，在《遵義府志卷二·建置》中已經涉及，在「晉懷帝永嘉五年，分鱉平為平夷、鱉二縣。在《宋書·州郡志》」的按語中，鄭珍、莫友芝已經對平夷郡的設置時間進行了辨析，只不過較為簡潔：

平夷郡之立，《華陽國志》謂建興元年，《晉·地理志》謂永嘉

〔註46〕張劍等點校：《莫友芝詩文集·邵亭遺文卷五》，人民文學出版社，2009年1月第1版，第618頁。

〔註47〕《遵義府志·黃樂之序》，遵義市志編纂委員會整理，1986年3月。

〔註48〕《遵義府志卷二·建置》，遵義市志編纂委員會整理，1986年3月，第51頁。

〔註49〕《遵義府志卷十·古蹟》，遵義市志編纂委員會整理，1986年3月，第299頁。

〔註50〕《遵義府志卷三十九·年紀一》，遵義市志編纂委員會整理，1986年3月，第1181頁。

二年。考平夷置郡，由王遜刺寧州，以地勢行便，始上分之。《晉書·
遜傳》其為寧州刺史在永嘉四年，則《常志》、《晉·志》皆誤也。
分郡後六年，為愍帝建興四年。平夷太守雷炤以是年北降李雄（見
《晉書·愍帝紀》），故當從《宋書》建置為確。〔註51〕

在《遵義府志卷三十九·年紀一》「晉惠帝太安五年，牂牁分為平夷、夜
郎二郡」條的按語中，鄭珍、莫友芝繼續對不同史書所記載的平夷、夜郎兩
郡設置時間不一致進行了分析，通過不同史書間的相互印證或駁難，對史書
文獻間的衝突提出了新的解釋，進而對史實的「還原」做出了嘗試：

晉惠帝太安五年，牂牁分為平夷、夜郎二郡。

按：晉分牂牁夜郎郡，史傳所繫年頗不劃一。《華陽國志》曰：
「晉元帝世，太守建寧孟才，以驕暴無恩，郡民王清、范期逐出之。
刺史王遜怒，分鱉半為平夷郡，夜郎以南為夜郎郡；」而《晉書·
志》云：「永嘉二年，分牂牁，立平夷、夜郎二郡；」又《愍紀》建
興四年，有平夷太守雷炤。永嘉、建興皆在元帝前，何至元帝時始
分郡乎？然二書並言分郡自王遜。《遜傳》曰：「遜以地勢形便，上
分牂牁為平夷郡，云云，事施行」。而遜以永嘉四年毛孟之請乃為南
夷校尉、寧州刺史，且道遇寇賊，逾年乃至。《華陽國志》亦云遜以
永嘉元年除授，四年乃至。則遜至鎮時已是永嘉四五年間。又不應
二年已分郡。蓋《晉·志》「二年」乃「五年」之誤，《宋書·志》
平蠻太守，永嘉五年王遜分立可證。《華陽志》云「元帝」乃「愍帝」
之誤。《志》又於「平夷郡」下云「元帝建興元年置」，亦「愍帝」
之誤。元帝無「建興」元，而有「太（大）興」，所由來矣。《水經·
「延江水」注》：「晉建興元年，置平原郡，知謂愍帝也。」至《晉·
志》、《常書》前後異一年者：「永嘉五年」，據上「形便」之時；「建
興元年」，據下「施行」為說。始事、成事，兩不相妨也。〔註52〕

平夷、夜郎二郡的設置時間，《華陽國志》、《晉書·志》和《晉書·愍帝
紀》所記皆不同。鄭珍、莫友芝先以《晉書·志》和《晉書·愍帝紀》駁《華
陽國志》，又因《華陽國志》和《晉書·志》皆記「分郡自王遜」，不同書但

〔註51〕《遵義府志卷二·建置》，遵義市志編纂委員會整理，1986年3月，第72頁。
〔註52〕《遵義府志卷三十九·年紀一》，遵義市志編纂委員會整理，1986年3月，第
1209，1210頁。

所記相同，所以肯定「分郡自王遜」記載的可靠性。又以《晉書・王遜傳》和《華陽國志》互證，認定王遜永嘉四五年方才至寧州上任，再加上《宋書・志》「平蠻太守，永嘉五年王遜分立」的旁證（晉末，避桓溫諱，改平夷曰平蠻。據《宋書・州郡志》。〔註53〕），於是認定平夷、夜郎二郡於永嘉五年設置。並認為《晉・志》之誤在於誤「五年」為「二年」，《華陽國志》之誤在於誤「愍帝」為「元帝」【以《華陽國志》於「平夷郡」下有「元帝建興元年置」之語，但元帝無「建興」元，只有「太（大）興」，同樣應為愍帝之證，最後又以《水經・「延江水」》注：「晉建興元年，置平原郡，知謂愍帝也」為「建興」乃愍帝年號之證】。然而，即使將《晉書・志》中的「永嘉二年」更正為「永嘉五年」，《華陽國志》中記載的「晉元帝」修正為晉愍帝，二者仍有1年的時間差（「永嘉五年」為公元311年，晉愍帝司馬鄴於永嘉七年，即313年即位，隨即改元「建興」）。對這1年的時間差，鄭珍、莫友芝的解釋是前者因「據上『形便』」而記了「永嘉五年」，後者是「據下『施行』」，所以記了「建興元年」，1年的時間差是因存在「始事」和「成事」之分的緣故。

　　無論是廣徵博引的形式性特點，還是「言必有據」的「實證」分析，除針對的具體內容有別外，與鄭珍在《儀禮私箋》中對「儀禮」名物典章的校勘大同小異，難怪張新民先生會認為鄭珍、莫友芝「用治經的方法治史，以考據手段深研地理沿革、水道圖經、史事人物」。〔註54〕

　　儘管在《遵義府志》中與考證平夷、夜郎兩郡設置時間相當篇幅的按語並非每卷皆有，許多按語甚至短至一句，但以這種立說方法下的按語則可稱普遍。如「明太祖洪武五年，播州宣慰使楊鏗、同知羅琛、總管何嬰、蠻夷總管鄭瑚等相率歸附。仍置播州宣慰使司及宣慰使司同知。據《明史・土司傳》改附郭播州軍民都鎮撫司為播州長官司。《明史・地理志》其黃平府舊州、草塘等處長官司，容山長官司，真州、餘慶州、白泥州並隸播州如故」條下對楊鏗、羅琛等歸附明朝及播州宣慰使司設置時間的考證：

　　　　《明統志》作洪武四年。據《史》云：四年，太祖平蜀。遣使
　　　諭之。則土官因太祖遣諭，明年乃來歸也。《統志》云洪武四年改為
　　　播州宣慰司，又升宣慰使司。可見改宣慰司，是四年遣諭時所授之

〔註53〕《遵義府志卷二・建置》，遵義市志編纂委員會整理，1986年3月，第73頁。
〔註54〕張新民：《貴州地方志舉要》，吉林省地方志編纂委員會/吉林省圖書館學會，1988年，第50頁。

職；及五年鏗率眾來歸，始以舊職升授之。《統志》據初改，故從四
年；《史・傳》據來歸後所置。故從五年。非有誤也。〔註55〕

所採取的考證路數與對平夷、夜郎兩郡設置時間的考訂大致無二。

不止建置沿革，官吏人物、年紀史事也大致如此：

江彥清《宋史・忠義・許彪孫傳》：咸淳二年，北兵取開州；德
祐元年，瀘守梅應春殺判官李丁孫、推官唐奎端，以誠降。珍州守
將江彥清巷戰，死之。《四川（舊）志》：彥清，巴州人。瀘守梅應
春以誠降元，元兵併力攻珍，珍城破，巷戰死。

按：《通志》列彥清元代，非。又，《明統志》稱彥清守珍州，《通
志》沿之，稱爲珍州守，亦誤。〔註56〕

黔撫題委通判萬任、參將黃一清於七月領兵復遵，擁空城，駐
紮綏陽，招集流民。《陳志》

按：此條《陳志》原係「元年」，而又書「壬戌」，壬戌乃二年，
且元年七月遵尚未陷也。姑移置此。一清，當是「運清」，《貴州通志》
云，二年二月，安邦彥叛，圍貴陽，時運清駐遵義。九月，增田賦，
時增州縣兵，計畝加餉。從御史馮英請也。《通鑑輯覽》〔註57〕

先以《宋史》及《四川（舊）志》力證《貴州通志》之誤，又以《貴州
通志》及《通鑑輯覽》證《陳志》（即康熙二十四年遵義縣知縣陳瑄主持修纂
的《遵義軍民通志》）之誤。

不過需要說明的是，上述考證中「言必有據」中的「據」主要是文獻書
籍，如對平夷、夜郎兩郡設置時間的考證主要就是依靠文獻古籍之間的矛盾
進行相互駁難。對於一些相對「重大」的歷史事件，一方面時間間隔久遠，
更重要的是這些史事多在歷史文獻中也有直接或間接記錄，所以可以也只能
主要依靠歷史文獻。然而，對於一些在遵義地區小區域範圍內的事件或名物，
或者即使不是「小事件」，在有實物遺存的情況下，利用文獻資料駁難互證的

〔註55〕《遵義府志卷二・建置》，遵義市志編纂委員會整理，1986年3月，第96~
97頁。
〔註56〕《遵義府志卷二十九・宦績》，遵義市志編纂委員會整理，1986年3月，第
881頁。
〔註57〕《遵義府志卷四十・紀事二》，遵義市志編纂委員會整理，1986年3月，第
1266頁。

同時，鄭珍、莫友芝也注重對名物遺存、實地勘察與適當推理的利用。

如《建置》「寶祐六年，復以宣和中所置播川縣地爲鼎山縣，隸南平軍。據《桐梓志》」條下對「鼎山縣」由來的考訂：

> 按：《桐梓縣（賈）志》，廢鼎山縣在城南十里，元置，後廢。
> 城門尚存，其石榜鐫「寶祐戊午」四字。考寶祐，宋理宗年號，戊
> 午爲寶祐六年，則鼎山是年置也。「元置」蓋「宋置」之誤。〔註58〕

在「實物」證據及年號考證的基礎上，認爲鼎山縣乃「宋置」而非「元置」，隨後以《元史・世祖紀》「十五年十二月，從楊邦憲請，以鼎山仍隸播州」的記載爲佐證，因爲在「世祖十五年」以前「並無改名鼎山之文」，也就是鼎山縣在元世祖時已經存在。由此認定《孫志》云「世祖十五年春，改爲鼎山縣。多，從楊邦憲請，以鼎山仍隸播州」（《孫志》即明萬曆年間遵義知府孫敏政主持修纂的《遵義軍民府志》）杜撰了「改爲鼎山縣」幾個字，同時也糾正了《桐梓縣（賈）志》「元置」的誤載。

又如《山川》目中對「芙蓉江」流向的考證：

> 芙蓉江 在城南一百里，源出務川縣，經州境入岷江。《通志》
> 孫陳二《志》源出西夷，流入黔川。
>
> 按：《明統志》芙蓉江在眞州長官司南百里。出西南夷界，東流
> 經思義寨，北流入黔西州界。今驗正安之水無入黔西者，必字誤也。
> 〔註59〕

對遵義境內水道的考證，無疑以「水道考」1目最爲集中，該目雖只1卷，但以一萬六千餘字詳述遵義境內大小河流，尤其是烏江、渭河水、樂閩水、洪江水、湘江水、三江水、樂安江等重要河流及其支流，敘述或考證頗爲詳細，其中又尤以烏江最爲詳盡，篇幅幾占全卷三分之一。《水道考》可視爲鄭珍、莫友芝對遵義自然地理考證的集中代表。因篇幅原因，此處不再援引。

二、客觀的敘述方式

〔註58〕《遵義府志卷二・建置》，遵義市志編纂委員會整理，1986年3月，第94頁。

〔註59〕《遵義府志卷四・山川》，遵義市志編纂委員會整理，1986年3月，第134頁。

（一）方法之「實」：對考證思路和過程的完整展示

上文在敘述鄭珍、莫友芝對事件的考證中，從敘述方式上，鄭珍、莫友芝將整個考證過程不避繁瑣地進行完整敘述。這種敘述方式其實反映了《遵義府志》與一般史學著作在「實證」特徵上的差別。

或許追求「言必有據」、據實據事直書，並不能視爲《遵義府志》或者其他方志與一般史學著作相比特有的纂修特點，因爲其他史學著述同樣強調史料的可靠性與眞實性，換言之，一般意義上的史學同樣有強調「實事求是」原則和「實證」方法的傾向。不過本文以爲，《遵義府志》在上引各處中所體現出的「實證」方法與一般史學著述所強調的「實證」傾向的區別之一或許在於前者（包括經學中的「實證」研究）注重方法之「實」，後者更注重證據之「實」。

《遵義府志》方法之「實」的特徵又源於前文已論述過的清代漢學對方志纂修的影響。清代漢學對「方法之實」，也即「論證之實」的強調非常明顯，這具體表現爲對論證過程的完整敘述。這或許也是漢學「方法成爲目的」、「考據」成爲學名（也即「考據學」）的一個原因。鄭珍、莫友芝作爲漢學家，對漢學「方法」之實的強調必然會影響到其研治的史學和方志學，進而使得「考據派」方志與一般史學側重「證據」之實的特徵產生差別。《遵義府志》對地理沿革、人物紀事「考證」過程的詳細敘述可以視爲鄭珍、莫友芝「方法」之實在方志纂修中的最好體現。從邏輯上說「方法」之實自然是「結論」之實的前提和保證，但就具體的敘述形式而言，儘管在某種程度上，對考證過程不避繁瑣的如實記錄會讓人有論證過程等於、甚至高於論證結果的印象，但這種記錄卻是對研究中方法之「實」的最好證明。

（二）「無據不定」

除完整記錄考證過程之外，鄭珍、莫友芝還注重在敘述中排除過多主觀議論，避免憑空推理。一方面，上引各例中，鄭珍、莫友芝依據實物、文獻證據，對所論問題有所判定，但基本都只限於對原文獻的糾謬和對史實的梳理，沒有做過多引申。另一方面，對一些論據不足的問題，鄭珍、莫友芝則常常「述而不論」。

如《遵義府志卷二・建置》：

> （洪武）八年，於黃平府地置重安長官司，《明統志》隸播州。

按：《明‧土司傳》設重安長官司在永樂四年，似未確。〔註60〕

《遵義府志卷十‧古蹟》：

帶水廢縣《明統志》：在宣慰司北三十里，唐貞觀間置。宋宣和
初廢爲城，屬南平軍。《四川舊志》、《通志》同。《方輿紀要》：在府
西北四十里。

按：《元和志》：帶水縣因縣北有帶水爲名，東至播州七十里。
考帶水即今之洪江，播州治即今綏陽，帶水在其西七十里，則縣治
當今長灘左右。前志謂去府道里極合，惟言在府北及西北，方向殊
誤。至《明統志》云宣和廢縣爲城，屬南平軍，《紀要》亦沿其說。
此於史無明文，當別有所見。〔註61〕

再如《遵義府志卷三十一‧土官》「附冉氏」條下，鄭珍、莫友芝先引袁
治《土官記》中記載的冉安昌（唐）、冉桂森（宋）及其子孫冉伯淵、冉伯剛、
冉晟等自宋至明歷任招慰使、珍州軍民宣慰使、土州同知等官職的情況，然
後列按語曰：

《冉氏族譜》，明萬曆二十七年，楊應龍肆逆，督師李化龍八路
進兵，冉晟率先歸附，與副長官等各率千人從軍。今考平播事蹟，
總兵馬孔英從南川入，及孔英至珍州，用土官鄭葵、駱麟爲嚮導，
不及冉晟。李化龍《平播善後疏》亦未著何人。《省‧志》「廢土司」
條下又失載遵義所屬。書以俟考。《正安志》

（又）按：眞州長官之爲鄭氏，副長官爲駱氏，以《明史》所
見定之，更爲可疑。而《正安志》載冉氏事，亦言長官，必有誤。
考《明史‧職官志》，長官司，長官、副長官之外，尚有長官司吏目
一人，冉氏其吏目歟？〔註62〕

上引諸例或只提出疑問，或僅就所持依據進行適當推測，無論「論」與
「不論」，體現的都是鄭珍、莫友芝「無據不定」的審愼態度。

三、《遵義府志》「以古鑒今」的意思表達

〔註60〕《遵義府志卷二‧建置》，遵義市志編纂委員會整理，1986 年 3 月，第 97 頁。
〔註61〕《遵義府志卷十‧古蹟》，遵義市志編纂委員會整理，1986 年 3 月，第 300 頁。
〔註62〕《遵義府志卷三十一‧土官》，遵義市志編纂委員會整理，1986 年 3 月，第
983～984 頁。

鄭珍、莫友芝對《遵義府志》有裨益於現實的「功能意義」的表達，一方面可直接見於《遵義府志》各目正文開始前的「導語部分」，如卷四「山川」中的「觀某山之遼僻，則思奸宄之藏；觀某水之湍洄，則思屬揭之苦。求治者固不貴躋攀樓臺、雕刻魚鳥，自詡爲溪山增色也」，卷七「公署」中的「夫重簷複霤，冬暖夏涼，誠所以肅觀瞻，寄尊重」，卷九「關梁」中的「水國重津梁，山國重關隘，二者遵義兼之。……其度處又必值峰脅山尻，苟舟橋不治，東西家慶弔亦至崖而反，安問行者？司牧其得以謹關梁爲非所事事乎？」卷二十「風俗」中的「政治之得失，即風俗所由美敝。方志必詳此者，固以備黃車之時詢，而實守土者求治之要柄也」，卷二十五「典禮」中的「恭檢官民通行，錄爲一卷；其在壇廟祀典，著之各篇。庶邊州遠徼，亦能家有其書，而菶屋茅簷，罔不同遵王道矣」，卷三十一「土官」中的「即一人一官，偶載史冊，亦從附著，所以考見地方數百年利害」，卷四十七「雜記」中的「事有各門遺載者，亦有不可錄入各門者，茲並採摭成一卷，以備方訓，以佐稗官」等。〔註63〕在這些表述中，鄭珍、莫友芝對《遵義府志》能夠爲地方政治治理提供借鑒、參考，爲教化民風民俗，優化地方風習提供幫助，爲保存文獻資料以備查考提供方便的期望是比較明顯的。另一方面，鄭珍、莫友芝在《遵義府志》中的「經世」意圖還可以間接從二人在篇幅安排、敘述重點選擇等方面的「匠心獨運」中反映出來。

（一）《遵義府志》的經濟思想

鄭珍、莫友芝的經濟思想集中體現在卷十六「農桑」、卷十七「物產」和卷十九「坑冶」中。

1. 以「工」爲重與爲民求「利」

卷十六「農桑」近 2 萬字，所記內容，一如目名，只限農與桑。該卷導語首句即是「我國家勤民務本，令天下立先農壇、先蠶廟，誠重衣食之源也」，本農重桑的意指在該卷中比較明顯。

就具體敘述看，全卷對農業生產的記錄主要包括農宜、農事、農具、農候四個方面，農宜主要介紹土質類型、農作物種類與施肥三者間的配合，農事主要介紹全年各月應分別進行的農業勞作事務，並重點介紹了水稻栽種中

〔註63〕各條分見《遵義府志》卷四至卷四十七中的 109、207、275、553、719、949、1501 頁。

「儲糞」、「治秧」、「浸種」、「適栽」、「灌溉」等環節的具體細節和注意事項。如「適栽」：

> 秧適栽時，不得遲一二日，遲則穀不豐。將栽，必先浪田，不浪則田冷而氣不融。諺曰：「願栽三日黃秧，不栽一夜冷田。」言秧可前數日拔，田不可隔夜浪也。〔註64〕

「農具」詳細介紹了十餘種農業生產工具，「農候」則簡要介紹了四季雨水多寡與農作物生長、收成，以及麻、蠶等經濟作物生長的關係。

如果說《遵義府志・農桑》對農業方面的記述，就農業生產的全部內容而言仍有輕重擇取的話，那麼對桑蠶養殖技術的介紹就十分詳細了。

「農桑」對桑蠶種養的介紹基本佔了全卷篇幅的四分之三。內容包括遵義蠶（介紹遵義桑蠶養殖及絲織業得以興起的原因）、樹名（桑樹種類、桑葉特徵等）、繭名（蠶的種類、特徵等）、蠶事（含蠶期、蠶山、蠶地、蠶樹、蠶祥、蠶忌、蠶害、蠶病、蠶眠、蠶食、春蠶、烘種、娥媾、娥卵、售種、辨筐、上樹、秋蠶、薅林、下繭、剝繭、繭病、炕繭等）、織事（含繰絲、繰別、淨絲、道經、道緯、牽經、調綢等）、蠶具（含蠶筐、蠶刷、蠶筅、蠶剪、響笥、機竿、排套、沙撮、擊霹、茅刷）、種槲、正安蠶（簡要介紹正安蠶繭質及絲質特徵）、蠶事（醃種、裹種、窩種、子轉、報頭、收蠶等）、蠶神、蠶忌（忌寒冷、忌食濕葉、忌食霧葉、忌食氣水葉、忌食黃沙葉、忌食肥葉等，與前者「蠶忌」不同）、蠶具（草把子、煨斑糠、切葉刀、桑剪、葉筐等）、載桑（種秧、接種、修條、培土）等。從內容的系統和詳細程度而言，《遵義府志・農桑》已不下於一部專門介紹桑樹種植和蠶養殖的專門性著作。

《遵義府志・農桑》對農業和桑蠶養殖的敘述，僅從內容詳略方面就可以看出：儘管不能認為鄭珍、莫友芝忽視農業，但可以肯定《遵義府志》對以絲、麻等經濟作物種植、生產為主要內容的手工業或「準手工業」生產的重視，或者進一步認為鄭珍、莫友芝對絲、麻等手工業生產的重視超過農業應當也是可以的。

一方面，在卷十六「農桑」的內容安排中，從實際的篇幅來看，鄭珍、莫友芝對蠶桑養殖的敘述基本是農業部分的三倍，對蠶桑養殖程序記錄的詳

〔註64〕《遵義府志卷十六・農桑》，遵義市志編纂委員會整理，1986年3月，第458頁。

細程度遠超對農業生產技術的介紹。同時，在「農桑」篇首除提及農業外也
有重視蠶桑養殖的意思表述：

> 數十年來，齊蠶之種遍山谷，爲利固，亦時有盈虛，仰食者與
> 正安桑蠶等矣。更能畦稜牆角、莫不拾紅薑金錢，此邦庶其無遺利
> 乎。今並纂著，而於言桑事之宜茲土者，亦略輯之，以諗謀地力者。

〔註65〕

另一方面，在並非專門介紹經濟生產的卷目中，《遵義府志》也或多或少
透露出了重視民生、重視副業及手工業發展的傾向，如「物產」卷中。卷十
七「物產」在開篇的導語中說「茲就耳目所及，前籍可稽，分別匯次，有能
詳者，略以己意綴之。非詡土會之富，要見茂對時育，品物桐生，飭化阜通，
自安樂利。亦使談播土者，不得尙稱爲猿狄所宅云爾」，〔註66〕在具體物產，
如布、麻、棉花、紙、白蠟、煙等的介紹中，也同樣反映出鄭珍、莫友芝對
培植技術的重視。

如對「麻」的介紹，在引述陳瑄《遵義舊志·戊巳篇》說明「園麻」分
爲「桃麻」和「火麻」兩類後，詳細介紹了「桃麻」的種類和經濟價值：

> 桃麻最良，種者多，亦分二種。有坐兜麻，叢生稠結，莖大而
> 皮薄，其子種生。所謂「傳子不傳孫者也」。有竄根麻，根次第四散，
> 莖小而皮厚，其子不生，所謂「傳根不傳子者也」。二者竄根良。每
> 年皆兩刈，夏則五月，秋則八月。刈時，取其幹，刮去粗皮，暴乾，
> 取皮績爲縷，用糯草灰水煮，經宿，搗洗之，愈洗愈潔。火麻則每
> 年種子，幹高，皮薄，性硬，色黃，煉不熟，洗不潔，女工罕用，
> 種者爲少。又有生山谷者，曰山麻，形與桃麻同。蠻姑苗婦夏秋採
> 取，織帶編裙類用之。〔註67〕

對「煙」的敘述則重點引彭遵泗《蜀中煙說》對煙的栽種和煙葉的製作
進行了詳細說明：

> 蜀多業煙者，歲十月墾土，離爲一區，一區曰一廂，孕種其上。

〔註65〕《遵義府志卷十六·農桑》，遵義市志編纂委員會整理，1986年3月，第455頁。

〔註66〕《遵義府志卷十七·物產》，遵義市志編纂委員會整理，1986年3月，第491頁。

〔註67〕《遵義府志卷十七·物產》，遵義市志編纂委員會整理，1986年3月，第503頁。

廂各陰茅屋一，高五尺，寬稱之，防霜雪也。春二月，移樹腴田，
分行，通水道，以辰溉糞。或曰，用艾緞溺，味更辛。小滿，去近
土四圍葉，令上梢道勃毋分氣。夏至前，收積室中，蒙以簞石，謂
之關，氣、味、色賴焉。七日之後，青黃間錯，出之，用疏竹格二，
一承藉，一偃合，貫三橫篾，曝烈日使乾，各曰折葉。以草索絡莖，
編風簷隙，日下陰之，名曰索葉。索濃於折，捲曲而不舒，嗜生煙
者便之。產者不名一地。大約終歲獲利過稻麥三倍，民爭趨焉。近
日河坦、山谷、低峰、高原，樹藝遍矣。駁駁乎與五穀爭生死也。
〔註68〕

　　無論是對「麻」還是對「煙葉」的介紹說明，鄭珍、莫友芝都沒有停留
在對「物產」種類、外形特徵等的簡單介紹上，而是從生產或實用的角度對
「麻」不同種類的繁殖再生、加工工序、成品特點和煙葉的培植和製作技術
等進行了詳細說明。儘管鄭珍、莫友芝沒有從文字上明確對布、麻、煙等培
植和加工工藝進行詳細介紹的意圖，但在「煙」一條結尾處的「產者不名一
地。大約終歲獲利過稻麥三倍，民爭趨焉。按：郡人種煙，惟販索葉」，還是
可以看出他們對民以貨取利的肯定或鼓勵態度。

　　這裡需要著重指出的是《遵義府志卷十九・坑冶》中鄭珍、莫友芝對開
礦取利的反對與上述論及的對民眾通過「農業」以外的方式取利的看法並不
矛盾。卷十九「坑冶」的導語明確表明了鄭珍、莫友芝對開礦的反對立場：

　　　　明，礦冶在川、湖、雲貴者幾於無處蔑有，然皆不及播，可知
丹砂諸物非遵義所常有，不得以前代曾經入貢視為定產也。國朝以
來，丹砂銀礦採驗無效，白鉛則旋採旋停，非明徵歟？《宋志》曰：
山澤之利有限，或暴發輒竭，或採取歲久，所得不償其費，而歲課
不足，有司必責主者取盈，重為民累。〔註69〕

　　在「得不償其費」的理由下，鄭珍、莫友芝的結論是：「遵義冶場，即坐
斯病。自嘉慶初，恩旨嚴行封閉，仍罪私開，遵民仰沐深仁，永得聊生安業
矣。茲具著採停始末，俾來者考其無益，勿輕言利孔也。」

〔註68〕《遵義府志卷十七・物產》，遵義市志編纂委員會整理，1986年3月，第506
　　　　頁。

〔註69〕《遵義府志卷十九・坑冶》，遵義市志編纂委員會整理，1986年3月，第549
　　　　頁。

就字面意思來看，鄭珍、莫友芝確實堅決反對開礦以取利，不過仔細分析，鄭、莫真正反對的並非「取利」本身，而是「礦冶」，反對的理由也只是「重為民累」。詳細分析之下，鄭珍、莫友芝反對「礦冶」的真正出發點應該也不單純是經濟層面上的「得不償失」，而應該是「保民寬民」的「民本」觀念。因為如果鄭、莫反對「礦冶」的立足點是僅圖「盈利」的「經濟規律」，那解決「礦冶」「得不償失」的有效辦法就不必是封停，而可以是改進管理和技術手段等以使之盈利。鄭珍、莫友芝既然贊同「封停」的解決態度，則一定程度上可以說，即使「礦冶」在經濟效益上並沒有「得不償失」，因為「礦冶」生產中表現出來的「重民」、「累民」特徵，鄭、莫應該仍然不會給予支持。從這個角度說，鄭珍、莫友芝在農業、手工業方面的經濟思想依然是「傳統式」的。

2. 輕稅興商以利民

與鄭珍、莫友芝在「坑冶」的封停上持明確的支持態度相一致，在對待政府徵收的「關權雜稅」上，鄭珍、莫友芝同樣持否定立場。

對「關權雜稅」，鄭珍、莫友芝幾乎沒有直接的評論，《遵義府志卷十三·賦稅一》及卷十四「賦稅二」基本都只是敘述性的客觀記錄，即使有評論，也多只是考證補充或對商人行商艱辛的同情。不過我們從鄭珍、莫友芝對商人的同情及《遵義府志》的敘述重點還是能夠大體察知鄭、莫對待商業發展的基本看法。

在《遵義府志卷十四·賦稅二》「關權雜稅」的按語中，鄭珍、莫友芝表達了對商人的深切同情：

> 夫遵處萬山中，非通都大邑，無舟楫之利。商賈不至，珍貨蔑聞。邊鄙殘黎，農暇計營以助徭賦者，惟借仁蒃之鹽。裕則牛馱，貧則肩負。塗市之間，尚不寂寂。蠅頭之利，亦微矣哉。而額設關徵八：曰鳳朝樓、曰元田壩、曰鄭家場、曰新州場、曰鴨溪口、曰烏江、曰古樓岩、曰茶山渡。春季額權銀六百三十兩九錢五分四釐八毫五絲零，夏季六百十九兩四錢兩分三釐四毫一絲零，秋季六百四十八兩一錢兩釐一毫六絲零，冬季六百十六兩五分九釐六毫三絲六忽零。四季共權銀兩千五百一十四兩五錢四分五絲六忽零。遇閏

加榷銀二百二十九兩六錢二分七釐七毫零。〔註70〕

在詳細列舉徵稅關口及數額之後，又援引陳瑄《遵義舊志》按語：

> 遵義場稅，原與關稅相連。邇來關稅屬府，場稅屬縣，遂有一
> 場而兩稅者。今雖兵燹逃亡，而以場稅定額按戶追比，擾民累官，
> 不知所亟。若將關稅、場稅並府縣而一之，或便民裕國之一道乎。
> 至雍正十二年，知府蘇霖泓詳雲貴總督尹繼善、貴州巡撫元展成奏
> 請豁免遵義場稅。六月二十六日，奉上諭：據總督尹繼善等奏稱，「黔
> 省遵義府除遵義、仁懷兩大稅之外，又有遵義縣小板場等一十四山
> 場，綏陽縣永興山場，桐梓縣新街山場，共小稅銀四百十九兩零。
> 到場之物，皆係遵義、仁懷兩大稅處已經徵稅者。查黔省原有各山
> 場小稅，久經豁免。遵義因向隸川省，是以仍循舊規。今既改隸黔
> 省，應請一例邀免」等語。遵義等縣山場小稅，既於遵義、仁懷兩
> 大稅處已經徵收，若分販小場，又復抽取，未免重複。催頭衙役，
> 更得藉端需索，均有未便。著照黔省通例，一併加恩豁免。該部即
> 遵諭行。〔註71〕

在「遵義府」商稅徵收的按語中也引有「乾隆三年，奉部議，以前徵貨
章程，有稯、鋤、箕、帚、魚、蝦、蔬、果薪碳之屬，悉行裁革。又有零星
土產，窮民肩挑背負，藉以度日，物微利薄，若按則抽課，殊為苦累，應一
概裁革」等語。〔註72〕

既有對商人的同情，又全文援引陳瑄《遵義舊志》對免除「場稅」細節
的記錄，鄭珍、莫友芝主張輕稅的意圖是可以察知的。

此外，卷十三「賦稅一」末尾還引有「袁初《通商碑》」碑文，碑文同樣
陳述商人「歷盡艱辛」，但「僅獲微利」，而「一經此稅，輒被監抽人役，不
體公心」、「揪扯欺凌，剝削為甚」，「本職痛憾已久，每思裁革」，所以：

> 首請釐定錢糧，以靖地方；次請裁抑土稅，以通商賈。荷蒙四
> 川總督王、川東道張俯允給示，內云「據本官議裁土稅，殊為可嘉。

〔註70〕《遵義府志卷十四・賦稅二》，遵義市志編纂委員會整理，1986 年 3 月，第
　　　410 頁。
〔註71〕《遵義府志卷十四・賦稅二》，遵義市志編纂委員會整理，1986 年 3 月，第
　　　411 頁。
〔註72〕《遵義府志卷十四・賦稅二》，遵義市志編纂委員會整理，1986 年 3 月，第
　　　412 頁。

從此行旅有出途之願，而本官子孫有綿延之福矣。合將裁過緣由，
聽本官鐫刻，以垂永久。」奉此遵依，即於十月初一日鐫立碑記，
永行裁革。使千載之後，若商若民，知院道施利益之洪恩，本職廣
方便之良意。〔註73〕

《遵義府志卷十四‧賦稅二》末尾也附有綏陽縣知縣唐椿的一篇文字。
文章名爲《詳免場稅文》，該文先說明「綏邑場稅」的由來及徵收數額，接著
描述商販轉運之難、獲利之微，而最後表明目的，即「仰懇俯賜電察，將（卑）
縣永興場、縣城、旺草場及黃魚江等處共稅銀六十六兩轉詳題免，以恤窮黎」。
〔註74〕

《遵義府志》在「賦稅」目下引錄這兩篇文章的主要目的應該不是爲表
彰袁初及唐椿爲減輕商人稅負大膽直呈意見的勇氣和行爲，因爲如果主要目
的在此，兩篇文章應該附於《遵義府志》「宦績」目下。考慮到鄭珍、莫友芝
對商人轉運的同情，比較合適的解釋應該是鄭、莫將兩文附於「賦稅」下有
傳達《遵義府志》「輕稅興商」主張的意思。

綜上所述，無論是以農爲本、以「工」爲重，還是主張減輕稅率，允許
和鼓勵商品交易，鄭珍、莫友芝的出發點都是爲民求利。這個主張應該也就
是鄭珍、莫友芝安排「農桑」、「物產」和「坑冶」內容的重要目的。

（二）「保民」思想與政治認同

1.「保民」思想

在上文對鄭珍、莫友芝「經濟思想」的論述中，我們已經明確《遵義府
志》無論是以農爲本、重視手工業，還是提倡減輕稅賦、發展商品交易，最
終的出發點都是爲民「取利」，這也可以說是鄭珍、莫友芝傳統「民本」觀念
在其經濟思想中的一個側影。如果說《遵義府志》「農桑」「賦稅」卷所傳遞
出的「民本」思想還顯得相對間接的話，那麼在關於「吏治」、「救濟」、「貢
賦」（賦稅）等方面的內容中則有了更爲明確的表述。《遵義府志》涉及「貢
賦」的「坑冶」上文已有說明，以下僅就「吏治」和「救濟」兩方面內容進
行分析。

〔註73〕《遵義府志卷十三‧賦稅一》，遵義市志編纂委員會整理，1986 年 3 月，第
389 頁。
〔註74〕《遵義府志卷十四‧賦稅二》，遵義市志編纂委員會整理，1986 年 3 月，第
414 頁。

　　《遵義府志》中記載「吏治」的內容主要集中在「公署」、「宦績」兩卷中。在「公署」、「宦績」中，鄭珍、莫友芝通過引錄的敘述方式對官吏職責和功績進行了強調。

　　「公署」卷對官署所在地、組成人員、職責等介紹簡單，但對為官紀律的強調則顯得非常突出。可以隨便摘引幾例：

　　　　「世宗憲皇帝《寶訓》」諭知府：國家親民之官，莫先於守、
　　令。……勸農課桑，以厚風俗；禁戢強暴，以安善良；平情聽斷，
　　以清獄訟，皆爾職守之所當盡者。至於督撫舉劾州縣，必由爾之詳
　　揭，務須秉公持正，勿涉偏私。若善於逢迎者，從而庇護薦拔之，
　　而端方恬靜之人，反故為摧抑。下吏皆苟且營私以求容悅。地方之
　　事，尚可問乎？居官者每有初入仕途，清操自矢，漸登華要，頓改
　　初心。既知砥礪廉隅，即當始終一節。更有巧於仕宦者，人每謂其
　　名實兼收，朕最不解此語。夫名，實之華。果能潔己愛民，奉公盡
　　職，此所謂實也。志行稱首，民歌輿頌，此所謂名也。實至而名隨
　　之，如本立而華茂焉。以弋取虛譽為名，而以封殖多藏為實，此則
　　小人之尤，更甚於貪黷彰聞之輩矣！朕纘大統，夙夜祇懼，惟恐有
　　負皇考付託之重。深冀爾等各體此意，精白一心，以古循良自勉。
　　若徇私納賄，不能率屬愛民，貽害地方，蔑視憲典，三尺具在，朕
　　不能為爾等寬也！特諭。

　　　　雍正元年上諭：惟爾州縣諸臣，俱有父母斯民之責，……誠能
　　潔己奉公，實心盡職，一州一縣之中，……物阜民安，刑清政簡，
　　朕將升之朝寧，用作股肱。如或罔念民瘼，恣意貪婪，或取利肥家，
　　或濫刑逞虐，……王章具在，豈爾貸歟！

　　　　雍正八年上諭：《尚書·舜典》云：「欽哉！欽哉！惟刑之恤哉！」
　　聽訟居心，奉為案鞫之規範，則明慎用刑，庶幾咸中有慶矣。著凡
　　掌刑名衙門，將此諭刊榜，永示於堂署！特諭。〔註75〕

　　對這類「寶訓」、「上諭」的援引佔據了「公署」卷一半的篇幅。對「寶訓」、「上諭」的載錄顯然具有宣傳或勸誡的意圖，而從所引「上諭」的內容來看，清廉愛民、刑清政簡是朝廷對官員處身和執政的基本要求。鄭珍和莫

〔註75〕參見《遵義府志卷七·公署》，遵義市志編纂委員會整理，1986 年 3 月，第
　　　　209、210、212～213、214～215 頁。

友芝在《遵義府志》中對這些「上諭」的大量載錄應該正是爲了對以「保民」、「恤民」爲立足點的官吏行爲規則的強調。

「公署」通過對官吏爲官紀律要求的直接強調來體現鄭珍、莫友芝的「寬民」、「養民」願望，「宦績」則是通過對官員政績的襃揚來間接倡導廉政愛民的治理風氣。《遵義府志·宦績》共兩卷，自秦至清，共錄官員一百七十餘人，其中元朝及元朝以前九十餘人，明清兩代共計八十餘人。從載錄的詳略來看，輕繇薄賦、簡政愛民是鄭珍、莫友芝關注和襃揚的官吏政績的重點。如明代所載錄且敘述較爲詳細的周作樂（遵義知府）的「政事廉平」、常三錫（遵義知府）的清獄訟、廉潔持身；清代李師沆（康熙時遵義知府）的簡政輕民、「有便於民者，無力不行」，蔡毓華（康熙時遵義知府）的「輕繇薄賦、禮士親賢」，童華祖（康熙時遵義知府）的「慈祥懇摯，視兵民疾苦，不啻痌瘝在身」，陳玉璧（乾隆時遵義知府）的「日夕思所以利民」，於芳桂（乾隆時遵義知府）的捐俸賑民，莫與儔（道光時遵義府學教授）的爲免累民而反對置礦冶銀、銅，無不表現出鄭、莫二人對「以民爲本」、「保民」、「輕民」的重視和提倡。〔註76〕

除「吏治」外，《遵義府志》「寬民」、「養民」觀念的更直接體現就是鄭珍、莫友芝在《遵義府志》中將旨在救濟孤苦的「蠲恤」單獨列爲一目。「蠲恤」卷中，除了一如前例對自順治至道光間朝廷以「黜免錢糧」、賑濟孤苦和災民爲主要內容的「恩旨」、政令進行引錄外，對遵義縣養濟院、棲留所、養幼堂，正安州養濟院，桐梓縣養濟院、棲留所、普濟堂、育嬰堂，綏陽縣養濟院、育嬰堂，仁懷縣養濟院、棲留所等救濟機構的位置、規模、經費來源、救濟人數等情況都進行了詳細說明。無論是對朝廷「恩旨」、政令的重複宣傳，還是對遵義府內救濟機構的介紹，在對「惟我國家，子惠元元，深仁厚德，普天率土，罔不敬承」的歌頌中，〔註77〕能看出鄭珍、莫友芝對地方治理中「仁政」、「愛民」的強調和嚮往。

2. 「王道」觀念認同和對清朝治統的認可

鄭珍、莫友芝在表述經濟思想和「民本」觀念時，一個共同的特點是在

〔註76〕關於「宦績」的詳細記述，參見《遵義府志卷三十·宦績二》，遵義市志編纂委員會整理，1986 年 3 月，第 424～430 頁。

〔註77〕《遵義府志卷十五·蠲恤》，遵義市志編纂委員會整理，1986 年 3 月，第 429 頁。

表述方式上常常不是通過議論直接闡發，而是通過內容篇幅安排和引錄他書或諭令、朝廷規章等間接方式進行表達。當然這種間接的表述方式，也可以認爲是鄭珍、莫友芝爲了增強敘述的力度和倡導的效果而進行的有意安排。這種爲增強表達力度的敘述方式的運用遠不止於經濟和「保民」主張的闡述上。

（1）對全國劃一的「祀典」「學規」「典禮」的宣傳和倡導

《遵義府志卷二十二・學校一》中先對儒學教育機構「遵義府學」興建、復建、補修情況進行簡單介紹，隨後即長篇幅援引《大清會典》、「上諭」、「議准」中對孔、顏、曾、思、孟等文聖的祭祀「廟制」的規定，引錄內容包括文廟規制，御製「孔、顏、曾、思、孟」贊文，從祀者等。〔註78〕在「祀典」部分，鄭珍、莫友芝用引文詳細介紹了以「聖位及從祀者排位」、祭奠時間、祭品、祭奠程序等爲主要內容的祭禮，並附「欽定直省文廟樂譜」及「祝文」。最後還附錄前代崇封從祀典禮。總的來看，《遵義府志卷二十二・學校一》對「遵義府學」興建等的敘述占全卷內容不到5%，而對各項並非遵義所特有，基本屬於全國一體的「廟制」、「祀典」等內容的引錄則佔據了絕大部分篇幅。〔註79〕

《遵義府志卷二十三・學校二》主要是對遵義府學額、貢法、學田的介紹，以及對「學校規條」和「鄉飲酒禮」的敘述解說。其中對遵義府學額、貢法、學田的介紹同樣只占全卷內容的六分之一，敘述極爲簡略，而對「學校規條」的收錄則非常詳細，約占全卷三分之一。除援引順治九年題准的《學校規條》之外，還引述了自康熙至嘉慶頒佈的有關「校規」（「上諭」或「議准」）23 條。除「學校規條」外，在介紹「鄉飲酒禮」、「賓興禮」、「送學禮」中，卷二十三「學校二」對後兩禮敘述簡略，對「鄉飲酒禮」則介紹詳細，對這「三禮」的敘述佔據了全卷近一半篇幅。值得一提的也是「學校規條」和「鄉飲酒禮」、「賓興禮」、「送學禮」的介紹，因爲這些內容也同樣並非遵義所獨有，所採用的敘述方式仍然是宣傳式的載錄。如「鄉飲酒禮」：

乾隆十八年儀准：各省舉行鄉飲，事不劃一，且竟有頻年闕略

〔註78〕《遵義府志卷二十二・學校一》，遵義市志編纂委員會整理，1986 年 3 月，第584〜634 頁。

〔註79〕對所述內容並非遵義所特有，鄭珍、莫友芝亦有明確認識，在《遵義府志卷二十二・學校一》中，鄭、莫就認爲「今所載祭典，乃據學冊歷來承用者，中惟初獻時盥洗及飲福受胙一節《會典》無之，餘悉同」，見第 601 頁。

不舉、致曠大典者。應令各省督撫轉飭所屬府、州、縣，每歲遵照
定例，於正月、十月舉行二次。〔註80〕

　　整體來看，《遵義府志》關於「學校」的兩卷內容基本可以說是在以引文的方式敘述宣傳全國一體的「祀典」、「學制」。卷二十四「學校三」總算將關注視野集中到了遵義的各州學、縣學及書院、考棚，但從記錄的遵義縣、正安州、桐梓縣、綏陽縣、仁懷縣的「縣學」內容看，除各縣「縣學」興建、修葺情況相互有別外，作爲「縣學」建置重要組成的「崇聖祠」、「名宦祠」、「鄉賢祠」、「明倫堂」、「尊經閣」、「祭器庫」等，五縣皆同有，遵義縣還另有「節孝祠」。遵義府各縣這些規制也與全國其他府縣沒有什麼區別：

　　　　直省、府、州、縣附廟左右，各建忠孝、節孝、名宦、鄉賢四
　　祠，歲春秋釋奠禮畢，教諭一人公服詣祠致祭，各帛一，羊一，豕
　　一，籩四、豆四，尊一，爵三。讀祝，望燎，承祭官行三叩禮如儀。
　　《會典》又，奉禮部議准，名宦、鄉賢俱歸府學致祭。〔註81〕

　　在各縣「縣學」內容之後，「學校三」對遵義境內的書院、義學的分佈情況進行了介紹，不過無論從篇幅和詳略程度看，敘述的重點還是集中在與書院有關的「上諭」、「儀准」、「題准」上，對各書院修建時間、所在地、規模等情況的介紹依然不是重點。

　　除「學校」目的三卷外，《遵義府志卷二十五‧典禮》涉及到的頒詔禮、授時禮、慶賀禮、迎春禮、行香禮、救護禮、上任禮、講書禮、講約禮（每月朔望日，於講約所宣講《聖諭十六條》，曉諭士民人等〔註82〕）和旌表節孝、義行之禮，以及以品官家祭之禮、庶士家祭之禮、庶人家祭之禮爲主要內容的吉禮，以「昏禮」爲主要內容的嘉禮，及凶禮、相見禮等，同樣無一不是全國性的「典禮」。卷末介紹一至九品文武官員冠服的「冠服通制」和總督、知府、知州、提督、副將等文武官員儀衛的「儀衛通制」，從名稱就可以看出也是「通制性」的。

　　鄭珍、莫友芝強調全國一體的各種「制度」的目的或者可以用《遵義府

〔註80〕　《遵義府志卷二十三‧學校二》，遵義市志編纂委員會整理，1986 年 3 月，第
　　　　664 頁。
〔註81〕　《遵義府志卷二十二‧學校一》，遵義市志編纂委員會整理，1986 年 3 月，第
　　　　635 頁。
〔註82〕　《遵義府志卷二十五‧典禮》，遵義市志編纂委員會整理，1986 年 3 月，第
　　　　722 頁。

志卷二十五・典禮》中的「其在壇廟祀典，著之各篇。庶邊州遠徼，亦能家有其書，而蔀屋茅簷，罔不同遵王道」來進行概括。〔註83〕鄭珍、莫友芝對統治者欽定的「廟制」、「祀典」不厭其煩的「宣講」，在說明遵義「同遵王道」的同時，也反映出鄭、莫等知識分子對「天下一體」的「王道」觀念的自覺認同。只有如此，才能解釋上文「學校」和「典禮」的內容構成和敘述特點。

對全國一體的「廟制」、「學規」、「典禮」的倡導既是鄭珍、莫友芝等知識分子認同「天下一體」觀念的重要體現，同時，這些「儀式性」內容的不斷宣傳和重複又反過來是支撐和強化這種觀念認同的重要力量。可以說，某種程度上，正是「天下一體」觀念認同及其與「儀式性」支撐因素之間的不斷互動和強化，有效實現了中央政權對基層及邊疆地區的治理和管轄。正如有學者所論，秦漢以後隨著國家疆域的擴大，對邊疆或基層的治理難以再依託於精密的行政技術手段，而不得不代之以道德教化爲主的「道德主義」方式，〔註84〕而對全國劃一的「祀典」、「規條」、「典禮」等內容的重複和強調應該是「道德教化」的重要構成。或許一定程度上，包括中下層知識分子在內的傳統士人的「天下一體」認同與「道德主義」方式的治理形式在不斷互動中的共同維繫，是清代中國在沒有強有力的行政技術手段支撐情況下仍能夠維持龐大版圖完整和統一的重要因素之一。〔註85〕

〔註83〕《遵義府志卷二十五・典禮》，遵義市志編纂委員會整理，1986 年 3 月，第719 頁。

〔註84〕關於「行政化手段」與「道德主義」治理方式的論述，可參見《儒學地域化的近代形態——三大知識群體互動比較研究》「序『儒學地域化』概念再詮釋——兼談儒學道德實踐的若干形態」（楊念群，生活・讀書・新知三聯書店，2011 年 9 月第 1 版）。

〔註85〕這一「整體性」論斷的得出，顯然不能僅僅依據《遵義府志》對「天下一體」觀念的存有。據《中國地方志聯合目錄》統計，宋代至民國的傳統方志達到八千餘種，如此龐大的著述總量，短期內全部細讀自然難以實現，但從一些較具代表性的方志來看，對朝廷諭旨、學校規條或祠廟祀典等體現「王道嚮往」的內容的重視則是比較普遍的。如《吳郡志》（南宋范成大撰）、《九江府志》（明嘉靖何棐、馮曾等修纂）、《揚州府志》（明萬曆楊洵、陸君弼修纂）、《靈壽縣志》（清康熙衛秦龍、傅維橒修纂）、《寧波府志》（清雍正曹秉仁修纂）、《揚州府志》（清雍正尹會一、程夢星等修纂）、《西寧府新志》（清雍正楊應琚修纂）、《諸城縣志》（清乾隆宮懋讓、李文藻等修纂）、《南海縣志》（清道光鄭夢玉、梁紹獻修纂），以及《貴陽府志》（清道光周作楫、蕭琯修纂）、《銅仁府志》（清光緒喻勳、胡長松纂修）、《荔波縣志》（清光緒蘇忠廷、董

（2）對清朝治統的認可和擁護

上述可以算作從「形式」角度對《遵義府志》「學校」和「典禮」做出的分析。如果換一個視角，深入到鄭珍、莫友芝所強調的「廟制」、「學規」、「典禮」的具體內容，我們或許能夠對鄭、莫所認同的「天下一體」的「王道」觀念的內涵有更進一步的認識。因為鄭珍和莫友芝在《遵義府志》中援引和強調的「廟制」、「學規」、「典禮」內容頗多，難以一一例舉分析，這裡只就鄭、莫對涉及知識分子「士風」的「學規」部分進行歸納闡述。

《遵義府志卷二十三・學校二》所援引的「學校規條」，概括之後主要內容包括：

一、生員之家，父母賢智者，子當愛敬，父母愚魯，或有非為者，子當再三懇告；二、生員當立志，當學為忠臣、清官；三、生員須居心忠厚、正直；四、生員不可干求官長，結交勢要，希圖進身；五、生員當愛身、忍性，凡有司官衙，不可輕入，即有切己之事，只許家人代告；六、為學當尊敬先生，誠心聽受，如有未明，從容再問，毋妄行辨難；七、不許生員上書陳言；八、生員不許立盟結社，所著文字，不許妄行刊刻。〔註86〕

八條學規主要是對府縣學生員性情、行為方面的要求，《遵義府志》中隨後所引的 23 條「上諭」或「議准」，對士子的要求更廣泛包括品性、言行、為學、作文等各個方面。儘管涵蓋範圍廣泛，但總體而言，還是可以看出這些頒行全國而被《遵義府志》所援引的「上諭」或「議准」的主要關注點是以文風為主要表徵的士子從學和治學的路向。現擇 23 條「上諭」或「議准」中之數則引錄如下：

康熙四十一年，御製《訓飭士子文》，頒行學官。

御製《訓飭士子文》：國家建立學校，原以興起教化，作育人才，典至渥也。朕臨御以來，隆重師儒，加意庠序；近復慎簡學使，屢剔弊端。務期風教修明，賢材蔚起，庶幾棫樸作人之意。乃比來士

成烈纂修）等。當然在對全國一體的「廟制」、「祀典」、「學規」的強調程度上，不同志書差別明顯，且就上述所列志書而言，尤以《遵義府志》為最。同時，在時間上，大致時期越晚，強調的程度越明顯，即清代志書大都較明代志書明顯。

〔註86〕 參見《遵義府志卷二十三・學校二》，遵義市志編纂委員會整理，1986 年 3 月，第 640 頁。

習未端，儒效罕著，雖因內外臣工奉行未能盡善，亦由爾諸生積錮
已久，猝難改易之故也。茲特親製訓言，再加警惕，爾諸生其敬聽
之：從來學者，先立品行，次及文章、學術、事功，原委有敘。爾
諸生幼聞庭訓，長列宮牆，朝夕誦讀，寧無究心？必也躬行實踐，
砥礪廉隅，敦孝順以事親，秉忠貞以立志。窮經考義，勿雜荒誕之
談；取友親師，悉化驕盈之習。文章歸於醇雅，毋事浮華；軌度式
於規繩，最防蕩軼。

　　雍正三年，議准：士子誦習，必早聞正論，俾德性堅定。將《聖
諭廣訓》、《御製朋黨論》頒發各省學政刊刻刷印，齎送各學，令司
鐸之員朔望宣講。

　　雍正十年，奉上諭：制科以《四書》文取士，所以覘士子實學，⋯⋯
但士子逞其才氣詞華，不免有冗長浮靡之習。是以特頒此旨曉諭考
官，所拔之文，務令清眞雅正，理法兼備。

　　乾隆三年，奉上諭：士人以品行爲先，學問以經義爲重。故士
之自立也，先道德而後文章；國家之取士也，黜浮華而崇實學。⋯⋯
至於學問，必有根柢，方爲實學。⋯⋯至於書藝之外，當令究心經
學，以爲明道經世之本。

　　嘉慶十三年，奉上諭：據御史黃任萬奏請續選《欽定四書》文
以正文體一摺。制義一道，代聖賢立言，本當根柢經史，闡發義蘊；
不得涉於浮華詭僻，致文體駁而不醇。〔註87〕

　　除引「雍正三年議准的《御製朋黨論》」外，其餘基本都有一個共同主題，
就是抑制浮華學風、文風，提倡以經義爲明道之本的「實學」風尙。

　　書院也不例外。卷二十四「學校三」中，鄭珍、莫友芝通過援引「上諭」、
「儀准」，對書院「山長」、入學士子的品行及教學、從學的規程等提出了要
求。所援引的「乾隆元年上諭」說：

　　　　凡書院之長，必選經明行修、足爲多士模範者，以禮聘請。負
　　笈生徒，必擇鄉里秀異、沉潛學問者肄業其中。其恃才放誕、佻達
　　不羈之士，不得濫入書院中。酌仿朱子白鹿洞規條，立之儀節以檢

〔註87〕各條參見《遵義府志卷二十三·學校二》，遵義市志編纂委員會整理，1986
　　年3月，第641、642、648、650、654頁。

　　　束其身：仿分年讀書之法，予之程課使貫通乎經史。〔註88〕

　　所關注的重點和府學、縣學「規條」大體一致，都在強調和倡導以經史爲根底的「實學」士風、文風。鄭珍、莫友芝對這些「上諭」或「規條」的引用，結合鄭、莫的經學研究實踐，認爲他們對以經史爲根底的「實學」取認同態度應該是可以成立的。

　　鄭珍、莫友芝對以經史爲根底的「實學」風氣的認同，理由和根據應該在於認爲以經史爲根基的「實學」一定程度上是孔孟「王道」傳續的基本途徑或保證。這一根據同時也是清朝統治階層在提倡「實學」學風中，表明自身承襲孔孟之道，進而鞏固治統的合法性，維護其統治地位的依據。清朝統治階層通過對「實學」的倡導不斷強化孔孟道統和清朝治統之間的黏合力量，並輔以「仁政」、「民本」的具體施政措施，使知識分子對孔孟之道的認同具體化爲對清朝統治的肯定和認可：

　　　自地丁有正額，立法已爲盡善。康熙五十二年，恩綸普錫，有加丁，無加賦，固宜邊陬遠徼，民數日滋，同昭升平之景運。

　　　聖朝惠愛元元，徭賦益薄。康熙五十年，即丁冊爲額，滋生者永不加賦，畸零硗确者永不升科。良法美意，高出前代。

　　　惟我國家，子惠元元，深仁厚德，普天率土，罔不敬承。蜀徼黔陬，尤塵宵旰，全蠲半免，迭沛絲綸，窮鄉僻壤，黃口華顚，胥含哺鼓腹，嬉遊於湛恩汪濊中，固非前代之行慶施惠所能媲其萬一也。〔註89〕

　　《遵義府志》「學校」和「典禮」中所反映出的鄭珍、莫友芝對「天下一體」的「王道」觀念的認同和倡導及對統治階層「實學」學風的肯定和實踐，進而對清朝統治的認可，不應該理解爲只是他們內心的價值評判和政治取向，與《遵義府志》的「功能意義」沒有直接關聯，或許可以這樣解釋，上述依照《遵義府志》所做出的分析，既然能夠使人體會出鄭珍、莫友芝等知識分子對統治階層「實學」學風及清朝治統的認可，則進而認爲《遵義府志》

〔註88〕《遵義府志卷二十四・學校三》，遵義市志編纂委員會整理，1986年3月，第703頁。

〔註89〕各條分別出自《遵義府志》「卷十二・户口」、「卷十三・賦稅一」、「卷十五・蠲恤」，參見第361、375、429頁，遵義市志編纂委員會整理，1986年3月。

在宣傳和倡導這種思想取向和政治態度也就應該是可以的。換言之，《遵義府志》所反映出的鄭珍、莫友芝對「王道」觀念和清朝統治階級提倡的「實學」及清朝治統的認同與《遵義府志》倡導治學「尚實」以承續孔孟之道及維護清朝統治秩序的「功能意義」應該是相統一的。

（三）道德教化意義的彰顯

與以「祀典」、「學規」的倡導爲主要內容的宣傳和教化主要著眼於政治層面不同，這裡的道德教化主要是就「個人道德修養」層面而言的。以下以《遵義府志》「人物」部分的內容爲著重點，對鄭珍、莫友芝著眼於個人品行的表彰進而「教化鄉里」的意圖進行簡要分析。

《遵義府志》對個人品行修養的記錄主要集中在記載人物的「列傳」和「烈女傳」中。卷三十三「列傳一」一開始就明確說明了記錄人物言行的目的：「茲慎考前載，嚴核見聞。苟詳一節，類以序次。甄其品別，即樹風聲。」〔註90〕在具體的內容選取和編排中也體現出了鄭珍、莫友芝的這種意圖。

「人物」的記述是《遵義府志》的一個重要甚至主要內容。一般志書視爲一目的「人物」，《遵義府志》細分爲六卷，《人物一·列傳》記述明及明以前遵義籍人物，《人物二·列傳》分縣載錄清代遵義籍人物事蹟，《人物三·列傳》以「忠節」、「孝友」、「行義」、「藝術」四子目分載明清兩代遵義籍人物事蹟，《人物四·列女傳》以「賢明」、「貞烈」兩子目分錄明清兩代婦女事蹟，《人物五·列女傳》除附有極少部分的「才藝」外，絕大部分載錄「守節」婦女的事蹟，《人物六·寓賢 方伎》載錄遵義區域的釋、道人物及流寓遵義的外籍人士，所記都非常詳細。概括來說，《遵義府志》對「人物」內容的記述具有以下兩個特點。

一方面，在人物的記述時期上「略古而詳今」，地域上「重治所而輕邊地」。以《人物一·列傳》和《人物二·列傳》分別載錄清朝以前各代和清朝人物已體現出這種「略古詳今」的傾向，更何況《人物二·列傳》的篇幅幾乎是《人物一·列傳》的兩倍。在各卷的載錄人數上，也同樣可以看出這種傾向。《人物一·列傳》錄明朝及以前人物共 54 人，其中明以前 12 人，明朝 42 人。對明朝的 42 人，又依縣籍分錄，其中遵義縣 16 人，正安 2 人，桐梓 16 人，綏

〔註90〕《遵義府志卷三十三·列傳一》，遵義市志編纂委員會整理，1986 年 3 月，第1039 頁。

陽 5 人，仁懷 3 人。《人物二‧列傳》共錄清代人物 129 人，人數超出《人物一‧列傳》的兩倍。《人物三‧列傳》「忠節」子目下，錄明代 8 人，清代 41 人〔註91〕；「孝友」，明代 10 人，清代 15 人；「行義」，明 2 人，清 10 人；「藝術」，明 2 人，清 2 人。《人物四‧列女傳》「賢明」子目下，清代以前 2 人，清代 21 人（附「壽婦」1 人）；「貞烈」，明 10 人，清 23 人。《人物五‧列女傳》，共錄 365 人，除 4 人屬「才藝」外，其餘全屬「守節」。時代分佈上，明代「守節」14 人，「才藝」1 人，清代「守節」347 人，「才藝」3 人。清代「守節」所錄 347 人中，遵義縣所佔最多，爲 201 人，其餘正安 14 人，桐梓 58 人，綏陽 45 人，仁懷 29 人。《人物六‧寓賢 方伎》卷，「寓賢」，錄唐代 2 人，明代 22 人，「方伎」，明以前 4 人，明 14 人，清 23 人。以清代爲主、以治所遵義縣爲重的特點是顯而易見的。記錄人物數量在時間和地域分佈上的差別，也許有文獻留存多寡和搜集難易等方面的原因，但「略古而詳今」的特點應該也同時是鄭珍、莫友芝的刻意安排，因爲《遵義府志卷二十七‧職官一》開篇就有「今並採前代見史冊者錄之，詳於近而略於遠」的說法。

另一方面，《遵義府志》在記錄人物時，尤其重視對婦女德行的旌表。在婦女的各種德行中，鄭珍、莫友芝似乎又特別重視「守節」。《遵義府志》記「人物」六卷，記婦女的「列女傳」兩卷，佔了三分之一，在細分出的「賢明」、「貞烈」、「守節」、「才藝」四類子目中，「守節」獨爲一卷，共計 361 人，遠超「貞烈」33 人，「賢明」23 人和「才藝」4 人。儘管在具體敘述中，鄭珍、莫友芝講求客觀記錄，沒有多少直接的褒譽之詞，但人物被載錄本身就是褒獎，因爲按照鄭珍、莫友芝的說法，對於有異端言行的人是不會被收錄的，〔註92〕凡是被收錄的，都是被褒揚的。而收錄和表彰的目的就是「繫謳思」、彰「正道」、「樹風聲」，人物記錄中時間上的「略古而詳今」，地域上的「重治所而輕邊地」也都是在配合這一目的。《遵義府志》「列女傳」中「賢明」、「貞烈」、「守節」、「才藝」4 個子目人物的收錄數量情況，一方面反映出在當時的社會政治

〔註91〕「41 人」只是依《人物三‧列傳》「忠節」子目下所列之載錄人物的條數統計得出，實際數字遠不止此。如所記的「張文等 嘉慶二年，從征興義逆苗，陣亡。遵義兵丁三百六十四名：張文，曾之信，……」一條，除「張文」外，其他 363 人名字全部記錄，且如該條之記錄者還有許多。

〔註92〕鄭珍、莫友芝在《遵義府志卷三十六‧人物四‧列女傳 賢明 貞烈》卷首有言：「至公擧有徑行不字，終身爲老女者，迴非貞節，甘外人倫，概所不取，用絕異端」。

和教育情境下婦女的社會和家庭地位，但另一方面也能夠折射出主流社會對婦女「德行」的主導性要求。對這些要求的肯定和鼓勵正是鄭珍、莫友芝賦予《遵義府志》的「功能」之一。

本章小結

作為載錄一個地區地理、政治、經濟、文化教育、風俗和文藝成果的方志著作，以其著眼地方的眼光和收錄資料的廣闊，對明瞭地方政治經濟的沿革演變，瞭解地方文化傳統和民風鄉俗的特點，進而為現實的經濟社會發展提供決策依據，都具有不可忽視的歷史和現實意義。

鄭珍、莫友芝纂修的《遵義府志》以適當的體例囊括遵義地區地理、政治、經濟、教育、文化、藝術、風俗等各方面的內容，從資料的完整性和體例的規範清晰上，不僅在遵義志書當中，即使在全國性的志書裏，也具有重要的地位和價值。在具體的纂修中，深諳漢學方法的鄭珍、莫友芝自覺將講求「實證」的校勘、考證方法納入地理、建置、人物、紀事等的梳理中，力求《遵義府志》「言必有據」，也正是這一特徵，《遵義府志》很大程度上也可以視為道光時期的「考據派」志書。最後，也是更為重要的，鄭珍、莫友芝在以「實證」方法保證記述客觀、公正的基礎上，秉持、利用史學的「經世」傳統和方志關注現實的特點，通過直接的敘述或間接的內容結構安排等方式，著重賦予《遵義府志》「資政地方」、「教化鄉里」的價值功能。

第四章　黎庶昌的經世思想與改革主張

　　如果說鄭珍《儀禮》研究的「實學」特徵主要在於對漢學「考據」、「實證」方法的承襲，《遵義府志》在纂修中追求立場、方法之「實」的基礎上更進一步，凸顯出其「經世」的「功能意義」，則以黎庶昌經世思想及實踐為代表的「沙灘文化現象」中的「經世之學」更在《遵義府志》凸顯「資治意義」的層面上，傳達出「以實事程實功，以實功程實事」，注重學問經世「效用」的實踐品格。

第一節　黎庶昌生平及經歷

　　黎庶昌，字蓴齋，黎愷第四子，道光十七年（1837）生於遵義縣沙灘村（今屬遵義縣新舟鎮）。咸豐十年（1860），因貴州暴發農民起義，貴州鄉試暫停，黎庶昌離開遵義，赴北京參加順天府鄉試。次年鄉試未中，寓居保定。同治元年（1862），恩科再次落第。這一年清廷下詔求言，黎庶昌根據當時政治、經濟、軍事情勢，寫下《上穆宗毅皇帝書》，由都察院代奏，後又續呈《上穆宗毅皇帝第二書》。因上書之事，黎庶昌被清廷「加恩」擢用，賞知縣銜，發曾國藩大營差遣委用。黎庶昌自此入曾國藩幕，並隨即與曾國藩結師徒之誼。同治四年（1865）升直隸州知州，次年嫡母病逝，奔喪返回遵義。同治七年（1868），得曾國藩舉薦以直隸州知州留江蘇補用。曾國藩北調直隸總督後，黎庶昌入江蘇巡撫丁日昌幕。同治九年（1870）署理吳江知縣，次年曾國藩回兩江總督任，調黎庶昌署青浦知縣。在青浦知縣任上組織纂修《青浦縣志》33 卷。光緒二年（1876），以三等參贊隨郭嵩燾出使英國。光緒四年，

調赴巴黎任二等參贊,光緒五年,再赴西班牙任二等參贊,後遍歷歐洲諸國。
自光緒七年(1881)至光緒十年(1884),任駐日本欽差大臣,期間上《敬陳
管見摺》,刊刻《古逸叢書》200 卷。光緒十三年(1887),再任出使日本欽差
大臣。在日本期間,編成《古文辭類纂》。光緒十七年(1891),任滿回國,
任四川川東兵備道員兼重慶海關監督,在任期間創設重慶洋務學堂。光緒二
十一年(1895),因成都教案去職返里,兩年後病逝於遵義沙灘故里。

第二節　黎庶昌的「經世觀念」及其思想淵源

一、黎庶昌的經世思想及其主要特徵

　　與鄭珍、莫友芝主要強調研究方法和目的之「實」不同,黎庶昌生平更
多的是強調學問的經世「效果」,力求以實務功業之「實」稱名於世。一定程
度上或者可以說,黎庶昌在追求「事功」方面的成就正是其在思想上有別於
鄭珍、莫友芝「實學」追求的最好注解。

　　《清史稿卷四百四十六·列傳》載黎庶昌「少嗜讀,從鄭珍遊,講求經
世學」,〔註 1〕《續遵義府志卷二十上·列傳一》也評價黎庶昌「少沉默寡言
而意氣邁往,不可一世。時鄭莫兩徵君以樸學著稱,庶昌諸兄與角逐其間,
以詩詞名。庶昌獨留意經世之學」,〔註 2〕羅文彬在《拙尊園叢稿跋》中也評
論黎庶昌「其言多經世,意主實用」。〔註 3〕從這幾處評論看,我們大致可以
體察出黎庶昌所留意和關注的學問與鄭珍、莫友芝的區別,黎庶昌所傾心的
是能夠「實用」並有「實效」的「經世之學」。不過只從所引的這幾處文字,
我們還是難以更加具體地察知黎庶昌思想的「經世」特點與鄭珍、莫友芝治
學中「實學」取向的具體差別。因爲傳統語境下的「經世之學」,含義本來就
比較寬泛,既可以囊括「實務」之學,也同樣可以包含沒有直接「實用」目
的的「義理」之學。〔註 4〕從這個角度看,某種程度上鄭珍、莫友芝的經學、

〔註 1〕　《清史稿卷四百四十六·列傳二百三十三》,中華書局,第 12481 頁。
〔註 2〕　楊兆麟 趙愷 楊恩元主纂:《續遵義府志卷二十上·列傳一》,遵義市紅花崗
　　　　　區地方志辦公室 2000 年影印,第 691 頁。
〔註 3〕　黎庶昌:《拙尊園叢稿跋》,載《近代中國史料叢刊第八輯》(沈雲龍主編),
　　　　　臺灣新北市文海出版社印行,1966 年,第 477 頁。
〔註 4〕　如在《試論儒學的經世傳統》一文中,馮天瑜就認爲「經世即治世」,「內聖」
　　　　　與「外王」都是「經世」的兩個走向,儘管康有爲將孔子之學分爲「義理」

史志學思想同樣可以稱爲「經世之學」。要明瞭黎庶昌所留意的「經世之學」與鄭珍、莫友芝「實學」思想的不同特點，有必要從黎庶昌所關注的「經世之學」的具體內容或層面著眼。

在黎庶昌爲友人所作的眾多序言性文章中，對「經世實務」之學大力提倡的表述並不少見，如：

> 古之君子無所謂文辭之學，所習者經世要務而已。〔註5〕

> 方是時，同幕諸賢各以經世之學相摩礪。余雅不欲以文士自期，亦遂不以此期諸僚友。〔註6〕

> 道咸諸公，窮搜荒邈，慘澹經營，其著述信足傑然不朽。而庶昌建議之私意，尤不專注重著書立説也。〔註7〕

從引文看，黎庶昌有將「經世之學」與「文辭」相對立的傾向。在《答李勉林觀察書》中，黎庶昌更進一步，對其關注的「經世之學」的涵義及自己一生的行爲進行了論述和總結：

> （吾聞之）君子之士也，將以行道驗所學而已。道足以拯天下，雖皇皇日求登進而賢哲不以爲非；學足以究天人，雖汲汲以赴功名而反躬不以自恥。無他，爲有所濟也。故曰，隱居以求其志，行義以達其道，窮則獨善其身，達則兼善天下，道如是，是亦足矣。〔註8〕

和「經世」兩翼，但馮天瑜依舊強調著重發展義理的程朱、陸王並未拋棄儒家「經世」這一基本傳統，只不過程朱、陸王是通過「『內聖』之徑達於經世目的，而非直接著力於外在事功。」見《孔子研究》，1986年第3期。此外，何祐森將「經世」分爲「學」與「治」兩部分，「學」偏重於儒家之學，「治」偏重於制度改革，「經世」的主要內容則涵蓋經學與史學（見《清代經世思潮》，《漢學研究》第十三卷第一期，1995年6月），張灝則提出「經世」的含義主要包括三個方面：「入世」的基本價值取向，「透過政治以求化人世爲一理想的社會」，用以實現治體的客觀制度規章（見《宋明以來儒家經世思想試釋》，《儒學與實學》，苗潤田主編，中華書局，2003年版，第506頁）。

〔註5〕　黎庶昌：《拙尊園叢稿卷四·庸庵文編序》，載《近代中國史料叢刊第八輯》（沈雲龍主編），臺灣新北市文海出版社印行，1966年，第256～257頁。

〔註6〕　黎庶昌：《拙尊園叢稿卷四·青萍軒遺稿序》，載《近代中國史料叢刊第八輯》（沈雲龍主編），臺灣新北市文海出版社印行，1966年，第254頁。

〔註7〕　黎庶昌：《西洋雜志·書簡與地志》，社會科學文獻出版社，2007年4月第1版，第190頁。

〔註8〕　黎庶昌：《拙尊園叢稿卷二·答李勉林觀察書》，載《近代中國史料叢刊第八輯》（沈雲龍主編），文海出版社印行，1966年，第89頁。

從表面意思看，黎庶昌對「經世之學」的理解似乎還是和一般的「獨善其身，或兼善天下」沒有什麼區別，不過這裡的關鍵點在於黎庶昌表述中對「目的」和「手段」的看法。爲使「爲學」「有所濟」，即使「皇皇日求登進」「汲汲以赴功名」也無可厚非，黎庶昌對爲學之「用」的強調明顯超過了對「手段」之「合法性」的重視。換句話說，只要能夠使學有所用，一定程度上即使「不擇手段」也無可厚非。這種理解也正好可以和黎庶昌鄉試落榜後，甘冒風險而上書言事的行爲相吻合。在「效果」凌駕於「手段」之上的前提下，儘管黎庶昌在引文中似乎將「行義以達天人之道」和「隱居以求一人之志」兩種人生態度相併列，但結合黎庶昌的生平活動，其對學之「用」並不在「獨善其身」，而在即使採用「非常方法」也要「兼善天下」的強調應該是明顯的。〔註9〕從這個層面看，黎庶昌對經世思想的理解似乎暗含幾分「功利主義」的色彩。

對諸葛亮、韓信等以「事功」顯名於世的歷史人物的傾慕，可以進一步佐證黎庶昌對「事功」，對爲學之「用」的強調：

> 孔明之伐魏也，以區區蜀漢一隅，而當曹魏三分有二之眾，夫人而知其艱危矣。彼孔明者乃獨行其志而不悔，順萬世之心以爲公，申討賊之義以爲大，其志其事雖與湯武放弒同，可也。〔註10〕

> 余嘗論公（諸葛亮）之北伐，其志則高祖定秦之志，其心則湯武放弒之心，亙古今而閒只，實聖哲之豪英。暨今遵於蜀道，越劍門，登隴首，又翔度乎籌筆之經營。蓋深知益險難侍，而乃身抗大敵，詒君父以安榮世，徒羨出師之名，美孰追溯？夫慮患之艱貞，如公之仁爲己任，死而後已，匪帷百世所心敬，鬼神亦且以震驚。」〔註11〕

黎庶昌對追求事功的歷史人物的讚歎、傾慕和對「學並有所濟」的追求

〔註9〕 如對諸葛亮的評價，朱熹在《朱子語類・卷一百三十六》中認爲「諸葛孔明天資甚美，氣象宏大，但所學不盡純正」，「病於粗疏」，「孔明出於申韓」，對照黎庶昌對諸葛亮的推崇，一定程度上可以反證出黎庶昌的思想偏向於申韓的重功業和實效的特點。

〔註10〕 黎庶昌：《拙尊園叢稿卷二・讀三國志》，載《近代中國史料叢刊第八輯》（沈雲龍主編），臺灣新北市文海出版社印行，1966年，第70頁。

〔註11〕 黎庶昌：《拙尊園叢稿卷四・弔諸葛忠武侯文》，載《近代中國史料叢刊第八輯》（沈雲龍主編），臺灣新北市文海出版社印行，1966年，第363頁。

並沒有停留在理論或思想層面，而是付諸於實際行動上，這也是重視效果的「功利主義」價值追求的應有之義。黎庶昌中年曾自述其早年經歷：

> 庶昌方十七八歲時，讀古人之書，即知慕古人之為，思以瑰偉奇特之行震爆乎一世。故年二十六而應詔上書言事，頗自傅於蘇子瞻、陳同甫一流。二十七而從軍江、皖，三十四而綰符治縣，四十而奉使出洋。今十五年於茲矣。中間自奉諱外，未嘗一日歸休於家。〔註12〕

這種對建立在行動之上的為學之「效果」的顯著強調明顯與前述鄭珍、莫友芝在經學研究和《遵義府志》中所反映出的「實學」特徵有層面上的不同。

二、黎庶昌「經世觀念」的思想淵源

（一）漢學學風

前引《清史稿》曾有黎庶昌「少嗜讀，從鄭珍遊，講求經世學」的說法，《沙灘文化志》中也有黎庶昌少從鄭珍、莫友芝學的記載，〔註13〕鄭珍、莫友芝都是漢學家，二人與黎庶昌的師生關係首先為理解黎庶昌的思想受漢學學風的影響提供了前提。

其次，雖然從黎庶昌的文集中尚未發現有明文述及其「功利主義」傾向的形成與「沙灘文化現象」中的漢學特徵有直接關聯，甚至黎庶昌本人對「考據式」的漢學治學取向還頗有微詞。《續遵義府志卷二十上·列傳一》即錄有黎庶昌對考據學的批評：「以本朝學問惟義理、考據、辭章三者，言考據在今日枝搜節解，幾無勝意可尋，篤而不已，誠不免破道害義之譏。」〔註14〕在《拙尊園叢稿卷四·弢園經學輯存序》中也有「古之學者通經將以致用，非苟為訓詁而已也」的表述。〔註15〕但黎庶昌對漢學方法並沒有完全否定。在對漢學「枝搜節解」的學風表示不滿的同時，對漢學立足於章句的「篤實」

〔註12〕黎庶昌：《拙尊園叢稿卷二·答李勉林觀察書》，載《近代中國史料叢刊第八輯》（沈雲龍主編），臺灣新北市文海出版社印行，1966年，第88頁。

〔註13〕黃萬機：《沙灘文化志》，中國文史出版社，2006年10月第1版，第33頁。

〔註14〕楊兆麟 趙愷 楊恩元主纂：《續遵義府志卷二十上·列傳一》，遵義市紅花崗區地方志辦公室2000年影印，第692頁。

〔註15〕黎庶昌：《拙尊園叢稿卷四·弢園經學輯存序》，載《近代中國史料叢刊第八輯》（沈雲龍主編），臺灣新北市文海出版社印行，1966年，第262頁。

特徵，黎庶昌則進行了肯定：

> 世儒耳食目語，不究朱子研經宗漢之旨，而概以道學附之，不
> 識康成整齊六藝之功，而反以訓詁少之，皆非博篤至論也。若子夏
> 氏之發明，則更數典而易忘矣。六經之義，坦然明白。至今日而如
> 日正中，懸諸不刊之典矣。詎知夫皆天縱此三大儒者（子夏、鄭玄、
> 朱熹）出其絕地，通天之力以纘斯文於未喪，而其學旨自章句得之，
> 夫天下學則上達，章句明而後義理生，自然之驗也。〔註16〕

立足引文，結合黎庶昌重視學問對現實的「意義」的特點，黎庶昌對漢
學的不滿，應該完全可以理解爲對漢學「支離」及「經世」效果不明顯的批
評，而非對漢學本身的否定。

最後，從治學實踐看，歷史地理方面的考證在黎庶昌的著述中佔有一定
比重。《拙尊園叢稿》中可歸入考據性的文章有《禹貢三江九江辨》、《李白至
夜郎考》、《跋趙曉峰輯犍爲文學爾雅注》。《禹貢三江九江辨》以「地望證諸
經文，先分荊揚二州疆域，荊州之疆域定，確知洞庭即爲九江。而後南江之
說不攻自廢。南江之說廢而後三江明，三江明而後諸家之論息。諸家之論息
而後禹貢、荊揚二州及導江導漢之文皆瞭如指掌，無復留疑矣」；〔註17〕《李
白至夜郎考》經過考證辨析，駁斥《四川總志》中遵義府有太白宅在夜郎的
記載，認爲唐時夜郎不在今遵義府內，但李白確曾到過夜郎；《跋趙曉峰輯犍
爲文學爾雅注》則辨析郭舍人爲犍爲文學卒史而在遵義注爾雅的事。除這數
篇文章外，更有注重西北史蹟、關塞、風物考證，並兼及民情、物產的 2 卷
專著《丁亥入都紀程》。此著也與上節論及的《遵義府志》中關於建置沿革的
考證頗多相似。儘管黎庶昌以「籌邊防」等爲目的對西北史地、風物的考證
勘察與《遵義府志》中無急切「功利」目的的古史和地理考證有所不同，但
注重考訂中依據和論證的可靠與有效則是一致的。

（二）對南宋「事功學派」的傾慕

黎庶昌對「功利主義」的偏向似乎自小就已經開始：

〔註16〕 黎庶昌：《拙尊園叢稿卷四·圖書章句三大儒遺像記》，載《近代中國史料
　　　　叢刊第八輯》（沈雲龍主編），臺灣新北市文海出版社印行，1966 年，第 68
　　　　頁。

〔註17〕 黎庶昌：《拙尊園叢稿卷四·禹貢三江九江辨》，載《近代中國史料叢刊第八
　　　　輯》（沈雲龍主編），臺灣新北市文海出版社印行，1966 年，第 245 頁。

　　（黎恂）一日與庶昌講宋史，談及東坡少時讀書以范滂自許。

恂詢之曰：『汝於古人以何自況？』庶昌未加思考，脫口而出：『陳

同甫如何？』恂喜不自禁：『大丈夫當如是也』，然後摩其頂而勉之

曰：『詩文所以經世，然有經世之志，必具經世之才，汝要多讀史。』」

〔註18〕

　　在《上穆宗毅皇帝書》及《上穆宗毅皇帝第二書》中，黎庶昌又兩次提

及陳同甫：

　　昔宋當南渡之後，君臣上下安於一隅，惡聞恢復之說。陳亮以

一書生，猶數上書，陳當世利害，欲以感悟孝宗。〔註19〕

　　效賈生之獻策，道在匡時；比陳亮之上書，志甘冒死。〔註20〕

　　此外在上文援引的黎庶昌晚年自述中，又再次提及陳同甫。被黎庶昌多

次提到的陳同甫（1143～1194 年），名陳亮，婺州永康（今浙江永康市）人，

是南宋浙東「事功學派」的代表人物。《宋史・儒林傳》載陳亮：「生而目光

有芒，爲人才氣超邁，喜談兵，議論風生，下筆數千言立就。嘗考古人用兵

成敗之跡，著《酌古論》」。〔註21〕陳亮以整頓吏治，收復北土，實現統一爲

一生志向，強調「效果」重於「手段」的「合法性」，追求「功到成處便是有

德，事到濟處便是有理」的「功利主義」價值取向。〔註22〕在科舉入仕之前，

陳亮就在乾道五年（1169）以所著《中興五論》上奏宋孝宗，後來又於淳熙五

年（1178 年）向宋孝宗連上三書。至淳熙十五年（1188 年）止，陳亮前後共

五次上書。

　　從黎庶昌自小便傾慕陳亮，再結合其與陳亮類似的「上書」舉動，我們

應該可以認爲黎庶昌崇奉「功利主義」的價值取向有受南宋「事功學派」思

想影響的因素存在。

〔註18〕　陳福桐：《南宋陳同甫對黎庶昌的影響》，《貴州文史叢刊》，1993 年第 6 期。

〔註19〕　黎庶昌：《拙尊園叢稿卷一・上穆宗毅皇帝書》，載《近代中國史料叢刊第八

輯》（沈雲龍主編），臺灣新北市文海出版社印行，1966 年，第 37 頁。

〔註20〕　黎庶昌：《黎庶昌〈上穆宗皇帝第二書〉・黎庶昌辭官書》，《貴州文史叢刊》，

1992 年第 3 期。

〔註21〕　《宋史・列傳第一百九十五・儒林六》。

〔註22〕　關於陳亮的生平及思想，可參見《浙東事功派代表人物陳亮的思想與朱陳「王

霸義利之辨」》（漆俠，《河北大學學報（哲學社會科學版）》，2001 年第 3 期）

及《論中國實學範疇內涵的歷史演變》（羅熾，《湖北大學學報（哲學社會科

學版）》，1996 年第 4 期）等文。

（三）曾國藩與黎庶昌的交往及二者「經世」思想的內在一致性

同治元年（1862）黎庶昌上書言事獲得知縣職銜被派發曾國藩大營，自此黎庶昌進入曾國藩幕府，以弟子身份「追隨往復十年」。〔註23〕也大致從這一時期起，黎庶昌開始了與湖湘官僚和知識分子密切交往的歷程。近代學者錢基博教授在《近百年湖南學風》中總結近代湖南學人時認為「其人有文人、學者、循吏、良相、名將，不一其人，而同歸於好學深思；其事涉教育、政治、軍謀、外交、歐化，不一其術，而莫非以輔世長民」，〔註24〕楊念群教授也曾提出「湘人問學相關於『治道』、『政統』，還表現在其思想與基層社區的世俗經驗與意識結合的相當緊密」，「湘學儒師一致認為一般儒生不屑於接受的學問如農學、兵學、醫學等課目，其有裨於治道實非一般時文可比」，〔註25〕說法雖然有異，但所強調的大致都是湘人問學行事多以世俗事務為著眼點，注重經邦濟民。自小就對為學的「效果」和「功利意義」有所偏重的黎庶昌投入到「湘學」陣營之中，儘管不能說其經世思想，尤其是早期的經世觀念淵源於湘學「務實」的學術風氣，但在黎庶昌為學重「實效」的特點和湘學風氣大體一致的情況下，湘學知識分子與黎庶昌的密切交往會強化黎庶昌「功利主義」的價值追求應該是存在的。考慮到曾國藩與黎庶昌的師徒關係及前者在湘學陣營中的地位，以下就從黎庶昌與曾國藩的交往及二者思想的一致性入手，以圖對黎庶昌與湘學的淵源關係能有所闡發。

1. 黎庶昌與曾國藩的密切交往

從各種文字記錄來看，黎庶昌與曾國藩相處得比較融洽，感情可以算篤厚。如曾國藩在同治四年（1865）八月十八日日記中寫道：「旋與黎蓴齋久談，教以作文之法，兼令細看稟批」〔註26〕，同治七年（1868）九月初二日，曾國藩在進呈的《黎庶昌請留江蘇候補片》中說：「臣查黎庶昌自到營以來，先後六年，未嘗去臣左右。北征以後，追隨臣幕，與之朝夕晤對，察看該員篤

〔註23〕黎庶昌：《拙尊園叢稿卷四·弔曾文正公文》，載《近代中國史料叢刊第八輯》（沈雲龍主編），臺灣新北市文海出版社印行，1966 年，第 361 頁。

〔註24〕錢基博著 傅道彬校：《近百年湖南學風》，中國人民大學出版社，2004 年 9 月第 1 版，第 112 頁。

〔註25〕楊念群：《儒學地域化的近代形態——三大知識群體互動的比較研究》，生活·讀書·新知三聯書店，2011 年 9 月第 1 版，第 229 頁。

〔註26〕《曾國藩全集·日記（二）》，嶽麓書社，1988 年，第 1193 頁。

學耐勞，內懷抗希先哲補救時艱之志，而外甚樸訥，不事矜飾。」〔註27〕

在黎庶昌的文章中提及曾國藩之處更多：

> 至湘鄉曾文正公出，擴姚氏而大之，並功德言爲一途。挈攬眾長，鞭歸掩方，跨越百氏。將遂使兩漢而還之三代，使司馬遷、班固、韓愈、歐陽修之文絕而復續，豈非所謂豪傑之士，大雅不群者哉！〔註28〕

> 光緒中吏民思公功德不已，門下士黎庶昌迺追羹股肱之誼，即公圖像而頌之曰毅勇堂，堂虯髯飄揚，屬任大重。……夫舉兵犯難，折而不撓，是其勇也；撥亂反正，弔元元之命，是其仁也；……嗚呼，可謂臣道之粹精，希世之人傑已。〔註29〕

> 公之在翰林，即病世儒舍本騖末，以寡要乏實取識，恒用自怵，而反求之修己治人之原以庶幾乎？孔顏坐言起行之旨，其規模意量，固已宏遠矣。及後在軍，又爲聖哲畫像記具論學問宗主得失之宜，明儒術之足以經緯萬端，稽諸室而從，播諸市而行，持意甚備。……庶昌等從公久，雖遠在數千里外，獨可無一言以壽？〔註30〕

除對曾國藩的敬慕、讚賞外，也可以看出黎庶昌與曾氏交往、相處的密切與融洽。對二人交往情況和相互感情最爲集中的敘述莫過於黎庶昌在《祭曾文正公文》中的描述：

> 始吾讀書識字，嘗欲抗志夫先哲而如幽乏燭，無以辨於學術之歧。自遇公而始有師，以爲世不復見。……自余之從公軍，時方屯寨，追隨往復遂已十年，及茲分則僚屬，而其飲食教誨不厭不倦於我者，視猶如子。竊比回路之於仲尼。吾之設心制事，孤行寡合，恒若與人異趣。微（唯）公則孰諒余之不欺。雖有時懷抱孤憤，鬱

〔註27〕《曾國藩全集・奏稿（十）》，嶽麓書社，1993 年，第 6105 頁。

〔註28〕黎庶昌：《拙尊園叢稿卷二・續古文辭類纂敘》，載《近代中國史料叢刊第八輯》（沈雲龍主編），臺灣新北市文海出版社印行，1966 年，第 79～80 頁。

〔註29〕黎庶昌：《拙尊園叢稿卷三・曾太傅毅勇侯別傳》，載《近代中國史料叢刊第八輯》（沈雲龍主編），臺灣新北市文海出版社印行，1966 年，第 229～230頁。

〔註30〕黎庶昌：《拙尊園叢稿卷四・湘鄉師相曾公六十壽序》，載《近代中國史料叢刊第八輯》（沈雲龍主編），臺灣新北市文海出版社印行，1966 年，第 281～283 頁。

> 不自得，公匪直恕我，且益慰勉我曰「以待事會之可爲。」公之文
> 章，舉世宗仰久矣，乃獨以百年至託。此又惟公之命而非予小子之
> 所能知。嗚呼！公今往矣，伯樂逝而騏驥不鳴，鍾期亡而伯牙弦絕。
> 〔註31〕

在黎庶昌「傾國藩之爲人與文藝，得師事之」，〔註32〕相互交往近十年，而且相處如此融洽的情況下，曾國藩對黎庶昌的思想產生影響也就是完全可能的了。黎庶昌在《答趙仲瑩書》中也說「曾文正公則兼及班氏，謂其經世之典，六藝旨，文字之源，幽明之情狀粲然大備，是豈逐世俗爲毀譽哉。故僕近者妄有《古文辭類纂》之續，於《史》、《漢》所選獨多，欲以踵姚氏義法」，〔註33〕羅文彬在《拙尊園叢稿跋》中說得更明確「（黎庶昌）雖大旨遠祖桐城，近宗湘鄉，而不規規一格」。〔註34〕黎庶昌師法「湘鄉」的傾向大概是難以否認的。

2. 黎庶昌與曾國藩在思想上的一致性

關於曾國藩對黎庶昌的影響，尤其是從文學、洋務思想等角度考察，已有學者作過較爲系統的論述，〔註35〕本文不擬重複，這裡主要從治學及儒家修身和經世觀念的角度，對曾國藩與黎庶昌思想之間的一致性做相應補充。概括而言，黎庶昌治學和經世觀念與曾國藩理學經世思想的一致性主要表現在以下兩個方面。

一是黎庶昌與曾國藩都明顯受到桐城文法的影響，對桐城古文「文以載道」思想的承襲和踐履方面有較多的共同點。

桐城「三祖」之一的姚鼐對「文」與「道」的關係大致採取兩者並重的

〔註31〕 黎庶昌：《拙尊園叢稿卷四・祭曾文正公文》，載《近代中國史料叢刊第八輯》
　　　　（沈雲龍主編），臺灣新北市文海出版社印行，1966 年，第 361～362 頁。
〔註32〕 楊兆麟 趙愷 楊恩元主纂：《續遵義府志卷二十上・列傳一》，遵義市紅花崗
　　　　區地方志辦公室 2000 年影印，第 691 頁。
〔註33〕 黎庶昌：《拙尊園叢稿卷二・答趙仲瑩書》，載《近代中國史料叢刊第八輯》（沈
　　　　雲龍主編），臺灣新北市文海出版社印行，1966 年，第 86～87 頁。
〔註34〕 黎庶昌：《拙尊園叢稿跋》，載《近代中國史料叢刊第八輯》（沈雲龍主編），
　　　　臺灣新北市文海出版社印行，1966 年，第 477 頁。
〔註35〕 參見《論黎庶昌對曾國藩洋務觀的繼承和發展》（成曉軍，《貴州社會科學》，
　　　　1994 年第 2 期【總第 128 期】），《試論黎庶昌對曾國藩文學觀的繼承和發展》
　　　　（成曉軍，《湖湘論壇》，1993 年第 6 期），《曾國藩與曾門四弟子關係之論析》
　　　　（翔雲，《太原師範學院學報・社會科學版》，2008 年 9 月第 5 期）等。

立場。姚鼐對「文」、「道」關係的看法集中反映在他關於「道」與「藝」、「道」與「技」關係的論述中：

> 天文者，藝也。道與藝合，天與人一，則為文之至。……文之
> 至者，則有道矣。〔註36〕

> 夫詩之至善者，文與質備，道與藝合。心手之運，貫徹萬物而
> 盡得乎人心之所欲出。〔註37〕

> 詩文皆技也，技之精者必近道。〔註38〕

曾國藩在「文」、「道」關係上基本繼承了姚鼐的觀點，如曾氏也主張「文以載道」，追求「文」與「道」的統一。在《致劉孟容》中，曾國藩自述其受桐城派姚鼐影響的同時，闡明了其注重「文」與「道」相統一的觀點：

> 聞此間有工為古文詩者，就而審之，乃桐城姚郎中鼐之緒論，
> 其言誠有可取。……然後知古之知道者，未有不明於文字者也。能
> 文而不能知道者，或有矣；焉有知道而不明文者乎？〔註39〕

黎庶昌關於「文」、「道」關係的觀點散見於《拙尊園叢稿》各篇「文鈔」、「書序」中。在《答趙仲瑩書》中，黎庶昌在批評考據學「支離破碎」時，明確表示：「因文見道之說，僕尤篤信不惑。何也，蓋文以載道，周子固嘗言之也。」〔註40〕在《題梅所文鈔》中，黎庶昌感歎「方今異邦（日本）上下，尊卑同權之說盛行。此邦也雖未有秦皇焚書之事，而道已焚矣」之後認為：

> 嗟乎！周孔之道，其在天地如大海之浸潤萬物而無微不澈，無
> 一時或息也。豈惟道無息時，即區區文字為道之寄跡，亦且歷久而
> 彌新，異邦人不能知也。當周末時，游說行天下，驚於合縱連橫。
> 而屈原乃於是時作離騷，以香草美人委宛之辭，擴寫其忠愛無聊之
> 意，今乃與日月爭光。杜子美遭天寶亂離，顛沛於兵戈擾攘之中，

〔註36〕【清】姚鼐著：《惜抱軒全集・文集卷四・敦拙堂詩集序》，國學整理社，中華民國二十五年十二月初版，第36頁。

〔註37〕【清】姚鼐著：《惜抱軒全集・文集卷四・荷塘詩集序》，國學整理社，中華民國二十五年十二月初版，第38頁。

〔註38〕【清】姚鼐著：《惜抱軒全集・文集卷六・答翁學士書》，國學整理社，中華民國二十五年十二月初版，第64頁。

〔註39〕《曾文正公全集・書札卷一・致劉孟容》，吉林人民出版社，1995年10月第1版，第1859～1861頁。

〔註40〕黎庶昌：《拙尊園叢稿卷二・答趙仲瑩書》，載《近代中國史料叢刊第八輯》（沈雲龍主編），臺灣新北市文海出版社印行，1966年，第86頁。

而社稷軍民一飯不忘，其詩百世稱聖。夫此二者，所謂文辭之末猶然不可廢如是，況於周孔之道乎？士患不自立已耳，若其有志於道，即盡心文字之間，亦何不可輔世翼教。〔註41〕

在《養浩堂詩集後序》中，黎庶昌同樣暗示了「以文承道」的主張：

推栗香之志與事，以充類至盡，將由語言文字之微以進於捐故蹈道之美。禮云禮云，玉帛云乎哉！此使者之所有事也。〔註42〕

黎庶昌在對「文字爲道之寄」，「盡心於文字之間」也可以識「道」的看法與曾國藩在《致劉孟容》中所認爲的「故文字者，所以代口而傳之千百世者也。……而道之散列於萬事萬物者，亦略盡於文字中矣。……吾儒所賴以學聖賢者，亦藉此文字，以考古賢之行，以究其用心之所在」，〔註43〕及「今世雕蟲小夫，……又謂讀聖賢書，當明其道，不當究其文字，……不亦誣乎」等說法基本如出一轍，〔註44〕只不過黎庶昌所論較爲簡練而已。

二是黎庶昌與曾國藩均注重對儒家「修齊治平」的「內聖外王」之道的秉持和恪守。

曾國藩主張「古之君子之所以盡其心、養其性者，不可得而見；其修身、齊家、治國、平天下，則一秉乎禮。自內焉者言之，捨禮無所謂道德；自外焉者言之，捨禮無所謂政事」，〔註45〕同時認爲「古之學者無所謂經世之術也，學禮焉而已」，〔註46〕通過抬升「禮」的位置，「視『禮』上承理學的『義理』，下通過具體的規範網羅天下萬事萬物」，〔註47〕實際上曾國藩是將「禮」視爲

〔註41〕 黎庶昌：《拙尊園叢稿卷五・題梅所文鈔》，載《近代中國史料叢刊第八輯》（沈雲龍主編），臺灣新北市文海出版社印行，1966年，第400～401頁。

〔註42〕 黎庶昌：《拙尊園叢稿卷六・養浩堂詩集後序》，載《近代中國史料叢刊第八輯》（沈雲龍主編），臺灣新北市文海出版社印行，1966年，第454～455頁。另，栗香全名宮島栗香，日本東京文士。

〔註43〕 《曾文正公全集・書札卷一・致劉孟容》，吉林人民出版社，1995年10月第1版，第1859頁。

〔註44〕 《曾文正公全集・書札卷一・致劉孟容》，吉林人民出版社，1995年10月第1版，第1861頁。

〔註45〕 《曾文正公全集・雜著卷二・禮》，吉林人民出版社，1995年10月第1版，第1753頁。

〔註46〕 《曾文正公全集・文集卷三・孫芝房侍講芻論序》，吉林人民出版社，1995年10月第1版，第1598頁。

〔註47〕 馮天瑜 黃長義：《晚清經世實學》，上海社會科學院出版社，2002年12月第1版，第322頁。

溝通「修齊」與「治平」、「內聖」與「外王」的橋樑。在這種「禮治」思想的指引下，曾國藩從日常生活著眼，恪守「修齊治平」的「內聖外王」之路，且由於對「禮」的著重強調，曾國藩的「自修」之路幾近教徒式的嚴苛。

雖然從文獻記錄看，黎庶昌似乎沒有像曾國藩那樣重視「禮」，強調「禮」即是「理」，〔註48〕但對「修齊治平」的認同，則與曾國藩大致無二。

在《庸庵文編序》中，黎庶昌首先對曾國藩秉持「修齊治平」之道深表欽服：

> 道光末年，風氣薾然頹放極矣，湘鄉曾文正公始起而正之。以躬行為天下先，以講求有用之學為僚友勸。士從而與之遊，稍稍得聞往聖昔賢修己治人平天下之大旨。〔註49〕

在《禹門寺置佛藏記》中，黎庶昌對自己堅持「修齊治平」的願望和決心進行了清晰地說明：

> 君子之持身也，不敢造次涉於虛無之境。居常狠狠，以忠信誠愨為本，以戒欺求慊為功，以存不忍人之心為用；博約乎文，禮之塗（途），潛息乎仁，義之府；無歧其趨，無墮其行，明德而新民，開物而成務，由家之國，推己及人，其始無過。〔註50〕

如果說對「修齊治平」、「內聖外王」的秉持可以視為是大多數中國傳統知識分子的共同追求，黎庶昌與曾國藩在此點上的一致並不能具體反映二者思想上的聯繫的話，那麼黎庶昌在「盡性知命」問題上的看法則與曾國藩有了更多的「特殊」關聯。

關於對「盡性知命」的理解，曾國藩在記錄其閱讀王夫之的《張子正蒙

〔註48〕 黎庶昌對「禮」的看法，目前所見只在《拙尊園叢稿卷四·讀儀禮》中有涉及。但黎庶昌也只是就「周禮」、「儀禮」等發表看法，如認為：「（《儀禮》十七篇）世儒頗推周公所為，斯固不必然，而要為輔政致太平之書，無疑蓋《周禮》者，……而《儀禮》乃通禮也，讀其書，醇懿典則，制度完備，與謨誥同風，使人即欲進退揖讓，鼓舞而不自知。」不過黎庶昌在其中對「儀禮」作用的表述，倒似可以視為是對曾國藩「以禮自治」的簡短說明，再結合黎庶昌在《曾文正公年譜·卷一》（道光二十八年）中說曾國藩「嘗謂古人無所云經濟之學，治世之術一衷於禮而已」，則似乎也可以認為黎庶昌在對「禮」的看法上有受曾國藩影響的痕跡。

〔註49〕 黎庶昌：《拙尊園叢稿卷四·庸庵文編序》，載《近代中國史料叢刊第八輯》（沈雲龍主編），臺灣新北市文海出版社印行，1966年，第257頁。

〔註50〕 黎庶昌：《拙尊園叢稿卷二·禹門寺置佛藏記》，載《近代中國史料叢刊第八輯》（沈雲龍主編），臺灣新北市文海出版社印行，1966年，第191頁。

注》的體會時說：

> 閣王而農所注張子《正蒙》，於盡性知命之旨，略有所會。蓋盡
> 其所可知者，於己，性也；聽其不可知者，於天，命也。……農夫
> 之服田力穡，勤者有秋，惰者歉收，性也；爲稼湯世，終歸燋爛，
> 命也。愛人、治人、禮人，性也；愛之而不親，治之而不治，禮之
> 而不答，命也。聖人之不可及處，在盡性以至於命。……若於性分
> 當盡之事，百倍其功以赴之，而俟命之學，則以淡如泊如爲宗，庶
> 幾其近道乎。〔註51〕

曾國藩對王夫之在《張子正蒙注》中「盡性知命」的發揮，可以簡單概
括爲對於盡人事而可爲者，則竭盡全力，對於天命不可爲者，則淡泊自守。
可以說曾國藩用一生的經歷對其所理解的「進」與「退」進行了很好的注解。
身爲曾國藩弟子的黎庶昌無論是就黎庶昌其「言」，還是依據其「行」，注重
立身、處事中的「盡性知命」、講求「進」與「退」的統一，同樣是明顯的。

在《答李勉林觀察書》中，黎庶昌認爲：

> 隱居以求其志，行義以達其道。……而或邂近不如志，雖聖賢
> 不能達。……用之則行，舍之則藏。不知命，無以爲君子。誠知命
> 之繫於天，而一不由乎己。得其時則行，爲禹皋，爲伊呂可也；不
> 得其時則藏，爲孔顏，爲孟荀可也。……然名世如諸葛孔明、司馬
> 君實……曾文正公諸賢庶幾乎此詣此旨，夫豈以進退得失爲有餘不
> 足哉。庶昌讀書雖陋，傾歲以來頗以聖賢知命之學默自體勘。若有
> 所契於心，故於得喪一途，不甚措念。〔註52〕

將黎庶昌與曾國藩的兩則「心得」相比較，曾氏的解釋更具有心得式的
體悟意味，而黎庶昌的發揮，更像是對其志向的說明，但在旨意上，兩者並
沒有多少差別。

不過需要指出的是，儘管黎庶昌與曾國藩在「盡性知命」上具有整體的
一致性，但也不能認爲二者對「盡性知命」的理解和奉行完全一致，沒有任
何細微的差別。比如相較而言，在「盡性」與「知命」的關係上，曾國藩似

〔註51〕 轉引自葛榮晉主編：《中國實學思想史》（下卷）「第三十八章 近代洋務派的
經世觀念」，首都師範大學出版社，1994 年 9 月第 1 版，第 213 頁。

〔註52〕 黎庶昌：《拙尊園叢稿卷二·答李勉林觀察書》，載《近代中國史料叢刊第八
輯》（沈雲龍主編），臺灣新北市文海出版社印行，1966 年，第 89～90 頁。

乎比較注重二者的統一，而黎庶昌在「盡性」與「知命」中則似乎稍偏重於前者，即尋求「盡性」而爲。

在前引《讀三國志》及《弔諸葛忠武侯文》中，黎庶昌稱讚諸葛亮「獨行其志而不悔，順萬世之心以爲公，申討賊之義以爲大」，認爲雖然事有成有未成，但「湯武之難易不可與孔明同日而語」，堅持「孔明帝蜀之精神亦不能曲傳諸千載後，皜如陽暴耳。」〔註53〕如果從結果得失來看，諸葛亮有「盡性」，但不顧「天命」的傾向，黎庶昌對諸葛亮精神的欽服可以反映其對「盡性」一面的偏向和高揚。

在《何忠誠公編年紀略書後》中論及明朝覆亡時，黎庶昌感歎明朝用人之失時也總結說「廢興之際，雖曰天命，亦豈非人事措注有善不善哉，」〔註54〕同樣有強調「人事」，即「盡性」的一面。

或許正是黎庶昌有強調「盡性」、注重「進取」的一面，才會有如前引曾國藩對他的勉慰：「有時懷抱孤憤，鬱不自得，公匪直恕我，且益慰勉我曰「以待事會之可爲。」曾國藩對黎庶昌的這種勸慰可以視爲是對黎庶昌「盡性」有餘，但「知命」不足而產生的孤憤不平之氣的撫慰。

當然儘管黎庶昌與曾國藩在「盡性」和「知命」的關係理解上有細微差別，但從整體上看，二人的一致性仍然是主要的。

第三節　「盡性有爲」——黎庶昌的經世思想及其演變

黎庶昌的經世思想歷來是研究者關注的重點，尤其是黎庶昌的外交思想更是眾多學者討論的熱點問題。爲更好揭示黎庶昌經世思想的特點，本文不準備針對黎庶昌洋務思想、外交觀念、教育理念及其實踐等內容進行簡單的「單點」復述，而是力圖將黎庶昌經世思想的具體分析置於以曾國藩、李鴻章等人發起的洋務運動的時代背景之下；另一方面，也是更爲重要的，本文力求從縱向上考察黎庶昌經世思想的演進變化，並期待能從中揭示出黎庶昌思想演變的內在特徵。

〔註53〕黎庶昌：《拙尊園叢稿卷二·讀三國志》，載《近代中國史料叢刊第八輯》（沈雲龍主編），臺灣新北市文海出版社印行，1966年，第70頁。

〔註54〕黎庶昌：《拙尊園叢稿卷二·何忠誠公編年紀略書後》，載《近代中國史料叢刊第八輯》（沈雲龍主編），臺灣新北市文海出版社印行，1966年，第72頁。

一、黎庶昌早期的經世觀念——「保守」與「革新」的交織

同治元年（1862），因異常天象及自然災害頻繁出現，清廷下詔求言，因鄉試落第、寄居京師而無法南歸的黎庶昌向皇帝呈奏《上穆宗毅皇帝書》和《上穆宗毅皇帝第二書》直陳時弊，得到清廷「恩擢」委用，從此開始了實現其「事功」抱負的仕宦生涯。兩份奏書不僅改變了黎庶昌的人生命運，而且由於在赴京鄉試和上書之前黎庶昌足跡未出黔地，與湖湘等知識精英也還沒有建立交往關係，因此兩份奏書可以說是黎庶昌在與湖湘士人結識及出使外國之前經世觀念的集中體現。立足於這兩篇上書，應該能夠窺見黎庶昌早期經世觀念的具體內容和特點。

《上穆宗毅皇帝書》和《上穆宗毅皇帝第二書》（以下簡稱「第一書」和「第二書」），共萬餘字。「第一書」概論清朝政治的弊端，即「天下」的「十二危」和京師的「十危」，其中對言路不暢、開捐納官、任官選才的弊病有較詳細的敘述。但總體來看，「第一書」只能算是對朝政弊病的「泛論」，以及對人才選拔、官員任免等人才制度的重要性的闡述，除對言路不暢、開捐納官、科舉取士的弊端著墨較多外，其他危機基本沒有展開論述，就應對措施而言，除舉才和科舉外，其他更是基本沒有提及。也正是因此，才會有在「第一書」上呈之後隨之而來的「將應陳事件條分縷析，詳細具呈」的「上諭」及續呈的「第二書」。與「第一書」相比，「第二書」主題十分明確和集中，即針對「第一書」中提及的弊端提出具體的應對措施。概括來說，「第二書」提出的具體應對措施包括人才選拔、官吏任命與管理、廣開言路、貨幣改革措施、整頓武備、限制八旗特權、排斥西洋「奇技」幾個方面。

（一）恢復「選舉」、排斥西洋「器技」的「保守」觀念

黎庶昌在「第一書」，尤其是「第二書」中提出了有關人才選拔、改革科舉制度等方面的主張，並對進入中國的西方「奇技」表明了自己的立場。

關於人才選拔，黎庶昌「第二書」分兩個方面進行說明，即「選舉」與科舉。在「選舉」部分，黎庶昌首先肯定選舉求賢「爲今日第一義」。在具體辦法上，黎庶昌主張：

> 應請將司馬光十科用人之目，頒之天下。倣漢舉賢良文學例，
> 飭京外大吏，四品以上各舉所知，每歲依科省舉數人，不限以數，
> 亦不得逾十人以上，務求愼重。無論山林隱逸、布衣縉紳、末僚下

位，皆得被舉。〔註55〕

在「第一書」中，黎庶昌已經提及「選舉」人才應「準漢代求賢之意，參之以司馬光十科之議。責諸臣以求賢，歲訪其才之所宜，書而進之，不時拔用」，〔註56〕明確主張恢復舊時的「察舉」制度，只不過所論沒有「第二書」詳細而已。

對於科舉取士積弊的消除，黎庶昌則主張罷去空疏無謂的「八比小楷」，建議科舉考試分爲三場十一科。第一場以經義爲主，凡四科，第二場以子史論爲主，凡五科，第三場則「時、務、策三道爲一科，詩一首爲一科」，「三場並用無軒輊，會試亦然。」〔註57〕

清代科舉制度，以鄉試爲例，共分爲三場，第一場試《四書》義理三篇，試貼詩一首；第二場試《五經》經義五篇；第三場試策問五道（經史或地方掌故）。三場中專重第一場，尤其以「八股文」形式對《四書》義理進行的考察最爲重要。〔註58〕

相比較之下，雖然黎庶昌主張罷去「八比小楷」，但第一場考試依然以經義爲主，較大的變化也只是在考試內容中加入了「子學」而已。而就「選舉」辦法來看，黎庶昌力圖通過恢復、增減漢代察舉法、司馬光「十科」選舉法來彌補科舉取士的不足，如果僅從內容本身而言，「革新」的色調似乎也並不鮮明。相比較而言，黎庶昌的主張倒更類似於嘉道時期經世思潮的重要人物包世臣、龔自珍等人的看法。如龔自珍在改革科舉取士制度時也主張模仿漢代的「諷書射策」以選拔人才，包世臣在對科舉考試內容的調整建議中也主張除「四書五經」外增加「史事疑義與時務有比附者」及《通鑑》、《通典》等事關治亂興衰和制度典章方面的內容。〔註59〕

〔註55〕黎庶昌：《拙尊園叢稿卷一‧上穆宗毅皇帝第二書》，載《近代中國史料叢刊第八輯》（沈雲龍主編），臺灣新北市文海出版社印行，1966年，第39頁。

〔註56〕黎庶昌：《拙尊園叢稿卷一‧上穆宗毅皇帝書》，載《近代中國史料叢刊第八輯》（沈雲龍主編），臺灣新北市文海出版社印行，1966年，第23頁。

〔註57〕黎庶昌：《拙尊園叢稿卷一‧上穆宗毅皇帝第二書》，載《近代中國史料叢刊第八輯》（沈雲龍主編），臺灣新北市文海出版社印行，1966年，第42頁。

〔註58〕關於清代科舉考試場次、內容等，各家所論稍有出入，此處主要參考陳天倪的《清代科舉制度》（《史學集刊》，1989年第1期）及李琳琦的《清代的科舉制度探析》，《社會科學家》，1993年第3期。

〔註59〕見《晚清思想史》（鄭大華著，湖南師範大學出版社，2005年11月第1版），第34、35頁。

　　總起來看，黎庶昌在人才選拔和科舉制度的革新上，仍然以傳統典籍爲借鑒資源，對 19 世紀 60 年代國內的「西學」，以及逐漸揭開序幕的關注西方、學習西方技術的新潮流還缺乏相應的關注和瞭解。這一點還可以從黎庶昌對待西洋事物的態度方面得到直接說明。與李鴻章、左宗棠等洋務派人物代表的新潮流不同，黎庶昌對西方事物堅持排斥的立場。比如對進入中國的「洋藥」：

　　　　外夷洋藥之禁甚嚴，中國反開此禁。陛下既冒不韙之名，徵收
　　其稅，應請將此項稅例重爲加增。稅增則價必昂，平民之吸食者，
　　當不禁而自止，亦足以稍遏頹流。〔註60〕

　　黎庶昌主張通過增加稅收來阻止西洋藥物在中國的流行。不僅如此，爲了從整體上限制進入中國的西方「奇技」所產生的影響，黎庶昌主張實行「服色等級制」：

　　　　外夷以奇技淫巧炫惑中國人士，人士向風。今請將中國服色，
　　仿古五等之制，定爲品級，使公卿、大夫、士民，到目可辨。則人
　　有限制，華靡自抑。並洋貨使用，亦定爲品級，使與中國限制同。
　　至中國從教之人，應取先生屏之遠方、終身不齒之義，令其照僧道
　　喇嘛等類例，即服夷服，以示區別。……區別既明，並應試亦嚴爲
　　禁止。〔註61〕

　　實行「服色等級制」其實就是要區別「華服」和「夷服」。「夷夏有別」、「華尊夷卑」的觀念在傳統中國源遠流長，即使是在鴉片戰爭的衝擊之下，儘管少數士大夫思想中的這種「夷夏」觀念有所鬆動，但對大部分官僚和知識分子而言，依然是根深蒂固的。尚未眞正接觸和瞭解西學的黎庶昌也沒有例外。在黎庶昌的兩篇「上書」中，「天朝至尊」、「華尊夷卑」的觀念非常明顯，如在「第一書」中，黎庶昌對儒家政教倫理的信心及「天朝至尊」的樂觀信念表述得非常直接：

　　　　夫中國者，天命人心之所依歸也，衣冠禮樂之所萃聚也，百代
　　聖君賢臣之所維持以至於今日者也。自周之衰，嬴秦恣興，殘虐生
　　民，爲中國一大變；五胡雲擾，冠履塗炭，爲中國二大變；五季之

〔註60〕黎庶昌：《拙尊園叢稿卷一・上穆宗毅皇帝第二書》，載《近代中國史料叢刊
　　　　第八輯》（沈雲龍主編），臺灣新北市文海出版社印行，1966 年，第 55 頁。
〔註61〕黎庶昌：《拙尊園叢稿卷一・上穆宗毅皇帝第二書》，載《近代中國史料叢刊
　　　　第八輯》（沈雲龍主編），臺灣新北市文海出版社印行，1966 年，第 54 頁。

際，紛爭戰伐五十餘年，暗無天日，爲中國三大變；金元禍宋，古所未有，爲中國四大變。四變之中，益以三大害。楊墨之無君父，一大害也；黃老之清淨無爲，二大害也；佛氏之虛無因果，中於人心，牢固而不可破，三大害也。中國經此四變三害，而天地之正氣幾乎息，先王之禮樂法度掃地盡矣。……堂堂中國，坐令數千魑魅魍魎橫行而無毫髮之忌憚，……此天地神明之所震怒，忠臣烈士所痛心疾首，憤不願與俱生者也。〔註62〕

引文中雖然有對「英法諸夷」侵略的敘述，但這只是對「天朝」沒有「降服」「四夷」的憤慨，而不是對「天朝」信念的質疑。正是在這種憤慨以及「天朝獨尊」、「夷夏有別」觀念的支配下，黎庶昌對西方事物才表現出堅決的拒斥態度。

黎庶昌上書的 19 世紀 60 年代，且不說以「師夷長技」爲手段，以「自強」、「求富」爲目的的洋務實踐已漸漸拉開帷幕，即使退回到二十年前，在鴉片戰爭前後，無論是林則徐的「師敵長技以制敵」、包世臣的「以夷狄攻夷狄之策」，還是魏源的「師夷長技以制夷」，〔註63〕儘管都還只是在「中體西用」模式下立論，但畢竟與士人中一味排斥西學，堅持固有的「華尊夷卑」觀念已有明顯不同。從這一時代背景出發，綜合黎庶昌在上述人才選拔、科舉制度的革新和對待西方事物的態度上的看法，黎庶昌的思想主張中具有一定的「保守」色調應該是比較明顯的。如果說黎庶昌在還沒有與湖湘「經世」群體及洋務派政治、知識精英建立聯繫以及出使西洋的現實情景下，對人才選拔、科舉改革上的看法還顯得可以理解的話，那麼在對待西方「器技」上，黎庶昌嚴格等級、明示「服色」差別的主張則又遠遠地退了一步。難怪陝西道監察御史呂序程在看過黎庶昌的上書及上論批覆後會反對朝廷「加恩擢用」黎庶昌，理由除了擔心「此風一開，天下紛紛進言，意圖嘗試，亦易開倖進之漸」外，也認爲黎庶昌所陳各條「率多摭拾史書，議更定制，似未免生今反古之弊。」〔註64〕

〔註62〕黎庶昌：《拙尊園叢稿卷一‧上穆宗毅皇帝書》，載《近代中國史料叢刊第八輯》（沈雲龍主編），臺灣新北市文海出版社印行，1966 年，第23～25 頁。

〔註63〕參見《晚清思想史》「第一章 應對危機的經世思考」（鄭大華著，湖南師範大學出版社，2005 年 11 月第 1 版）。

〔註64〕黎庶昌：《黎庶昌〈上穆宗皇帝第二書〉‧黎庶昌辭官書》，《貴州文史叢刊》，1992 年第 3 期。

（二）舉「絕學」、「興紙幣」、除「八旗」特權的革新主張

從人才選拔到對待西方事物的看法，黎庶昌應對時弊的建議無法與洋務運動的潮流相匯合，但卻並不代表黎庶昌早期的經世思想中毫無新穎的見解。在「上穆宗皇帝」的兩篇奏疏中，黎庶昌順應以洋務運動爲集中體現的向西方學習潮流的主張同樣不難發現，而且甚至可以說，這類看法在黎庶昌早期經世思想中還不是次要的。

1. 將「絕學」納入科舉考試

在科舉取士方面，雖然黎庶昌在整體上並沒有提出富有革新性的制度改革措施，但在考試內容中黎庶昌主張將「絕學」納入考試範圍則顯得比較新穎：

> 絕學，如曆算、樂律、測望、占候、火器、水利之屬，各設爲科，以附於鄉試後。不定額，有應者試之。果有發明，與舉人、進士一例進取，不能則罷，無則缺。〔註65〕

雖然只是附於鄉試後，但可與「舉人、進士一例進取」，黎庶昌對「絕學」的態度與洋務運動代表人物的主張已經沒有多少區別。因爲李鴻章在同治三年（1864）向總理衙門的建議中表達了大致相同的意思：

> 欲覓製器之器，與製器之人，則或專設一科取士。士終身懸以爲富貴功名之鵠，則業可成，藝可精，而才亦可集。〔註66〕

同治六年（1867），李鴻章又代呈丁日昌條款，主張將文場科舉分爲八科，其中第七科爲「考算數格致，以觀其通，問機器製作，以盡其能」，沈葆楨也奏請設立算學科，以「廢無用之武科以勵必需之算學」。〔註67〕對「絕學」的全新態度可以說是洋務派代表人物改革主張的重要組成。儘管對將「絕學」納入科舉的建議，黎庶昌的看法還顯得不夠系統，但從對「絕學」的立場來看，黎庶昌的主張與李鴻章和沈葆楨的表述已經沒有多少區別。

〔註65〕 黎庶昌：《拙尊園叢稿卷一・上穆宗毅皇帝第二書》，載《近代中國史料叢刊第八輯》（沈雲龍主編），臺灣新北市文海出版社印行，1966 年，第 43、44 頁。

〔註66〕 轉引自《晚清思想史》（鄭大華著，湖南師範大學出版社，2005 年 11 月第 1 版），第 131 頁。亦可參見《籌辦夷務始末》（同治朝）卷 25，第 10 頁，總第 5 冊，第 2494 頁。

〔註67〕 轉引自《晚清思想史》（鄭大華著，湖南師範大學出版社，2005 年 11 月第 1 版），第 131、132 頁。亦可參見中國近代史資料叢刊《洋務運動》（五），第 117 頁。

2.「以鈔代銀」的貨幣改革

推行「以鈔代銀」的貨幣制度改革以解決財政困窘，是黎庶昌在「第二書」中著筆最多、論述最詳的部分。概括來說，黎庶昌「以鈔代銀」的主張主要有以下幾個要點：

一是「制鈔一依舊制，惟分等不宜繁碎，應以五千貫、千貫、五百貫爲大鈔，百貫、五十貫爲中鈔，十貫、二貫爲小鈔。……大中鈔當會票之用，小鈔票當錢票之用。二貫以下無鈔者，仍鑄精好制錢，以便流通。……勿畸輕畸重，以鈔爲母、錢爲子，子母相權，始能行之久遠。」

二是「外以金、五、水晶、銀、銅刻爲五印，大鈔鈐大印五，中鈔鈐中印五……期以三年通行，不必分劃疆域……令於通衢大邑，設立辨鈔之人，以防作僞。」

三是「凡京外出入，非鈔勿納，務使鈔之在手與現錢無異。……鈔出之始，許民以銀易鈔；鈔既通行，始禁民間不得以銀爲幣。……行之既久，鈔有昏爛者，許解部焚毀。」

四是「今若行鈔，必追究以往之失，改易章程，不特今新制之鈔許行，即寶鈔亦舉而行之，而民始信；民信而鈔行決矣。」〔註68〕

第一條區分鈔票面額，同時允許錢幣流通；第二條強調鈔票的流通不分區域，並注重鈔票的防僞問題；第三、第四條強調鈔票的信用。整體來說，黎庶昌的幣制改革准許紙幣和銅錢流通，但不許以金銀爲幣，應該與19世紀中期以後因白銀外流等因素導致的「銀貴錢賤」有關。而簡化紙幣面額種類，又可能與當時清政府紙幣發行種類繁多的實際情形有關。據統計，在 1853～1861 年間，清政府發行的紙幣主要有兩種，即銀兩票和制錢票。這兩種紙幣分別代表銀兩和制錢，其中銀兩票分 1 兩、2 兩、10 兩、50 兩、80 兩、100 兩等；制錢票分 250 文、500 文、1000 文、1500 文、2000 文、5000 文等多種面額。〔註 69〕黎庶昌對待紙幣發行及紙幣信用問題的態度與嘉道時期的經世思想家包世臣的主張多有相似。包世臣主張發行紙幣，同時允許錢銀一起流通，只不過鈔與錢爲二幣，銀則不爲幣。相比較而言，黎庶昌與魏源和林則

〔註68〕　黎庶昌：《拙尊園叢稿卷一・上穆宗毅皇帝第二書》，載《近代中國史料叢刊第八輯》（沈雲龍主編），臺灣新北市文海出版社印行，1966 年，第 47～50頁。

〔註69〕　參見鄧紹輝：《論甲午戰後清政府幣制改革及失敗原因》，《四川師範大學學報（社會科學版）》，1994 年 4 月第 26 卷第 4 期。

徐的看法則差別較大。魏源和林則徐都反對發行紙幣，魏源主張仿傚西洋方法鑄造「銀錢」，同時兼行「古時之玉幣、貝幣」，〔註70〕林則徐也主張仿照西方鑄造銀幣以代替紋銀，但銅錢同樣准許流通。〔註71〕

雖然就紙幣發行單位及統一發行權、銀錢比價及紙幣與銀錢的兌換等問題，黎庶昌沒有詳細論述並提出具體有效的解決辦法，而且就當時中國的貨幣經濟發展實際而言，或許也是魏源和林則徐所主張的以銀幣代替紋銀，先以鑄造貨幣替代稱量貨幣的做法可能更具有操作性而符合當時的實際情況，但黎庶昌對解決紙幣種類繁多問題的辦法和對紙幣信用問題、「假幣」問題、紙幣在不同地區的統一問題的重視，就當時的實際情景而言，應當是具有啟發意義的。

3. 限制「八旗」特權及「八旗」生計問題的解決

「八旗」原本是清太祖努爾哈赤在統一女真各部過程中逐漸建立起來的「軍政合一」的社會單位。「八旗」建立之初，因為其高度的組織性和紀律性，在滿洲貴族統一女真各部及對抗明朝進攻、消滅關內各地割據勢力的過程中發揮了極其重要的作用。由於「八旗」在清朝建立全國性統治中的作用，入關以後，清政府給予了「八旗」優厚的待遇。〔註72〕

然而，隨著入關後戰爭的減少，加之「八旗」所享有的優厚待遇和特權，「八旗」組織中的生產職能消失，在「寄生式」的生活狀態之下，「八旗」子弟逐漸腐化，戰鬥力迅速下降。早在乾隆時期，清政府鎮壓民亂所依靠的力量已逐步轉變為漢族綠營武裝，嘉慶以後，又逐步轉為依靠漢族地主團練武裝，咸同時期依靠湘軍、淮軍鎮壓太平天國起義就是明證。延續至咸同時期的「八旗」，不僅早已無戰鬥力可言，甚至連自主謀生的能力都已經不再具備，「八旗」已淪為清政府的沉重包袱。正是在這種情形下，「八旗」的生計和特權問題也就成為晚清政治改革中的重要方面。

〔註70〕 轉引自《晚清思想史》（鄭大華著，湖南師範大學出版社，2005 年 11 月第 1 版），第 34 頁。亦可參見包世臣：《再答王亮生書》，《安吳四種》卷 26。

〔註71〕 參見《林則徐集・奏稿（上冊）》，中華書局，1965 年版，第 134、135 頁等。還可參見鄭劍順的《林則徐的貨幣思想及其在江蘇的實踐》（《三明高等專科學校學報》，2004 年 3 月）。

〔註72〕 關於「八旗」所享特權的歸納，可參見馮天瑜 周積明的《八旗的盛衰》（《武漢師範學院學報（哲學社會科學版）》，1980 年第 4 期），該文認為「八旗」所享特權主要包括「圈佔土地特權」、「佔有人丁特權」、「與國家共同享有農民貢賦特權」、「世職與恩蔭特權」、「文化教育特權」、「法律特權」等。

在「第一書」中，黎庶昌已經表明廢除「八旗」特權的基本立場。黎庶昌指出「旗人坐食」為京師「十危」中的「一危」，但對如何解決這一危局則沒有詳細說明，換言之，也就是對「八旗」的生計問題沒有說明解決辦法。在「第二書」中，黎庶昌對「八旗」生計的解決及生計解決之後「八旗」特權的限制進行了闡述。

關於「八旗」生計，黎庶昌認為「捨屯田別無良策」，並對具體步驟進行了說明：

> 分為中左右三大屯，三屯之中，通為百二十屯，每屯鑿井二，井給銀十八兩，每戶窩棚銀四兩，每丁給三十餉地，先開熟二十餉。五年徵糧二十石。移駐京旗，到日撥給熟地十五餉，荒地五餉，通二十餉，餘十餉，荒熟各半。……願移者十月報部，次年正月啟程，每戶給裝銀三十兩，本旗津貼銀十五兩，車馬、耕牛、農具、籽種皆官給。……責成吉林將軍等官，次第舉行，每歲移二三百戶。誠一勞永逸之計。〔註73〕

黎庶昌接著建議：

> 八旗皆有駐防，駐房之外不許寄居，應請今後開此禁。凡在外仕宦者，照商籍寄籍之例，許其買業居住。在所住州縣呈明，編入旗籍，田土命盜諸務照平民，歸地方官經理。……願考試者，即在所住州縣一體應試。其願為商賈者，照開墾例給資，隨其所之，惟於所在州縣呈明入籍，入籍後俱聽其自為生理，官不復問。〔註74〕

雖然與「屯田」一樣，清政府對「八旗」自營生計等仍有照顧，但黎庶昌的主張，一方面打破了「八旗」與其他士民分別而居的禁例，取消「八旗」對特定區域的居住權壟斷；另一方面，對在州縣居住的旗人，雖然依舊保留旗籍，但取消了在「田土命盜」、「考試」、「生理」等方面的特權。

如前所述，「八旗」已不再是清朝統治階級維持政權所倚重的主要力量。儘管如此，取消「八旗」特權，畢竟直接觸及滿洲「八旗」（貴族）利益，或

〔註73〕 黎庶昌：《拙尊園叢稿卷一·上穆宗毅皇帝第二書》，載《近代中國史料叢刊第八輯》（沈雲龍主編），臺灣新北市文海出版社印行，1966 年，第 52、53 頁。

〔註74〕 黎庶昌：《拙尊園叢稿卷一·上穆宗毅皇帝第二書》，載《近代中國史料叢刊第八輯》（沈雲龍主編），臺灣新北市文海出版社印行，1966 年，第 53、54 頁。

許正是因爲顯得敏感，洋務運動在實踐層面上也基本沒有涉及「八旗」特權問題的調整或廢除。不僅如此，即使是到 19 世紀末的戊戌變法，儘管變法中明確要求取消「八旗」特權，但正如有學者所認爲的，戊戌變法中對待「八旗」特權的態度導致了變法的迅速夭折，也即觸動「八旗」特權的舉措爲變法招致了巨大的反對力量。〔註 75〕這種情形正好反證出推行「八旗」特權改革所面對的反對勢力的強大。如此看來，黎庶昌早於戊戌變法近四十年的兩篇「上書」中對「八旗」屯田的主張，尤其是對「八旗」居住、應試、生計方面特權的限制或取消，應該說在當時還是比較「犯忌諱」的。

4.「廣開言路」

關於「廣開言路」，黎庶昌主張：

> 古無諫職，人人皆可以諫，設以官而言路反隘。應請今後蕩除忌諱之禁，內官無大小，皆言；外官由知府以上，許專摺論事；武職斷自總兵而止；州縣有陳民間疾苦者，許由知府上達；士民陳大計者，聽，亦不必應詔始言。言有可採，錄用施行。御史如故。〔註 76〕

從引文末尾的「御史如故」，可以排除從引文第一句「古無諫職，人人皆可以諫，設以官而言路反隘」得出的黎庶昌主張廢除舊有言官制度的結論，所以在「廣開言路」方面，黎庶昌的主張可以概括爲保留言官制度，並擴大「言路」的寬度和廣度。從黎庶昌的這個主張來看，與戊戌變法中「廣開言路，提倡官民上書言事」的措施大體一致。

綜上所述，黎庶昌在「上皇帝書」中就「絕學」作用、票幣改革、「八旗」生計和特權，以及「言路」問題提出的主張，參照晚清洋務運動的時代背景，即使不能說是富於突破性的，也至少是具有啓發意義的。因爲即使是在三十年之後戊戌變法的《明定國是詔》中才被正式承認的「廢除八股，改試策論」、「廢除滿人寄生特權，准許自謀生計」、「允許官民上書言事」等措施也很快就在反對勢力的壓力下被革除，由此回看 19 世紀中期的中國情勢，黎庶昌革新主張的時代意義也不應該被完全否定。

〔註 75〕可參見《晚清思想史》（鄭大華著，湖南師範大學出版社，2005 年 11 月第 1 版）第 255 頁及《關於戊戌變法失敗原因的歷史反思》（李喜所，《史學月刊》，1998 年第 4 期）等文。

〔註 76〕黎庶昌：《拙尊園叢稿卷一·上穆宗毅皇帝第二書》，載《近代中國史料叢刊第八輯》（沈雲龍主編），臺灣新北市文海出版社印行，1966 年，第 47 頁。

二、黎庶昌中後期的經世思想及其改革主張

光緒二年（1876），黎庶昌隨郭嵩燾出使歐洲，1881 年回國後改使日本，旅歐 5 年，先後駐留英、法、西班牙，遊歷意大利、荷蘭、比利時、瑞士、德國、奧匈帝國等。光緒七年（1881）至光緒十年（1884）出使日本。光緒十三年（1887）至光緒十七年（1891）再次出使日本。經歷出使歐洲和日本，黎庶昌對待西方器物、技術的態度發生了巨大的變化，黎庶昌的經世思想也由此顯現出了與其早期明顯不同的特徵。以下就以黎庶昌在旅歐期間寫成的《西洋雜志》六卷及 1884 年自日本回國前夕撰成的旨在建議清政府「酌用西法」以進行改革的《敬陳管見摺》為重點分析文本，結合黎庶昌《拙尊園叢稿》中的相關論述，對黎庶昌中後期的經世思想進行具體解讀。

（一）對西方政教風俗的看法

《西洋雜志》共六卷，作為黎庶昌旅歐 5 年的見聞記錄，撰寫於光緒七年（1881）以前，內容涉及歐洲經濟、文教、習俗、政治等各方面。就內容而言，《西洋雜志》直接記述西方政治制度方面的篇幅並不多，大致僅卷二中的《伯里璽天德（總統）辭位》、《日國（西班牙）更換宰相》和卷三中的《德國議政院》、《法國議政院》數則，記錄不僅簡略，而且大多都是記事性的，不僅記述不夠系統，同時也沒有作者對政治事件的分析議論。如《伯里璽天德（總統）辭位》僅在於記述法國總統麥克馬洪辭職一事，《德國議政院》則記錄 1878 年初德國議會召開情形，都沒有作者評論。〔註77〕

雖然《西洋雜志》絕大部分內容是作者不含直接議論的事件記錄，但在個別政治事件或人物的記述中也有反映作者主觀看法的表述。如《日國（西班牙）更換宰相》在記述西班牙宰相「干那瓦司」與國王不合而辭職一事之前有黎庶昌的簡短評論：

> 西洋朋黨最甚。無論何國，其各部大臣及議院紳士，皆顯然判為兩黨，相習成風，進則俱進，退則俱退，而於國事無傷，與中國黨禍絕異。〔註78〕

《法國議政院》介紹法國議會下院所處地點及議會開會情形，最末一句也可以視為作者的評論：

〔註77〕參見黎庶昌：《西洋雜志》，社會科學文獻出版社，2007 年 4 月第 1 版，第 54 ～55 頁。

〔註78〕黎庶昌：《西洋雜志》，社會科學文獻出版社，2007 年 4 月第 1 版，第 47 頁。

當其議論之際，衆紳上下來往，人聲嘈雜，幾如交鬥，一堂毫無肅靜之意，此民政之效也。〔註79〕

對英國政治及社會風俗，黎庶昌也給予了委婉的肯定：

（英國）無閒官，無游民，無上下隔閡之情，無殘暴不仁之政，無虛文相應之事。……事之是非利害，推求務盡委析，論辯務求明晰，不肯稍有含糊。辭受取與之間，亦徑情直行，不倚爲殷勤。不故作謙讓，男女盡人皆然。成爲風俗。……出門拜會，街市往來，從未有人語喧囂，亦未見有形狀愁苦者。地方整齊肅穆，人民鼓舞歡欣，不圖以富強爲能事，誠未可以匈奴、回紇待之矣。〔註80〕

正是根據這幾處「肯定性」的評論，有學者認爲黎庶昌對西方民主制度表達了相應的肯定和認同，〔註81〕至於存在的占《西洋雜志》大部分篇幅的關於西方政俗的「純客觀性」記述，給出的解釋則是黎庶昌因吸取郭嵩燾在記述中透露出對西方政俗的讚美而遭到政治迫害，也即是黎庶昌迫於政治環境中「保守」因素的壓力而隱藏了眞實想法。本文以爲黎庶昌對西方政俗的態度，表面的贊同、憧憬或有之，但認爲其對西方政教文化有較深層次的認同，則或拔高過甚。認爲黎庶昌對西方以民主制度爲主要內容的政教風俗持肯定認同態度，必須有一個基本的邏輯前提，就是黎庶昌對西方民主制度等內容已經有了基本符合事實的瞭解。但本文以爲黎庶昌對西方政教文化的認識基本還只停留在表面，遠沒有達到深刻瞭解和認識的程度。這一點可以從黎庶昌在記述中頻繁將西洋政教制度所透露出的表面特徵與中國傳統政治文化理念相比附上看出來。

在《拙尊園叢稿卷六·與莫芷升書》中：

（西洋）軍民一體，頗與三代大同然。其國人顯分朋黨，此伸彼詘，絕似漢唐末流，而於政令要爲無損。至與外人交涉，全視國勢之強弱以論事理之是非。外假公法以爲維持，內懷狙詐以相賊害，

〔註79〕 黎庶昌：《西洋雜志》，社會科學文獻出版社，2007 年 4 月第 1 版，第 55 頁。

〔註80〕 丁慰慈：《讀黎庶昌〈西洋雜志〉》，《貴州文史叢刊》，1995 年第 2 期。

〔註81〕 持這種觀點的，如貴州省社科院的黃萬機先生。黃先生在《黎庶昌評傳》中認爲黎庶昌在早期大致沒有脫離出儒家思維傳統，但在出使外國之後，以《敬陳管見摺》爲標誌，黎庶昌由一個地主階級改革派成員轉化爲資產階級改良主義者。參見《黎庶昌評傳》（貴州人民出版社，1989 年 5 月第 1 版）「第十章 黎庶昌的世界觀和政治思想」。

又絕似乎春秋戰國。今之遣使純是周鄭交質。……用兵服而後止，不殘虐其百姓，蒙嘗以爲直是一部老、墨二子境界。老墨知而言之，西人踐而行之。〔註82〕

在《儒學本論序》中，黎庶昌的意思更爲直接：

西人立法施度，往往與儒暗合。世徒見其跡之強也，不思其法爲儒所包，而反謂儒爲不足用，是無足語道哉。孔子曰：物窮則變，變則通，通則久。雖百世可知，豈非善觀世變乎？曰：形而上者謂之道，形而下者謂之器。又曰：以製器者尚其象，豈非今世之西學之所從乎？曰送往迎來，嘉善而矜不能，所以柔遠人，曰即以其人之道還治其人之身，豈非公法條約之所本乎？〔註83〕

隨後黎庶昌又用孟子的「凡我同盟之人，既盟之，後言歸於好」與西方「訂約之法」相比附，以「惟仁者，爲能以大事小；惟智者，爲能以小事大」視爲西方「交鄰之道」的源頭，以「國君進賢，必國人皆曰賢」及「不得罪於巨室」與歐洲各國「上下議政院之法」相類比，以「徵商自賤大夫始，有布縷之徵，粟米之徵，力役之徵」與各國「關稅之例」相類同，此外還引孟子語句與西方的「學館之規」、「天文勾股重力之學」相比附，進而認爲「令孟子居今日而治洋務，吾知並西人茶會音樂蹈舞而亦不非之。……孟子所戒，何一非當今強大之多（所）戒，孰謂儒果迂闊哉，孰謂孔孟之道果不可施於今世哉。僕向蓄此論，在東西洋日久，愈信孔孟之學爲可行。」〔註84〕

黎庶昌認爲「西人立法施度，往往與儒暗合」，因而有「在東西洋日久，愈信孔孟之學爲可行」的體會，基本可以說明其對西方政教的認識尙停留在表面，對西方「契約式」的民主理念並無眞正理解。〔註85〕正是因爲對西方

〔註82〕　黎庶昌：《拙尊園叢稿卷六‧與莫芷升書》，載《近代中國史料叢刊第八輯》（沈雲龍主編），臺灣新北市文海出版社印行，第406～408頁。

〔註83〕　黎庶昌：《拙尊園叢稿卷五‧儒學本論序》，載《近代中國史料叢刊第八輯》（沈雲龍主編），臺灣新北市文海出版社印行，第390～391頁。

〔註84〕　黎庶昌：《拙尊園叢稿卷五‧儒學本論序》，載《近代中國史料叢刊第八輯》（沈雲龍主編），臺灣新北市文海出版社印行，第392～393頁。

〔註85〕　此外，《西洋雜志》寫於1876至1881年間，《儒學本論序》寫於1890年，《儒學本論序》中對西方政俗的「比附式」理解已經顯示出黎庶昌對西學瞭解有待深入，那麼在《西洋雜志》中出現的早《儒學本論序》近十年的對西方政俗的個別肯定性評價恐怕就更難認爲是黎庶昌在對西學有深入瞭解的情況下做出的了。

政教風俗認識的淺顯，才會出現將之與儒家理念相比附。在這種「比附式」的理解下，黎庶昌對西方政俗的「肯定」正好反映了其對中國傳統價値理念的自覺認同。上述黎庶昌對西方政治制度下「民主」色彩的肯定，可以認爲是因爲在黎庶昌看來西方社會生活中的一些特徵一定程度上符合了儒家或諸子學中的「民本」、「仁政」、「尚同」、「大同」等理念或理想。換句話說，黎庶昌所認同的也就還是中國傳統的「民本」、「仁政」、「尚同」等價値理念，而非西方的民主政治價値。

對西洋民眾思想、宗教信仰的態度可以進一步佐證黎庶昌對西洋政教制度認識的表面化和對以儒家理念爲核心的傳統價値的認同。

黎庶昌對西洋思想信仰的態度集中表現在其對「耶穌教」的看法上：

> 耶穌竊釋氏緒餘以設教，其立言雖以勸人行善爲主，而詞皆膚淺，遠不如釋理之深。西人雖陽爲遵從，實迫於習俗使然，不過奉行故事而已，非眞於此心折也。〔註86〕

在《拙尊園叢稿卷四》中，黎庶昌又將「耶穌教」與墨家思想相類比：

> 今泰西各國耶穌天主教盛行，尊天明鬼，兼愛尚同，其術確然本諸墨子。而立國且數千百年不敗，以此見天地之道之大，非執儒之一塗所能盡。〔註87〕

儘管後一看法與前一種觀感相比算得有所深入，但黎庶昌對基督教的拒斥態度是基本一致的，只不過後一看法中的排斥已不是簡單的反對，而是採取與對待西洋政俗大致一致的做法，將基督教思想歸源於中國墨學。

黎庶昌對基督教由排斥到「比附」與對西洋政俗中某些特徵的肯定之間的矛盾只有在黎庶昌對中國傳統價値的自覺認同的大背景下才能得到較好解釋和說明。黎庶昌將西方政教特徵及思想信仰與中國傳統價値理念進行比附，其實完全是在傳統話語內理解異樣的文化價値。在這種解讀中，衝突和支離在所難免，如果西方政教風俗的某些特徵與中國儒家價値理念「相一致」，則進行二者的糅合，並力圖以後者統攝前者；如果不一致，則退一步，將諸子學地位適當抬高，再將前者與諸子學相糅合。

〔註86〕黎庶昌：《西洋雜志》，社會科學文獻出版社，2007 年 4 月第 1 版，第 120 頁。

〔註87〕黎庶昌：《拙尊園叢稿卷四·讀墨子》，載《近代中國史料叢刊第八輯》（沈雲龍主編），臺灣新北市文海出版社印行，第 238 頁。

（二）「酌用西法」的改革主張

光緒十年（1884），經歷八年的駐外使節生活，黎庶昌對西方政治、經濟、文化各方面的內容有了更深的瞭解和認識。就在這一年的三月，黎庶昌向朝廷呈遞了旨在推進洋務改革的《敬陳管見摺》。

《敬陳管見摺》僅約三千餘字，涉及軍事、交通、街道市政、外交、商務、財政幾方面，分別爲「水師宜急練大支」、「火車宜及早興辦」、「京師宜修治街道」、「公使宜優賜召見」、「商務宜重加保護」、「度支宜預籌出入」，建議清政府在「器技」層面「酌用西法」的傾向較爲明顯。

19世紀80年代中後期，由清政府內部發起的洋務運動已進行近二十年，就軍事而言，60年代開始已創辦江南製造總局、福州船政局、安慶軍械所等近代軍事工業，此時清政府也已基本建成北洋、南洋、福建三支海軍。就民用工業來看，從70年代起以官辦、官督商辦和官商合辦等方式陸續開辦輪船招商局、開平礦務局、上海機器織布局等民用企業，中國第一條鐵路「吳淞鐵路」也已於1876年開通運營。〔註88〕在這種情勢下，應該說單純從黎庶昌《敬陳管見摺》的個別主張看，並沒有多少新意，即使是與洋務運動的具體實踐相對照，也已經談不上具有多少「革新」意義。不過如果對《敬陳管見摺》進行系統分析，黎庶昌的建議卻並非單純主張添購艦船、修築鐵路、增設工礦企業那麼簡單。

《敬陳管見摺》「練水師」條下，黎庶昌在說明了練水師的重要意義之後，認爲：

> 迄今二十年來，東南數省各自爲謀，鮮睹成效，惟北洋水師粗立基緒。然戰艦未備，魄力未雄，實難責與西洋匹敵。臣愚以爲中國沿海疆域，袤延萬里，又有臺灣、瓊州兩島海外孤懸，一朝告警，非有平時練足百號之兵船，斷難分佈。就此百號中，宜定以六十號配爲南北兩大軍，專作攻敵之用。每軍應有鐵甲巨艦四五艘，仿照長江規模，創設海部專統，分年籌辦，志在必成。……庶幾章程一而號令齊，可期得力，國家雖費，不得已也。……兵船統帶，動涉外交，宜委文臣大員，不當目爲武事；而又鼓舞妙柄操自皇上，不

〔註88〕關於中國早期鐵路的修建，參見《中國第一條鐵路的風風雨雨》（朱曉明　臧慶祝　關鍵，《檔案春秋》，2009年第4期）。

惜巨金，以養戰士。〔註89〕

主張練「大支」水師，組建「南北兩大軍」，每軍「應有鐵甲巨艦四五艘」，從艦隻數量上黎庶昌所要求的「鐵甲巨艦」總數應達近十艘。此時清政府還沒有排水量在七千噸以上的「鐵甲巨艦」，儘管已向德國訂購了 2 艘，即後來北洋艦隊的「定遠」艦和「鎮遠」艦，但此兩艦於 1885 年方才抵華。〔註90〕從這一實際情形看，不能完全排除黎庶昌「練大支水師」建議中含有添購大型軍艦的主張。不過這一意指應該不是黎庶昌練「大支」水師主張中的惟一，甚至主要意思。19 世紀中期，清政府的北洋、南洋、福建三支海軍雖已初步成形，但清政府的海軍管理制度卻還處於探索階段，海軍衙門 1885 年才設立，《北洋海軍章程》也於 1888 年才正式頒佈。〔註91〕在這種背景下，結合引文中黎庶昌的「東南數省各自為謀，鮮睹成效」、「創設海部專統」、「概歸海部主政」及「鼓舞妙柄操自皇上」等表述，黎庶昌主張對清政府的海軍力量進行整合並統一管理、注重海軍管理制度建設的意圖雖然不太直接，但還是可以探察到的。由此，黎庶昌「練水師」的主張就不是對洋務運動學習西方軍事技術傾向的重複表述，而更像是對洋務運動進行二十餘年的部分反思和總結。

再看「保護商務」一條，黎庶昌在說明中外通商及李鴻章所設的輪船招商局對挽回利權的意義之後認為：

現在各省煤鐵礦廠，逐漸增開，電報之設，延及七省。近又有雲南五金盡數挖掘之詔，局面愈大，則端緒愈繁，亟宜預飭經辦大員通盤計劃，將來源銷路一一精籌，奏明定案，庶幾有以善持其後。臣愚以為如興辦火車鐵路，則煤鐵不患其無用矣；改鑄金錢銀錢，則五金不慮其不流通矣；公務要件，率先摘由電傳，則電局不至虛設矣。凡若此類，必仰賴朝廷權力，明示扶持，庶免公司倒折之虞，即杜外人覬覦之漸，商務當日有起色。否則，聽從各省支節而為之，徒有開辦虛名，不聞見功實效，臣實未見其可也。〔註92〕

〔註89〕黎庶昌：《拙尊園叢稿卷五·敬陳管見摺》，載《近代中國史料叢刊第八輯》（沈雲龍主編），臺灣新北市文海出版社印行，第 368～369 頁。
〔註90〕參見《從鴉片戰爭到五四運動》（上卷，胡繩，上海人民出版社，1982 年 6 月第 1 版）「第十章 封建統治者的『辦洋務』」及《北洋水師的「八大遠」》（王紅 唐宏，《海洋世界》，1998 年第 9 期）。
〔註91〕《國學》編輯室：《走進 120 年前的北洋水師》，《國學》，2009 年第 4 期。
〔註92〕黎庶昌：《拙尊園叢稿卷五·敬陳管見摺》，載《近代中國史料叢刊第八輯》（沈雲龍主編），臺灣新北市文海出版社印行，第 373～374 頁。

這一條旨在強調加大政府扶持以保護商務發展，但從「亟宜預飭經辦大員通盤計劃，將來源銷路一一精籌」及「聽從各省支節而爲之，徒有開辦虛名，不聞見功實效」等看，統籌全域、通盤考慮，制定礦產開採、五金冶煉及電報添設等工商業發展綱要或許才是黎庶昌建議的著重點。

如果說在「練水師」和「保護商務」發展中黎庶昌的「統籌全域」意圖表現得還不夠直接的話，在「度支預籌出入」條下，這一思想就再明顯不過了：

> 中國歲入不過七千餘萬兩，量地則不減於英國，論財則未倍於日本，出款又不可預知，此所以剜肉補瘡，興此廢彼，無一而能持久也。臣愚以爲嗣後似宜將一歲全國度支應出應入之數，飭令各省分款核計，預約大綱，於前一歲先行奏聞，匯候朝廷處分。或分最急、次要、尋常三等，應付急要者，務期如額，頒示簡明章程，使之遵守，不足之數，然後酌取於民。〔註93〕

結合時代背景，即使不能說《敬陳管見摺》中反映出的上述整合清政府海軍力量、加強海軍統一管理、統籌工商業發展及財政用度等「制度性」建設主張不是《敬陳管見摺》的主要意指所在，那麼至少也是黎庶昌的重要意思之一。黎庶昌的這一意指，從實踐角度上，是對洋務運動開展二十年的個別切面的反思，從理論角度看，則是洋務運動「中體西用」模式下單純技術觀點的一定延伸。

（三）《西洋雜志》與《敬陳管見摺》的一致性

《西洋雜志》六卷中，卷一卷二散記外交禮儀、應酬、歐洲王室宴請和習俗以及總統首相辭職、沙皇遇刺等情形或事件，雖占兩卷，但所記事類頗多，單一事件記述較爲簡略，卷三主要記述英法兵制、兵船、法國學校教育，卷四主要記述英德製炮廠以及印書、電氣、鋼鐵等製造和專科學校教育，敘述一般較卷一卷二詳細，如卷三中的《英君主閱視兵船》，卷四中關於製炮廠、印書局、磁器局、電氣燈局、鋼鐵廠、玻璃廠的記述遠較卷一卷二詳細。卷五主要記述法國文藝、園藝及街道市政，卷六集中記述歐洲各國貨幣，基本涵蓋了歐洲主要國家。最後還附有 7 則遊記及 7 則書信和地志，遊記除記錄見聞習俗外，對歐洲輪船、火車等交通工具頗多讚賞。從《西洋雜志》的內

〔註93〕黎庶昌：《拙尊園叢稿卷五・敬陳管見摺》，載《近代中國史料叢刊第八輯》（沈雲龍主編），臺灣新北市文海出版社印行，第 376 頁。

容分佈和詳略來看，軍事技術、工商業製造以及財政貨幣應該是黎庶昌關注的重點。換言之，即使在《西洋雜志》中，黎庶昌已經透露出對西洋炮艦製造、印書、電氣、鋼鐵生產等「器技」的重視，這已經暗示了《西洋雜志》與《敬陳管見摺》所具有的相互關聯性。如果將《西洋雜志》與《敬陳管見摺》仔細對比，可以發現《敬陳管見摺》的六項主張與《西洋雜志》的記述重點基本一致。《敬陳管見摺》中的主張除「火車宜及早興辦」、「京師宜修治街道」外，其餘各項涉及的內容都是《西洋雜志》敘述的重點，而「火車宜及早興辦」儘管在《西洋雜志》正文六卷中沒有直接涉及，但在所附的遊記中，黎庶昌也給予了關注：

> 二十日間，遊行一萬餘里，非有輪船、火車，能如是乎？〔註94〕

而城市街道、市政在《西洋雜志》卷五中同樣有直接記述，只不過沒有軍事、工商業製造和貨幣方面的內容詳細而已。

《西洋雜志》和《敬陳管見摺》對「器技之術」的共同關注及《敬陳管見摺》沒有提出與政治制度改革有關的系統主張，一方面可以進一步佐證前文對黎庶昌在《西洋雜志》中對西方政俗所持態度的分析得出的結論，同時也可以進一步說明黎庶昌洋務革新思想在「中體西用」模式下的整體一致性。

儘管黎庶昌沒有關於「中學」與「西學」關係的系統論述，但從黎庶昌對「道」、「器」問題的看法中，還是可以大致看出其基本立場。

在《儒學本論序》中黎庶昌對「道」、「器」觀念有過簡要論述：

> 孔子曰物窮則變，變則通，通則久。雖百世可知，豈非善觀世變乎？曰：形而上者謂之道，形而下者謂之器，又曰以製器者尚其象，豈非今世西學之所從出乎？……曰通其變，使民不倦，又曰行夏之時，乘殷之輅，服周之冕，樂則韶舞，使孔子而生今世也者，其於火車汽船電報機器之屬，亦必擇善而從矣。〔註95〕

《儒學本論序》寫於光緒十六年（1890），此時已是黎庶昌駐外生涯的末期和生平的晚期，這一簡短敘述基本可以視爲黎庶昌駐外活動中形成的關於「西學」觀感和「中學」、「西學」關係思考的理論總結。如果說使歐期間黎庶昌在對中國傳統價值理念自覺認同，對「西學」認識尚淺的前提下，對西

〔註94〕 黎庶昌：《西洋雜志》，社會科學文獻出版社，2007 年 4 月第 1 版，第 182 頁。
〔註95〕 黎庶昌：《拙尊園叢稿卷五·儒學本論序》，載《近代中國史料叢刊第八輯》（沈雲龍主編），臺灣新北市文海出版社印行，1966 年，第 390～391 頁。

方政俗採取了「比附式」的理解，而在這種思維模式之下，西方政俗不過是「周孔之道」在異域可行或成功的一個注解，換句話說，「西學」本來就是「中學」，那麼在《儒學本論序》的這段論述中，對待「中學」與「西學」的關係，黎庶昌至少在「道」與「器」的區分中承認了「中學」與「西學」的不同。不過，黎庶昌的這一總結也沒有整體脫離出洋務派「中體西用」的範疇。黎庶昌在同樣強調「道」與「器」分野的基礎上，將「中學」與「道」相等，「西學」與「器」相同，在這種對應關係中實現其對《敬陳管見摺》中「稍稍酌用西法」的合法性論證。〔註96〕

　　本文在總體上認為黎庶昌沒有脫離「中學為體，西學為用」的洋務派思想立場，但如上文所述，從《敬陳管見摺》中對西學「器技之用」中的「統籌」意識的重視來看，無論是軍事力量的「整合」，還是工商業發展中的統籌規劃，黎庶昌似乎已經與單純強調技術的主張有所不同，開始觸及「制度」層面的調整。這或許也是《敬陳管見摺》因之而觸及洋務改革中既得利益集團的利益，最終被總理衙門以「有涉忌諱」為理由「寢而不奏，將原摺退回」的重要原因。〔註97〕

三、黎庶昌經世思想嬗變的原因及內在統一

　　從早期經世主張中的以傚仿漢代察舉和司馬光「十科」之法、舉「絕學」、調整科考內容及限制或禁止西洋「器物」進入等措施來革新「人才選舉」辦法、調整科舉取士制度和維護傳統政教倫理，以「行紙幣」、廢除「八旗」特權、廣開言路等來增加財政收入、提高政治官僚體制運行效率，到中後期的建議清政府「酌用西法」，擴建「水師」、修築鐵路、保護工商業發展，並加強近代海軍管理制度建設和工商業發展系統規劃，縱觀黎庶昌經世思想的轉變，最為顯著的特徵莫過於其對待西方「器技」立場的巨大變化。從早期的不惜以「服色」區分來拒斥西洋「器物」，到後期的力倡「酌用西法」，短短二十年間，變化之明顯一目了然。

　　促成黎庶昌經世思想中對待西洋「器物」立場發生明顯變化的原因大致可以從兩個方面進行概括。一方面，黎庶昌的仕宦經歷及其所處環境變化對

〔註96〕當然這種論證過程並非只是單一的為「酌用西法」鋪平道路，在另一面也同時具有維護「周孔之道」的功能意義。

〔註97〕黎庶昌：《拙尊園叢稿卷五·敬陳管見摺》，載《近代中國史料叢刊第八輯》（沈雲龍主編），臺灣新北市文海出版社印行，1966年，第378頁。

其「西學」立場發生轉變的推動作用。在同治元年（1862）以前，黎庶昌除赴京應試外，足跡大抵未出西南。同治元年的「上書」事件是黎庶昌生平經歷的轉折點。自「上書」得賞知縣，派發曾國藩大營委用，黎庶昌開啓了與湘系政治、學術精英人物的交往歷程。尤其是在光緒二年（1876），黎庶昌與郭嵩燾出使英國，開始了近十二年的駐外使節生涯，旅居歐洲五年，旅居日本近七年。這些經歷及所處環境的巨大變化對黎庶昌思想轉變的刺激作用是不應該被忽視的。這一方面的原因可以算作外部原因。雖然經歷及外部環境變化在推動思想觀念的轉變過程中作用不可忽視，甚至在某種程度上有整體「重塑」的意義，但就黎庶昌的思想跳躍而言，本文以爲，除了外部因素外，價值取向上的特點也爲黎庶昌經世思想的轉變提供了潛在的「便利」。這就是前文已論及的黎庶昌對「功利主義」價值取向的推崇。「功利主義」價值取向以對「效果」的強調爲重要特徵。由於對「效果」的偏重，「手段」和過程的意義相對下降。〔註 98〕這種思想傾向一定程度上已經爲將「西學」視爲「手段」和「工具」性的「器技之術」（或將西學中的「器技」視爲「工具」），在「中體西用」的模式下「酌用西法」提供了相應的「思想」準備。

當然黎庶昌對「效果」和「事功」的強調，並沒有脫離出傳統的總體框架，黎庶昌依舊是在維護儒家倫理的基礎和前提下，在對「道」的崇奉中對不同的「形而下者的器」或作爲「製器者尚其象」的「西學」的部分「利用」。這在早期基本只表現爲對「天朝」觀念的認同，在中後期則除了堅持這種認同之外，更表現出對西學作爲「器技」屬性的強調。兩者的不同，正如上文所論，在中後期對西學的存在和進入已經無法迴避和拒斥的情況下，以黎庶昌爲代表的知識分子不得不通過對「道」與「器」分野的強調，以及將「中學」與「道」、「西學」與「器」相等同來論證學習西方「器技」之術的合法性，在這種合法性的論證中實現對儒家傳統政教倫理的執著維護。

本章小結

被研究者視爲「沙灘文化現象」代表人物之一的黎庶昌，成長於漢學和湖湘「經世致用」兩種學風影響之下，這種背景又與黎庶昌自身秉承的注重「實效」和「事功」的價值取向相互作用，爲黎庶昌「上書」、「奉調出洋」

〔註98〕可參見前文關於「功利主義」及陳亮思想的概述。

提供了動力和勇氣。而人生經歷的轉變、外在環境的變化，又促成了黎庶昌的經世思想在「中體西用」整體框架內的明顯變化。

　　整體來看，在黎庶昌早期的「經世」主張中，無論是人才選拔、科舉考試的內容調整、還是貨幣制度改革、「八旗」特權問題的處理，都比較注重從傳統思想資源中汲取「革新」養分，對西方事物的看法也顯得較爲片面。從這個層面看，黎庶昌早期的思想主張更近似於嘉道時期經世思潮的某種延續。在開始外交生涯之後，黎庶昌的關注點開始逐步由「傳統」和「中學」轉移到「西學」及「西學」與「中學」的關係等問題上來。歷經多年的海外遊歷，黎庶昌不僅改變了早期對西方事物的否定性看法，而且經過多年的國外閱歷和思考，黎庶昌較爲系統地提出了「酌用西法」，推進中國工業化和近代化的改革主張。這些主張雖然沒有達到在制度層面全面革新的程度，但與洋務派「師夷長技」相比，已經有了超越「技術學習」階段的特徵。

結　語

　　從鄭珍、莫友芝的經學、史志學到黎庶昌的經世革新思想，黔北「沙灘文化現象」在「實學取向」上呈現出了由「方法」到「目的」再到「功效」的邏輯遞進。在「沙灘文化現象」「實學取向」的語境下，如果要對「沙灘文化現象」進行概括，即將「沙灘文化現象」提升爲「沙灘文化」，本文以爲可以做如此嘗試：「沙灘文化」作爲一個區域文化形態，是指乾隆後期至清朝末年，以漢族聚居的黔北地區爲主要創生地，以遵義敦厚質樸的民風鄉俗和文教傳統爲孕育背景，以「崇實黜虛」爲主要治學路徑和學術價值追求，以鄭珍、莫友芝、黎庶昌爲主要代表，涉及眾多領域並以突出的文字學、經學、史學成果在遵義乃至貴州文化史上產生較大影響的一個傳統經學文化「單元」。

　　如果我們脫離「沙灘文化現象」「實學取向」中「方法」、「目的」、「功效」的維度，單純對由鄭珍、莫友芝到黎庶昌的發展演變進行縱向考察，則「沙灘文化現象」的「實學特徵」同時呈現出明顯的階段性特點。鄭珍和莫友芝作爲道咸時期重要的漢學家，畢生致力於文字學和經學方面的研究，無論是在「三禮」研究中「客觀」的考證，還是在方志編纂中秉承治經的方法和史學的經世價值，鄭、莫篤實質樸的研究旨趣主要體現在實證式的治學方法上。活動年代晚於鄭珍、莫友芝數十年的黎庶昌，由於生平活動和所處環境的不同，在對治學應當求「實」中「實」的具體含義的理解上呈現出與鄭珍、莫友芝明顯的不同。如前文所論，雖然黎庶昌也關注治學和學問的「超越」意義，但相比較而言，黎庶昌更看重行爲和知識改變外在現實的效果和功用，

這一特徵在黎庶昌畢生致力於政治革新的生平實踐中有直接體現。黎庶昌與鄭珍、莫友芝相比，雖然同樣追求「實學」，但「實學」的層次有明顯的差別。

在鄭珍、莫友芝和黎庶昌身上體現出的「沙灘文化」「實學取向」的階段性及其特點，同時也可以視爲是「沙灘文化」的階段性特徵，而且從「實學取向」角度對「沙灘文化」階段性的概括比從時間上將「沙灘文化」進行階段區分應更具有根本意義。

餘　論

　　「沙灘文化現象」涵蓋經學、小學、史志、目錄學及詩文創作等傳統學
科領域的實際，以及小學、經學研究在「沙灘知識分子」學術活動中的重要
地位，進行「沙灘文化現象」的研究讓人不由得聯繫到大致可以整體指稱中
國傳統思想文化的一個學術形態概念：國學。20 世紀末，「國學」在經歷一個
世紀之後再次成爲思想文化研究者關注的熱點。早在 20 世紀上半葉，在梁啓
超、鄧實、章炳麟、胡適、錢穆等前輩學者的語境下，「國學」即「中國傳統
的學問」，從「外延」上基本囊括了中國傳統的學術思想，研究方法上則涵蓋
了文獻研究方法、語言研究方法、文學評論方法等（見曹勝高編著：《國學通
論》「袁行霈序」）。如章炳麟在《國學概論》中就將「國學」分爲小學、經學、
史學、諸子、文學五類，方法層面也將「治國學之法」區分爲「辨書籍的眞
僞」、「通小學」、「明地理」、「知古今人情變遷」、「辨文學應用」五種。20 世
紀末再度出現的「國學」熱，就「國學」的外延界定方面，研究者也基本沒
有脫離出經、史、子、集四個方面。從「國學」的這些特徵來看，在方法上，
尤其是涉及領域上，「沙灘文化現象」與之具有比較明顯的相似性。當然這麼
說並不意味著本文斷定上世紀 80 年代以來「沙灘文化現象」逐漸受到研究者
關注是「國學」再度升溫的先導或表現。恰恰相反，本文以爲 20 世紀 80 年
代以來「沙灘文化現象」研究的興起，並不能與「國學」升溫相合流，而似
乎是「地域文化」或者「區域民族文化」視角逐漸受到重視的結果，如本文
緒論所述。這也是本文以「沙灘文化現象」替代「沙灘文化」的原因之一。
因爲如果將「沙灘文化現象」及其典籍研究置於「地域文化」視角之下，則
「沙灘文化現象」的研究一定程度上或許將轉變爲「經學（或漢學）的地域

化」問題探討，這樣一來，不僅問題將更趨複雜，而且「沙灘文化現象」是否能成爲經學（或漢學）的一個地域化形態也是需要首先進行仔細梳理的。

　　本世紀以來「沙灘文化現象」研究並沒有隨著基於人類學、民族學方法的「區域（民族）文化」研究熱潮而向縱深推進的現狀或許佐證了以往「沙灘文化現象」研究在與「地域文化」形態「交叉」中的上述尷尬境況。或許，將「沙灘文化現象」的整理和典籍研究逐步置於「國學」或清代整體學術背景之下會是「沙灘文化現象」研究的另一個全新起點。

主要參考文獻

一、著作類

1. 《左傳・隱公八年》。

2. 【漢】《史記・孔子世家》。

3. 【漢】鄭玄注，【唐】孔穎達疏：《禮記注疏》，同治十年重刊本影印本。

4. 【漢】鄭玄注，【唐】賈公彥疏：《儀禮注疏》，同治十年重刊本影印本。

5. 【漢】許慎撰，【清】段玉裁注：《說文解字注》，上海：上海古籍出版社，1981 年。

6. 【漢】趙曄著、張覺譯注：《吳越春秋全譯》，貴陽：貴州人民出版社，1993 年。

7. 【漢】袁康、吳平輯錄，俞紀東譯注：《越絕書全譯》，貴陽：貴州人民出版社，1996 年。

8. 【晉】常璩撰，劉曉東點校：《二十五別史・華陽國志》，濟南：齊魯書社，2000 年。

9. 【宋】魏了翁撰：《禮記要義》，宋淳祐十二年刻本影印本。

10. 【宋】周淙、施諤撰：《南宋臨安兩志》，杭州：浙江人民出版社，1983 年。

11. 【宋】鄭樵撰：《通志》，北京：中華書局，1987 年。

12. 【宋】范成大撰，陸振嶽點校：《吳郡志》，南京：江蘇古籍出版社，1999 年。

13. 【宋】朱熹：《朱子全書・儀禮經傳通解》，上海／合肥：上海古籍出版社、安徽教育出版社，2002 年。

14. 【元】脫脫等撰：《宋史・列傳》，北京：中華書局，1977 年。

15. 【明】何棐、馮曾等修纂：《九江府志》（寧波天一閣藏嘉靖刻本影印），
上海：上海古籍書店，1962 年。

16. 【明】楊洵、陸君弼修纂：《揚州府志》（北京圖書館古籍珍本叢刊），北
京：書目文獻出版社，1990 年。

17. 【清】褚寅亮撰：《儀禮管見》，浙江省圖書館藏清乾隆刻本影印本。

18. 【清】戴震撰：《戴東原集》，段氏經韻樓藏版影印本。

19. 【清】惠棟撰：《儀禮古義》，世楷堂藏版影印本。

20. 【清】盧文弨撰：《儀禮注疏詳校》，浙江省圖書館藏乾隆盧氏抱經堂刻
本影印本。

21. 【清】張惠言撰：《讀儀禮記》，國家圖書館藏清刻本影印本。

22. 【清】宮懋讓、李文藻等修纂：《諸城縣志》，清乾隆二十九年刻本影印
本。

23. 【清】戴震纂、孫和相修：《汾州府志》，乾隆三十六年刻本影印本。

24. 【清】凌廷堪撰：《禮經釋例》，國家圖書館藏嘉慶十四年阮氏文選樓刻
本影印本。

25. 【清】周作楫、蕭琯修纂：《貴陽府志》，咸豐二年朱德璲綏堂刻本影印
本。

26. 【清】夏炘撰：《學禮管釋》，咸豐庚申年新鐫，景紫山房藏版影印本。

27. 【清】鄭珍撰：《輪輿私箋》，上海圖書館藏同治七年莫氏金陵刻本影印
本。

28. 【清】王先謙輯：《皇清經解續編卷九百四十一‧儀禮私箋》，光緒十四
年刊本影印本。

29. 【清】王先謙輯：《皇清經解續編卷九百四十三‧巢經巢經說》，光緒十
四年刊本影印本。

30. 【清】王聘珍撰：《儀禮學》，光緒十四年南菁書院刻皇清經解續編本影
印本。

31. 【清】曹元弼撰：《禮經學》，中國科學院圖書館藏清宣統元年刻本影印
本。

32. 【清】盛世佐撰：《儀禮集編》，《文淵閣四庫全書》第一一○、一一一冊，
臺北：臺灣商務印書館。

33. 【清】姚際恒撰：《儀禮通論》，國立北平圖書館重鈔本，中華民國二十
二年八月。

34. 【清】胡培翬撰：《儀禮正義》（上、中、下），上海：商務印書館，中華
民國二十三年四月。

35. 【清】姚鼐著：《惜抱軒全集》，國學整理社，中華民國二十五年十二月。

36. 【清】楊應琚修纂：《西寧府新志》（中國邊疆叢書第二輯，沈雲龍主編），臺灣新北市：文海出版社，1966 年。

37. 【清】鄭夢玉、梁紹獻修纂：《南海縣志》（清同治十一年刊本影印），臺北：成文出版社有限公司，1967 年。

38. 【清】蘇忠廷、董成烈纂修：《荔波縣志》（清光緒元年抄本影印），臺北：成文出版社有限公司，1967 年。

39. 【清】曹秉仁修纂：《寧波府志》（清乾隆六年補刊本影印），臺北：成文出版社有限公司，1974 年。

40. 【清】尹會一、程夢星等修纂：《揚州府志》（清雍正十一年刊本影印），臺北：成文出版社有限公司，1975 年。

41. 【清】衛泰龍纂、傅維櫺修：《靈壽縣志》（清康熙二十五年刊本影印），臺北：成文出版社有限公司，1976 年。

42. 【清】趙爾巽撰：《清史稿》，北京：中華書局，1977 年。

43. 【清】凌廷堪撰：《禮經釋例》，北京：中華書局，1985 年。

44. 【清】鄭珍，莫友芝纂：《遵義府志》，遵義市志編纂委員會整理出版（內部發行），1986 年。

45. 【清】孫希旦撰，沈嘯寰、王星賢點校：《禮記集解》，北京：中華書局，1989 年。

46. 【清】鄭珍著，王鍈、李華年等點校：《鄭珍集‧經學》，貴陽：貴州人民出版社，1991 年。

47. 【清】黎庶昌著，黃萬機點校：《黎星使宴集合編》，貴陽：貴州人民出版社，1992 年。

48. 【清】曾國藩著：《曾國藩全集》，長沙：嶽麓書社，1992 年。

49. 【清】喻勳、胡長松纂修，中共貴州省銅仁地委檔案室／貴州省銅仁地區政治志編輯室整理：《銅仁府志》，貴陽：貴州民族出版社，1992 年。

50. 【清】黎兆勳、莫友芝等編，關賢柱點校：《黔詩紀略》，貴陽：貴州人民出版社，1993 年。

51. 【清】鄭珍著，王鍈等點校：《鄭珍集‧文集》，貴陽：貴州人民出版社，1994 年。

52. 【清】朱彬撰，饒欽晨點校：《禮記訓纂》，北京：中華書局，1995 年。

53. 【清】李瀚章編纂，李鴻章校勘：《曾文正公全集》，長春：吉林人民出版社，1995 年。

54. 【清】鄭珍著，王鍈、袁本良點校：《鄭珍集‧小學》，貴陽：貴州人民出版社，2001 年。

55. 【清】黎庶昌著，黃萬機點校：《黎星使宴集合編補遺》，貴陽：貴州人

民出版社，2001 年。

56. 【清】鄭珍著，龍先緒注：《巢經巢詩鈔注釋》，西安：三秦出版社，2002
年。

57. 【清】黃以周撰：《禮書通故》，北京：中華書局，2007 年。

58. 【清】黎庶昌：《西洋雜志》，北京：社會科學文獻出版社，2007 年。

59. 【清】莫友芝著，張劍點校：《宋元舊本書經眼錄・郘亭書畫經眼錄》，
北京：中華書局，2008 年。

60. 【清】徐世昌等編纂，沈芝盈、梁運華校：《清儒學案卷一百四十六・春
海學案》，北京：中華書局，2008 年。

61. 【清】莫友芝著，張劍等點校：《莫友芝詩文集》，北京：人民文學出版
社，2009 年。

62. 王華裔修、何幹群等續修：《獨山縣志》，民國四年稿本。

63. 李泰棻：《方志學》，北京：商務印書館，1935 年。

64. 王雲五主編：《程侍郎遺集》，北京：商務印書館，民國二十四年十二月。

65. 張其昀編著：《遵義新志》，民國三十七年浙江大學史地研究所鉛印本。

66. 劉顯世、谷正倫、任可澄、楊恩元修纂：《貴州通志》，貴陽：貴陽書局，
民國三十七年鉛印本。

67. 中山大學中國近代史組編：《林則徐集》，北京：中華書局，1965 年。

68. 沈雲龍主編：《近代中國史料叢刊第八輯・拙尊園叢稿》，臺灣新北市：
文海出版社印行，1966 年。

69. 胡繩著：《從鴉片戰爭到五四運動》（上下卷），上海：上海人民出版社，
1982 年。

70. 來新夏：《方志學概論》，福州：福建人民出版社，1983 年。

71. 黃萬機著：《鄭珍評傳》，成都：巴蜀書社，1989 年。

72. 黃萬機著：《黎庶昌評傳》，貴陽：貴州人民出版社，1989 年。

73. 倉修良：《方志學通論》，濟南：齊魯書社，1990 年。

74. 書目文獻出版社編輯部：《日本藏中國罕見地方志叢刊・（成化）湖州府
志／（嘉靖）南寧府志／（萬曆）賓州志／（萬曆）太平府志／（萬曆）
六安州志／（崇禎）烏程縣志》，北京：書目文獻出版社，1990 年。

75. 張革非：《中國方志學綱要》，重慶：西南師範大學出版社，1992 年。

76. 黃萬機著：《莫友芝評傳》，貴陽：貴州人民出版社，1992 年。

77. 楊元楨校注：《鄭珍巢經巢詩集校注》，貴陽：貴州人民出版社，1992 年。

78. 王德恒、許明輝、賈輝銘：《中國方志學》，北京：文化藝術出版社，1994
年。

79. 葛榮晉主編：《中國實學思想史》（上中下卷），北京：首都師範大學出版社，1994年。

80. 劉殿爵、陳方正主編：《儀禮逐字索引》，臺北：臺灣商務印書館，1996年。

81. 錢穆著：《中國近三百年學術史》，北京：商務印書館，1997年。

82. 錢穆著：《國學概論》，北京：商務印書館，1997年。

83. 梁啓超著：《清代學術概論》，上海：上海古籍出版社，1998年。

84. 遵義市志編纂委員會：《遵義市志》，北京：中華書局，1998年。

85. 楊軍昌：《中國方志學概論》，貴陽：貴州人民出版社，1999年。

86. 十三經注疏整理委員會：《周禮注疏》，北京：北京大學出版社，2000年。

87. 楊兆麟、趙愷、楊恩元主纂：《續遵義府志》，遵義：遵義市紅花崗區地方志辦公室，2000年影印本。

88. 上海書店：《中國近代史資料叢刊〈洋務運動〉》，上海：上海書店出版社，2000年。

89. 中國實學研究會主編：《實學文化與當代思潮》，北京：首都師範大學出版社，2002年。

90. 馮天瑜、黃長義著：《晚清經世實學》，上海：上海社會科學院出版社，2002年。

91. 張金翼編著：《黎恂千家詩注》，北京：中國文聯出版社，2003年。

92. 洪治綱主編：《章太炎經典文存》，上海：上海大學出版社，2003年。

93. 方鐵編著：《西南通史》，鄭州：中州古籍出版社，2003年。

94. 葛榮晉著：《中國實學文化導論》，北京：中共中央黨校出版社，2003年。

95. 苗潤田主編：《儒學與實學》，北京：中華書局，2003年。

96. 梁啓超著：《中國近三百年學術史》，北京：東方出版社，2004年。

97. 錢基博著，傅道彬點校：《近百年湖南學風》，北京：中國人民大學出版社，2004年。

98. 張立文主編：《中國學術通史（清代卷）》，北京：人民出版社，2004年。

99. 侯外廬著：《中國思想史綱》，上海：上海書店出版社，2004年。

100. 鄭大華著：《晚清思想史》，長沙：湖南師範大學出版社，2005年。

101. 遵義市地方志編纂委員會：《黎氏家集續編》，貴陽：貴州人民出版社，2005年。

102. 黃萬機著：《沙灘文化志》，北京：中國文史出版社，2006年。

103. 黎鐸主編：《遵義沙灘文化論集（一）／（二）》（紀念鄭珍誕辰二百週年暨遵義沙灘文化國際學術研討會論文匯編），長春：吉林教育出版社，2007年。

104. 張劍著：《莫友芝年譜長編》，北京：中華書局，2008 年。

105. 中華書局編輯部：《籌辦夷務始末》（同治朝），北京：中華書局，2008 年。

106. 陸寶千著：《清代思想史》，上海：華東師範大學出版社，2009 年。

107. 王芳恒著：《共性傳承與個性張揚——中華民族精神與貴州文化傳統關係研究》，北京：民族出版社，2009 年。

108. 李源澄等著：《經學通論》，上海：華東師範大學出版社，2009 年。

109. 夏東元著：《洋務運動史》，上海：華東師範大學出版社，2010 年。

110. 吳雁南、秦學頎、李禹階主編：《中國經學史》，北京：人民出版社，2010 年。

111. 姜廣輝主編：《中國經學史》（第四卷），北京：中國社會科學出版社，2010 年。

112. 楊念群著：《儒學地域化的近代形態——三大知識群體互動的比較研究》，上海：生活・讀書・新知三聯書店，2011 年。

二、論文文獻

1. 黃萬機：《鄭珍詩歌淺論》，《貴州社會科學》，1980 年第 2 期。

2. 馮天瑜、周積明：《八旗的盛衰》，《武漢師範學院學報（哲學社會科學版）》，1980 年第 4 期。

3. 王少普：《曾國藩洋務思想的形成、性質和作用》，《歷史研究》，1983 年第 2 期。

4. 朱士嘉：《清代地方志的史料價值》，《文史知識》，1983 年第 3、4 期。

5. 陳奇：《略論鄭珍的校勘學》，《貴州文史叢刊》，1985 年第 1 期。

6. 陳奇：《鄭珍與漢學》，《貴陽師院學報〈社會科學版〉》，1985 年第 1 期。

7. 黃萬機：《黎兆勳〈葑煙亭詞〉初探》，《貴州文史叢刊》，1985 年第 4 期。

8. 馮天瑜：《試論儒學的經世傳統》，《孔子研究》，1986 年第 3 期。

9. 陳奇：《鄭珍經學門徑芻議》，《貴州文史叢刊》，1987 年第 1 期。

10. 黃順力：《曾國藩的理學經世思想與洋務運動》，《天津社會科學》，1988 年第 4 期。

11. 陳天倪：《清代科舉制度》，《史學集刊》，1989 年第 1 期。

12. 孟醒仁、孟凡經：《鄭珍的詩法和他的實踐》，《貴州文史叢刊》，1991 年第 1 期。

13. 汪林茂：《曾國藩經世思想初探》，《浙江學刊》，1992 年第 1 期。

14. 《貴州文史叢刊》編輯室：《黎庶昌〈上穆宗皇帝第二書〉‧黎庶昌辭官書》，《貴州文史叢刊》，1992 年第 3 期。

15. 韋啓光：《鄭珍的哲學思想》，《貴州社會科學》，1992 年第 12 期。

16. 張海鵬：《析黎庶昌〈敬陳管見摺〉》，《貴州社會科學》，1993 年第 1 期。

17. 李琳琦：《清代的科舉制度探析》，《社會科學家》，1993 年第 3 期。

18. 成曉軍：《試論黎庶昌對曾國藩文學觀的繼承和發展》，《湖湘論壇》，1993 年第 6 期。

19. 陳福桐：《南宋陳同甫對黎庶昌的影響》，《貴州文史叢刊》，1993 年第 6 期。

20. 田玉隆：《評黎庶昌「論世務」疏──上穆宗毅皇帝第二書》，《貴州大學學報》，1994 年第 1 期。

21. 成曉軍：《論黎庶昌對曾國藩洋務觀的繼承和發展》，《貴州社會科學》，1994 年第 2 期。

22. 王燕玉：《鄭珍年歷考要》，《貴州師範大學學報（社會科學版）》，1994 年第 3 期。

23. 辛之：《貫通古今 厚積薄發──評清代經學史通論》，《貴州社會科學》，1994 年第 3 期。

24. 鄧紹輝：《論甲午戰後清政府幣制改革及失敗原因》，《四川師範大學學報（社會科學版）》，1994 年 4 月第 26 卷第 4 期。

25. 丁慰慈：《讀黎庶昌〈西洋雜志〉》，《貴州文史叢刊》，1995 年第 2 期。

26. 易鍵賢：《鄭珍對韓愈研究的學術貢獻》，《貴州文史叢刊》，1995 年第 2 期。

27. 何祐森：《清代經世思潮》，《漢學研究》第十三卷第一期，1995 年 6 月。

28. 胡維革、張昭君：《曾國藩理學經世思想探淵》，《北方論叢》，1996 年第 1 期。

29. 黃長義：《儒家心態與近代追求──曾國藩經世思想簡論》，《求索》，1996 年第 3 期。

30. 羅熾：《論中國實學範疇內涵的歷史演變》，《湖北大學學報（哲學社會科學版）》，1996 年第 4 期。

31. 呂友仁：《乾嘉樸學傳黔省 西南大師第一人──鄭珍學術成就表微》，《河南師範大學學報（哲學社會科學版）》，1997 年第 24 卷第 2 期。

32. 李軍：《論清代今文經學的創立復興及其思想特點》，《管子學刊》，1998 年第 2 期。

33. 李喜所：《關於戊戌變法失敗原因的歷史反思》，《史學月刊》，1998 年第 4 期。

34. 王紅、唐宏:《北洋水師的「八大遠」》,《海洋世界》,1998 年第 9 期。

35. 萬榮晉:《中國實學研究的回顧與前瞻》,《開封大學學報》,1998 年 12 月第 12 卷第 4 期。

36. 王俊義:《從復興走向終結的清代經學》,《文史知識》,1999 年第 9 期。

37. 漆俠:《浙東事功派代表人物陳亮的思想與朱陳「王霸義利之辨」》,《河北大學學報(哲學社會科學版)》,2001 年第 3 期。

38. 關愛和:《經學同文學的分野與衝突——以唐宋與清代古文運動爲例》,《河南大學學報(社會科學版)》,2001 年第 4 期。

39. 黃萬機:《淺談「沙灘文化」資源的評估與開發》,《貴州社會科學》,2001 年第 5 期。

40. 章權才:《關於清經學史的若干思考》,《學術研究》,2002 年第 2 期。

41. 黎鐸:《開放中的反思——沙灘文化衰落原因研究》,《貴州文史叢刊》,2003 年第 1 期。

42. 張學智:《中國實學的義涵及其現代架構》,《北京大學學報(哲學社會科學版)》,2003 年第 6 期。

43. 羅檢秋:《從清代漢宋關係看今文經學的興起》,《近代史研究》,2004 年第 1 期。

44. 鄭劍順:《林則徐的貨幣思想及其在江蘇的實踐》,《三明高等專科學校學報》,2004 年 3 月。

45. 王汎森:《從經學向史學的過渡——廖平與蒙文通的例子》,《歷史研究》,2005 年第 2 期。

46. 曾光光:《晚清桐城派嬗變的文化軌跡》,《江淮論壇》,2006 年第 1 期。

47. 譚德興:《論鄭珍文學創作的經學化》,《貴州文史叢刊》,2006 年第 3 期。

48. 湛盧:《莫友芝〈影山詞〉三題》,《北京大學學報〈哲學社會科學版〉》,2006 年 5 月第 43 卷第 3 期。

49. 吳光:《從陽明心學到「力行」實學——論黃宗羲對王陽明、劉宗周哲學思想的批判繼承與理論創新》,《中國哲學史》,2007 年第 3 期。

50. 林香娥:《乾嘉考據學熱潮成因新探》,《江西社會科學》,2007 年 5 月。

51. 翔云:《曾國藩與曾門四弟子關係之論析》,《太原師範學院學報·社會科學版》,2008 年 9 月第 5 期。

52. 曾琦云:《曾國藩思想源流新探》,《湘潭大學學報(哲學社會科學版)》,第 33 卷第 1 期,2009 年 1 月。

53. 朱曉明、臧慶祝、關鍵:《中國第一條鐵路的風風雨雨》,《檔案春秋》,2009 年第 4 期。

54. 《國學》編輯室：《走進 120 年前的北洋水師》，《國學》，2009 年第 4 期。

55. 黃萬機：《夜郎故地文化史上的奇葩——遵義沙灘文化述論》，《教育文化論壇》，2010 年第 2 期。

56. 黎鐸：《「沙灘文化」概念的思考》，《教育文化論壇》，2010 年第 2 期。

57. 史繼忠：《「沙灘文化」揭秘：文化與教育交融》，《教育文化論壇》，2010 年第 2 期。

58. 張昭軍：《從復「義理之常」到言「義理之變」——清代今文經學家與程朱理學關係辨析》，《清史研究》，2010 年第 4 期。

59. 范同壽：《清代的沙灘文化現象》，《當代貴州》，2010 年 10 月下／第 20 期。

60. 曾秀芳：《從冷落到關注：鄭珍研究的回顧與思考》，《貴州社會科學》，2010 年 12 月第 12 期。

61. 歐陽大霖：《莫友芝研究述略》，《華南師範大學學報（社會科學版）》，2011 年第 5 期。

62. 安尊華：《略論教育與文化的關係——從莫與儔鄭珍獻身教育說起》，《教育文化論壇》，2011 年第 5 期。

63. 李朝陽：《論莫友芝的詩學思想》，《文藝評論》，2011 年第 8 期。

64. 李光偉等：《沙灘文化》，《貴州大學學報（社會科學版）》，2012 年第 4 期。

65. 張新民：《經學視域下貴州學術思想的流變》，《當代貴州》，2013 年 4 月上／第 10 期。

66. 劉德州：《論清代今文經學的學術內涵》，《安陽師範學院學報》，2013 年第 4 期。

67. 黃開國：《清代今文經學發展階段略論》，《哲學研究》，2013 年第 11 期。

68. 曾秀芳：《鄭珍對〈考工記〉車輿系統的圖形述說》，《廣西師範學院學報（哲學社會科學版）》，2014 年第 6 期。

69. 張劍：《莫友芝人生及學術成就讜論——兼論〈莫友芝全集〉的編纂》，《中國政法大學學報》，2015 年第 2 期。

70. 譚德興：《明清時期貴州經學家與經學著述的地域分佈及成因》，《貴州大學學報·社會科學版》，2015 年第 3 期。

71. 姚權貴、史光輝：《〈說文〉新附俗寫源流考辨——基於鄭珍的〈說文新附考〉》，《浙江師範大學學報〈社會科學版〉》，2016 年第 2 期。

72. 何建菊：《從莫友芝日記看晚清咸、同時期圖書的編纂與流佈》，《黔南民族師範學院學報》，2016 年第 3 期。

三、學位論文文獻

（一）博士學位論文

1. 張傳友：《清代實學美學研究》，復旦大學中國語言文學系文藝學專業博士學位論文，2006 年 4 月。

2. 吳超：《經、史視域下的清初實學學風研究——以康熙朝江浙籍「博學鴻儒」爲考察中心》，華東師範大學歷史文獻學專業博士學位論文，2011 年 4 月。

（二）碩士學位論文

1. 楊瑞芳：《鄭珍〈說文新附考〉研究》，首都師範大學漢語言文字學專業碩士學位論文，2003 年 5 月。

2. 邢博：《〈巢經巢詩鈔〉研究》，山東大學中國古代文學專業碩士學位論文，2005 年 5 月。

3. 陳海花：《莫友芝與〈郘亭知見傳本書目〉》，山東大學中國古典文獻學專業碩士學位論文，2006 年 5 月。

4. 王有景：《鄭珍詩歌研究》，陝西師範大學中國古代文學專業碩士學位論文，2007 年 5 月。

5. 龍飛：《清末詩人鄭珍對杜詩的繼承和發揚》，西北師範大學中國古代文學專業碩士學位論文，2009 年 5 月。

6. 李令：《從邊緣到中心——沙灘文人的交往研究》：青海師範大學中國古代文學專業碩士學位論文，2011 年 5 月。

後　記

　　對遵義「沙灘文化現象」的關注，並選擇將其作為博士學位論文的研究選題，儘管出於一定的「偶然」，但還是有其深層次的原因，這個原因就是我本人一直以來對「小」到儒家思想，「大」至中國思想史等的興趣和熱愛。無論是本科期間致力於「漢語言文學」方面，還是碩士階段縮小到「文藝學」領域，再到博士層次擴展至「中國文化史」，總體上都沒有超出「文史」這個大範圍。儘管三個階段關注點有所不同，但本科階段和碩士期間對「文學性」的認識和把握，為博士期間學習和研究中所需要的文學文本分析提供了必要的知識背景，畢竟「文化史」的研究，面對的文獻資料少不了會有大量的詩歌、散文作品。另一方面，博士階段的「文化史」視野又極大地擴展了本科和碩士期間所矚目的領域。我一直認為，這些「相得益彰」，是我能夠完成這篇論文的基本條件。

　　當然在博士學習階段，特別是本課題研究過程中，尤其需要感謝的是我的導師徐圻教授。無論是課題的選擇、資料的搜集、論文提綱的確定，再到不斷的修改，直至最後成文，徐老師都提供了極大的支持，並給予了耐心、細緻的指導。可以說，如果沒有徐老師的關心、指導和幫助，本書是不可能順利完成的。同時需要感謝的還有貴州省社會科學院的索曉霞研究員，貴州省圖書館的王曼女士、貴州省圖書館地方文獻室的傅亞冰老師、鄭紅老師和古籍室的黃琴老師，遵義市志編纂委員會辦公室的李連昌老師、葛正亞老師，以及遵義縣文體局的魏明偉先生，遵義縣「黎庶昌故居陳列館」的焦應洪館長、李雲奎主任、伍琳老師、袁燦老師等，無論是資料的搜集，還是疑難問題的解答，沒有他們的支持和熱心，本書同樣難以順利完成。謹此，對給予

眾多幫助的領導和老師表達誠摯謝意的同時，也祝願師長們工作順利，萬事如意！

作爲博士論文，本文初撰於 2014 年 8 月。時光荏苒，轉眼已去數年。徒歎時間易逝，學未有成。思疏文陋，付梓之際，內心不甚惴惴。予花木蘭文化出版社編輯及相關人士遙寄謝忱之際，復盼海內方家不吝指正！

2018 年 11 月

貴州貴陽

附錄一：黔北「沙灘文化現象」學人群體「世系圖」〔註1〕

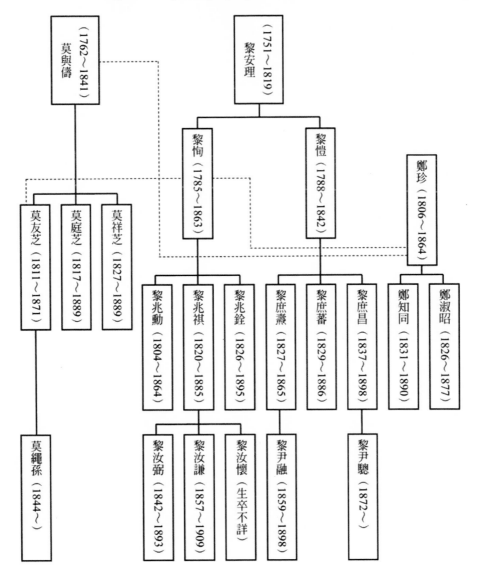

〔註1〕 圖中人物，有血緣（父子）及師徒聯繫用實線連接，僅具師徒關係則用虛線連接。

附錄二：黔北「沙灘文化現象」學人行述

一、黎氏

黎安理

黎安理（1751～1819），字履泰，號靜圃，晚年自號非非子。貴州遵義縣人。黎氏原居四川廣安，明朝萬曆間遷居遵義，遂爲縣人。黎安理生而貧，際遇坎坷。其父黎正訓（號梅溪），因不容於繼母夏氏遠走四川灌縣教書客居，後卒於該地。黎安理母鄒氏亦因夏氏之悍妒而常回歸本家。黎安理十歲即參加勞役，畫夜不息，替父侍奉祖父母。繼祖母夏氏亦不容黎安理，曾以毒蟲汁抹其口鼻，致令其昏迷半日方才蘇醒。復又誘其至溪邊而推之水中，幸復得救。祖父性情古倔，黎安理代父侍奉其四十餘年，畫夜無惰色。黎父正訓客死四川灌縣，黎安理屢走灌縣，常撫墓痛哭，夜即宿塋側，令觀者泣下。乾隆四十四年（1779）乙亥鄉試，黎安理年二十九歲，得中舉人。其後以團館教徒爲業。嘉慶十三年（1808），黎安理獲「大挑」二等，出任永從（今貴州從江縣）儒學教諭。五年後，調任山東長山縣（今山東鄒平縣）知縣。在任期間，體民之苦，輕民之刑，頗得政聲。後因病去職。嘉慶二十一年（1816）返里，居家耕讀，並以《詩》、《書》教授兒孫。其子黎恂、黎愷終得有所成。嘉慶二十四年（1819），病逝於遵義故里，年六十九歲。

黎安理幼年入私塾，其後雖境遇坎坷，但勤學慎思，終得精於《易》而學有所成。著有《鋤經堂詩文集》、《論語口義》、《夢餘筆談》（一卷）及《長山公自書年譜》（一卷）。惜《鋤經堂詩文集》和《論語口義》因未刊而散佚，難知卷帙。目前僅存《夢餘筆談》（一卷）及《長山公自書年譜》（一卷）。《夢餘筆談》爲筆記體小說，記錄黎安理生平所見所聞之事，故多奇聞怪談、夢

寐異象。《長山公自書年譜》（一卷）記錄黎安理一生行述，自一歲起至六十一歲止，坎坷境遇，歷歷在目。

薛福成在《書〈黎靜圃先生年譜〉後》中所評之「先生幼遭不造，備歷險艱，日夜奮智焦神，以劬於躬而養於家、孝於親，盼盼然如恐不給。若儒、若農、若商、若醫，先生以一身兼涉其涯而不常厥業，籍博旨甘滫瀡之資，雖僅免隕越，而勃谿之聲，死喪之威，疾病之憂，又叢迫焉。先生順受不驚，苦心經營，調護無形，遂紓家難而慰親心」，可作爲黎安理一生的總結。（參見：鄭珍、莫友芝之《遵義府志・列傳二》，鄭珍之《外祖靜圃黎府君家傳》及《清史稿・列傳二百八十五》，遵義市志編纂委員會之《遵義市志》）

黎恂

黎恂（1785～1863），字雪樓，晚號拙叟。黎安理長子。乾隆五十年（1785）生於貴州遵義府遵義縣樂安里（今遵義縣新舟鎮）。黎恂天資穎悟，勤學不厭。幼承庭訓，就學於其父黎安理所授之私塾。黎安理教學甚嚴，對黎恂期之更甚。嘉慶六年（1801），黎恂年一十六，補縣學弟子員，並於次年得食廩餼。嘉慶十五年（1810），黎恂得鄉薦成舉人。十九年（1814）進京中春闈而進士及第。後以知縣發任浙江桐鄉縣。黎恂到任後，正獄訟、弭盜賊、寬賦役、釐漕務，重視文教，籌資重修轄境內大儒張履祥墓，並置祀田。任桐鄉五年，數次充任浙江鄉試考官，獎拔士子，提舉後學。後調任歸安縣，未及赴任，即因道光元年（1821）其父黎安理病逝而返鄉丁憂。次年復丁母憂。丁憂期滿，感雙親已逝，萌生退居之意。遂引疾歸家，並攜數十篋經籍藏列於黎氏家塾（鋤經堂），供黎氏子弟覽讀。自道光元年（1821）至道光十四年（1834），凡十四年，黎恂居家耕讀，授徒執教。生徒前後計近百人，黎兆勳、鄭珍、莫友芝等皆得親授。道光十四年（1834）初夏，因生計所迫，黎恂進京詮選。後揀發雲南，歷任平夷、新平等縣知縣。其時，雲南地方動盪，回民亂潮暗湧。黎恂審時查勢，待民以仁，政聲斐然。道光十九年（1839），黎恂調任雲州知州。其時緬寧回民與湖廣客家相互鬥殺。黎恂到任，以理斡旋，亂事終得以息。道光二十年（1840），黎恂因事去職，改運生銅赴京。道光二十二年（1842），黎恂自京返回雲南，選任大姚縣知縣。任內修繕城隍，興辦團練，備製甲兵，以應時變。二十七年（1847）夏，任姚州知州。二十八年三月，因回民之亂，時雲貴總督林則徐親派黎恂代理沾益州知州。回民之亂旋平，黎恂復返大姚任。次年升任東川府巧家廳同知。咸豐元年（1851）稱病返黔。

其時，遵義受太平天國之役波及，地方未靖。咸豐四年（1854），遵義府桐梓縣楊龍友率眾舉義，合圍遵義府城。五年春，楊龍友之役平息。咸豐九年，苗民起義復起。數年間，爲避戰禍，黎恂數次攜家外出躲避。黎氏私塾藏書亦因戰亂損毀殆盡。同治二年（1863）八月，黎恂病逝於遵義禹門山寨，得年七十九歲。

黎恂幼承庭訓，天資穎悟，加之勤學不厭，即使顛沛流離，亦手不釋卷，遂使晚年學養尤邃。治經以宋五子之學爲準繩，參以漢魏諸儒；爲古文，典雅充盈，氣正有餘；於詩，縱橫自恣，出入唐宋，不主一家。著有《蛉石軒詩鈔》、《千家詩注》、《大姚縣志》、《蛉石軒文集》、《四書纂義》、《讀史紀要》、《北上紀程》、《運銅紀程》、《回黔日記》、《赴銓日記》，其中僅《蛉石軒詩鈔》（四卷）、《千家詩注》（兩卷）、《大姚縣志》（一十五卷）得以刊印，其餘均未刊行。

黎恂曾言：「人以進士爲讀書之終，我以進士爲讀書之始。誠得寸祿了三徑資，事親稽古，吾志也。」黎恂青年舉鄉試，壯年及進士第，仕宦功業雖不顯，然其嗜詩書、重文教的志向和追求通過持續十數年（道光元年至道光十四年）的居家授徒執教，深刻影響了黎氏子弟及黎氏姻親鄭氏和莫氏。從此意義上論，黎恂應視爲「沙灘文化現象」之眞正奠基。（參見：鄭珍之《誥授奉政大夫雲南東川府巧家廳同知舅氏雪樓黎先生行狀》，楊兆麟、趙愷、楊恩元主纂之《續遵義府志‧卷二十上‧列傳一》，（黃萬機之《沙灘文化志》，鄭珍、莫友芝之《遵義府志‧列傳二》）

黎愷

黎愷（1788～1842），字子元，又子雨耕。因所居近石頭山，晚年自號石頭山人。乾隆五十三年（1788）生於遵義，黎安理次子。嘉慶五年（1800），黎愷補縣學弟子員。道光五年（1825）舉於鄉試。道光十五年選揀「大挑」二等，補授貴陽開州訓導。道光二十二年因疾逝於任上。得年五十五歲。

黎愷自幼警敏，卻體弱多病，然不屑庸碌，廣讀百家之書。成年後，性豪俠，具膽氣，與其兄黎恂並目爲黎氏雙璧。道光六年（1826），黎愷與鄭珍赴京會試，恰遇鄭珍同年遇病暴卒。其人生前身高體闊，又因病暴卒，故卒後屍狀駭然，無人敢近前。其兄繞四牆哭，亦畏不敢近。獨黎愷進屋斂屍，並言「人孰不死？吾與若衣而冠之易耳。」性介若此。黎愷工詩文，鄭珍評其詩曰：「清微雅潔，品骨俱勝，孔君魚仍不敢望子駿肩背矣。」著有《近溪

山房詩鈔》（三卷）、《石頭山人詞鈔》（一卷）、《教餘教子錄》（二卷）。

略錄黎愷詩數首，以見其心志：

山齋夏夜二首

微雨濕河漢，滿庭棲綠陰。橫琴坐涼月，眾籟清人心。意馳碧
山遠，目極清林深。緬懷商山叟，長嘯發孤吟。

孤吟竟何待，坐久衣袂涼。不覺月華墮，但聞風露香。殘螢度
高樹，宿鳥棲叢篁。吾生本淡泊，觸景興彌長。

北山留別雅泉

百年不許山林老，今日敢嗟行路難。勞我燕京瞻鳳闕，羨君樂
水理魚竿。閒情任臥花叢穩，盡興還遊酒國寬。自愧非才求利用，
漫勞招餞費盤餐。

黎愷逝後，鄭珍曾感歎「幼受仲舅之撫教，不能爲巨人碩儒有言即取重
於世。」在黔北「沙灘文化現象」的孕育中，黎愷之力，雖難以與乃兄相較，
然亦難以輕易抹拭。（參見：鄭珍之《敕授修職佐郎開州訓導子元仲舅黎公行
狀》，楊兆麟、趙愷、楊恩元主纂之《續遵義府志・卷二十二・列傳四》，黃
萬機之《沙灘文化志》，鄭珍之《播雅・卷二十一》）

黎兆勳

黎兆勳（1804～1864），字伯庸，號樹軒、檬村，晚又號礄門居士。嘉慶
九年（1804）生於遵義縣。黎恂長子。天資聰穎，九歲能言詩。自幼與表弟
鄭珍同受父親家塾私學，於詩詞之學趣味濃厚，並力有專攻。稍長，黎恂仕
宦雲南，黎兆勳操領家務。道光八年（1828），補縣學生員。此後科場不利，
十數次鄉試均落選。其後黎恂爲其報捐教職，於道光二十九年（1849）署理
石阡府學教授。咸豐二年（1852）補黎平府開泰縣學訓導。旋赴湖北授鶴峰
州判。同治元年（1862）調任湖北隨州州判。同治二年（1863）黎恂逝去，
黎兆勳旋即從隨州返鄉丁憂。因旅途艱險，加之喪父之痛，於次年八月辭世。
得年六十一歲。

黎兆勳雖仕宦政績不彰，亦不以經術顯名，但畢生沉潛於詩詞文賦，所
得成就煌然。青年時期，所寫詩文即受貴州提學使許乃普賞識。後任職湖北
期間，雖因太平軍之役，其時地方未靖，但因職位低微，有志難伸並多有閑
暇，故而與鄂籍詩友常相酬唱，以求進益。黎兆勳文思流暢，筆耕不輟，一

生留詩詞四百餘首。輯有《侍雪堂詩鈔》（六卷）、《莳煙亭詞》（四卷）、《詞林心醉》（一卷）。同時，黎兆勳與莫友芝致力於明代貴州籍詩人詩作輯錄，共得二千四百餘首，成《黔詩紀略》三十三卷，對保存桑梓文獻，功莫大焉。

以下引錄黎兆勳詩詞數首，以求窺其風貌：

宿禹門禪院

寒濤舂我枕，不寐出僧房。

古殿星霜白，高林風雨蒼。

秋心空半偈，夜氣出眞香。

黯黯前朝事，幢燈照上方。

秋江曉望

石頭山外曉秋寒，浦口魚舟早下灘。

風露滿江人去遠，一痕殘月墮林端。

九月十七夜東溪放船過禹門山

波光亂颭影不定，明月已上青林端。我行獨愛暮山回，與客放艇虛明間。長河低昂碧波近，眾星錯落蒼龍蟠。此時原野半明滅，山根一抹炊煙殘。琴洲東畔暫停棹，風露滿身人影寒。仰視月輪貯虛碧，水天上下雙玉盤。溪山人物兩清潔，只有石瀨鳴風湍。鳥更漁火夜還夜，雲碓松門灣復灣。乃知人世有仙境，亦須卜築臨江干。呼吸寒光蕩心魄，此中正少閒人閒。憶昨江頭醉重九，野煙漠漠浮波瀾。渡江岩嶂一揮手，力與猿狄窮追攀。木葉四山綠未脫，但見積翠迷峰巒。歸來幽思鬱難泄，新詩欲吐心暗慳。今夕何夕客當醉，扁舟拍拍輕往還。驪龍吐珠水仙笑，野鶴橫江霜影乾。我疑漢陂赤壁之遊景若是，恨無詩老同清歡。回舟復掠雲際寺，清詠豈惜留禪關。

《百字令・蜀中懷古》

華陽黑水，自蠶叢開闢，江山千古。回首英雄紛割據，都爲中原無主。劍閣夔關，蒼煙落日，莽莽風雲聚。興亡一瞥，鵑聲漫自悲苦。

依舊錦水東流，繁花如故，一片成都土。二百餘年論殺劫，夜半江聲猶怒。順逆無常，安危有策，莫計聞歌舞。戰場花鳥、孤吟

愁絕臣甫。

《解連環・碧雞關晚望》

洪波掀雪，被危峰壓斷，海風南折。正滿眼落日征帆，都付與、江天幕雲橫截。千古雄關，幾曾見，蠻煙悄歇。祇魚龍拜浪，援鳥呼風，十分淒絕。

舊遊已凋華髮。悵東風，馬首一聲啼鳴。任南征怨曲橫吹，渾不似、當時關山明月。回首蒼茫，那更問，漢家城闕。又還待、王褒行到，與君細說。

《青玉案・曲池》

曲池百迭風漪靜，鏡裏麗人花艇。水佩風裳朝露冷。玉壺冰碎，翠羅雲薄，搖盪雙鬟影。鴛鴦未打都驚醒，飛過石橋猶省。

紅藕香中眠怕穩。浣紗人語，採蓮人笑，無限情懷迥。

《小重山令・離愁》

眉月隨人載小舟。波潔金瑣碎，散寒流。一聲孤雁入江秋。團沙黯，燈火帶離愁。相憶恨難休。

今年誰念我，楚江頭？莫懷雲夢澤南州。傷心事，驚夢幾人留。

《江神子・送友人之蘭州》

愛君豪性敵元龍。論生風，氣如虹。曾識天狼，爭挽鐵胎弓。人笑書生能殺賊，非俠客，實英雄。

而今身世等飛蓬。任浮縱，轉西東。憔悴青衫，客路忽相逢。長揖問余何處去？將訪道，入崆峒。

《霓裳中序第一・歸思》

南中去意決，欲對芳春愁話別。幾許離愁憂暗結。歎出入蠻鄉，魂梢骨折。苦辛誰說，漫道歸計尤劣。君知未，故山泉石、盡可自怡悅。

清絕，寤歌岩穴，早待我耕煙釣雪。正須鞭影一掣，莫怨當初，意計虛設。而今成瓦裂，縱許訴、誰能辨別。歸來也，雲山深處，正好自藏拙。

莫友芝曾對黎兆勳之詩詞創作有極高評價。平而論之，以詩歌成就而言，黎兆勳成就或不及鄭珍，然以詞學成就論，「沙灘文化現象」學人群體中，當

以黎兆勳居首。（參見：黎庶昌之《從兄伯庸黎府君行狀》，黃萬機之《黎兆勳〈葑煙亭詞〉初探》及《沙灘文化志》）

黎兆祺

黎兆祺（1820～1885），字叔吉，號介亭，府學生員。黎恂三子。少從兄黎兆勳及鄭珍學詩法。咸豐十一年（1861），貴州「號軍」起義，黎兆祺與從弟黎庶蕃辦團練與農民軍抗。同治元年（1862），農民軍勢力進一步壯大。黎兆祺與黎庶蕃歷時五月築成禹門寨，與農民軍對峙。同年八月，太平天國翼王石達開率軍逼近遵義府城。遵義知縣於鍾岳調黎兆祺領團練助濟軍糧。同治三年，「號軍」首領吳元彪圍攻禹門寨。黎兆祺堅守三月。後圍解，旋以軍功獲知縣銜。後棄職歸家。著有《息隱山房詩鈔》（二卷）、《年譜》（一卷）。

黎兆祺不擅文墨，致力事功，實開黎氏「經世致用」，圖以事功顯名之先河。（參見：楊兆麟、趙愷、楊恩元主纂之《續遵義府志・卷二十上・列傳一》，黃萬機之《沙灘文化志》）

黎兆銓

黎兆銓（1826～1895），字衡齋。黎恂四子。以才幹見稱。曾協助其兄黎兆祺辦團練，後因軍功得賞知縣。同治八年（1869）署理雲南尋甸州事。性剛直，任內施政以仁。同治十一年補姚州知州，然仍留尋甸任。後轉任安寧、昆明、鎮雄等處。光緒六年（1880）因事棄官返里。光緒二十年（1895）病逝。（參見：楊兆麟、趙愷、楊恩元主纂之《續遵義府志・卷二十上・列傳一》，黃萬機之《沙灘文化志》，遵義市志編纂委員會之《遵義市志》）

黎庶燾、黎庶蕃

黎庶燾（1827～1865），字魯新，別號筱庭。黎愷長子。少年老成，性沉穩。咸豐元年（1851）舉鄉試。次年，黎庶燾之弟黎庶蕃亦舉於鄉。其後，二人一同赴京會試。行至鎮遠，因疾未得行。黎庶燾後受聘主講遵義湘川、育才、培英等書院。同治四年因病早逝。嘗從鄭珍、莫友芝、黎兆勳學詩法。撰有《慕耕草堂詩鈔》（四卷）、《琴洲詞》（二卷）。

黎庶蕃（1829～1886），字晉甫，號椒園。黎愷次子。少孤，隨兄黎庶燾讀書。後從鄭珍學詩法。咸豐二年舉於鄉。後因太平軍阻隔，赴京會試未成。返鄉後與從兄黎兆祺共辦團練固守家園。因功得授知州。後曾任兩淮鹽大使，移居金陵。光緒十年（1884）黎母病逝，攜靈柩返鄉歸葬。後復返江淮。光

緒十二年病逝於揚州。（參見：楊兆麟、趙愷、楊恩元主纂之《續遵義府志·卷二十二·列傳四》，黃萬機之《沙灘文化志》，遵義市志編纂委員會之《遵義市志》）

黎尹融、黎尹聰

黎尹融（1859～1898），字祝衡，黎庶燾次子。咸豐九年生。光緒五年（1879）舉於鄉，光緒六年成進士，後發吉林聽用。歷任賓州知州、農安縣知縣。光緒二十二年（1896）丁母憂返里。兩年後卒於遵義。

黎尹聰（1872～？），字班孫，黎庶昌子。同治十一年生於蘇州。少嗜古學，喜收藏，古玉、金石、碑版、鍾鼎、彝器及書畫，無一不喜。輯成《古泉經眼圖考》（一卷）、《古泉書錄題解》（三卷）。（參見：楊兆麟、趙愷、楊恩元主纂之《續遵義府志·卷二十二·列傳四》，黃萬機之《沙灘文化志》）

黎汝弼、黎汝懷、黎汝謙

黎汝弼（1842～1893），字公甫。黎兆祺次子。光緒五年（1879）舉於鄉。

黎汝懷（生卒年不詳），字虛甫。黎兆祺三子。光緒八年（1882）舉於鄉。後因「大挑」一等，得以知縣用。

黎汝謙（1857～1909），字受生，黎兆祺四子。咸豐二年生，光緒五年（1879）舉於鄉。光緒八年派任日本神戶領事官、橫濱領事官。光緒十年叔父黎庶昌丁憂回國，黎汝謙隨之回國。後復隨李鴻章之子李經方出使日本。歸國後以知府銜發廣東聽用。晚年以事棄職，返黔終老。

黎汝謙天資中下，然嗜讀好學，博覽強記，不主門戶。著有《夷牢溪廬文集》（四卷）、《詩集》（八卷）。壯歲與莫庭芝合纂《黔詩紀略後編》，並嘗譯《華盛頓傳》，爲世所稱頌。（參見：楊兆麟、趙愷、楊恩元主纂之《續遵義府志·卷二十二·列傳四》，黃萬機之《沙灘文化志》，遵義市志編纂委員會之《遵義市志》）

二、鄭氏

鄭知同

鄭知同（1831～1890），字伯更，鄭珍獨子。幼時鄭珍即口授六經。稍長，爲講《說文》形聲、訓詁之學。鄭知同靜敏勤力，年二十，因小學根基深厚爲貴州提學使翁同書賞識，補爲縣學生員，列庠序。後鄉試不中，又加黔地

因苗亂停鄉試，遂絕意科考。同治十一年（1872）赴銅仁黔東道任塾師。十三年受四川提學使張之洞之邀赴成都人張之洞幕。後張之洞任滿赴京，於光緒六年（1880）赴廣州，入廣東布政使姚覲元幕。光緒十一年（1885）轉赴湖北按察使黃彭年幕。光緒十三年（1887），張之洞調任兩廣總督，開設廣雅書局。鄭知同受召赴廣州任廣雅書局總纂。光緒十六年（1890），病逝於廣州。得年六十四歲。

鄭知同學宗許鄭，造詣精深。如研治《說文解字》，對段玉裁《說文解字注》糾誤頗多。黎庶昌評其「每立一義，堅卓宏通，匪惟善讀許君，實段氏之諍臣也。」鄭知同亦工詩文，著有《曲廬詩稿》（四卷）、《漱芳齋文稿》（一卷），其詩情真語摯，切物動人。此外，鄭知同邵繼家學，為保存和宣揚其父鄭珍的學術著錄殫精竭力。雖有學術著述如《說文述許》、《說文商議》、《說文本經答問》、《經義慎思篇》、《楚辭通釋解詁》等，然鄭知同一生經歷仍可謂為留存及弘揚其父學術而孜孜不倦。一則，鄭珍著述得以刊行多為鄭知同之功。自同治十三年（1874）至逝世止，在兩次入張之洞幕期間，鄭知同積極致力於其父鄭珍著述的刊行。《說文新附考》、《鄭學錄》、《巢經巢遺文》、《巢經巢詩鈔後集》、《凫氏為鍾圖說》，以及《汗簡箋正》、《親屬記》等都刊印於此兩個時期。二則，對於鄭珍的部分晦塞著述，鄭知同努力予以整理闡釋，以求意旨通達，便於流傳。如撰《六書淺說》和《轉注考》以釋鄭珍的《轉注》。鄭珍的《轉注》本未見刊行，通過鄭知同的闡釋得以行於世，則鄭知同之功已不僅限於解釋了。（參見：民國劉顯世、谷正倫、任可澄、楊恩元等之《貴州通志‧人物志》，楊恩元之《〈屈廬詩稿〉跋》，貴州省遵義縣志編纂委員會之《遵義縣志》，遵義市志編纂委員會之《遵義市志》，黃萬機之《沙灘文化志》，龍先緒之《屈廬詩集箋注》）

鄭淑昭

鄭淑昭（1826～1877），字班班，鄭珍長女。幼受鄭珍家教，通文字訓詁之學。受祖母、母親言傳身教，溫良孝慈，勤勞儉樸。二十一歲適團溪趙姓，夫趙廷璜為鄭珍門生。趙廷璜曾遊幕四川，累官至知縣。鄭淑昭長期居家，侍奉長輩，統理家事。鄭淑昭育有三子一女，均自幼親口授讀，督課甚嚴。晚年赴蜀大寧隨夫。光緒三年（1877）病逝於大寧。得年五十一歲。

鄭淑昭擅吟詠，能詩文。所作因保存不及，只輯得《樹萱背遺詩》（一卷）。其詩多反映田園生活情趣，溫婉清麗。茲引錄一首，以略示其風：

春暖曲

桃花深紅柳深綠，池塘水淺鴨雛浴。

日暖閒庭曬午雞，花枝移上闌干曲。

簾影衣香滿深院，流鶯語語入人心。

欲漫拈花插鴉鬢，恐教蝴蝶趁華簪。

　　（參見：貴州省遵義縣志編纂委員會之《遵義縣志》，黃萬機之
《沙灘文化志》）

三、莫氏

莫與儔

　　莫與儔（1762～1841），字猶人，又字傑夫、壽民。貴州獨山人。先世居江南上元縣，明弘治時期先祖莫先從征都勻，遂留黔。後傳至曾祖莫雲衢，始由都勻遷至獨山。莫與儔於乾隆二十七年（1762）生於貴州獨山州兔場，少隨兄莫班學，莫班去世後，補州學廩生。嘉慶三年（1798）舉鄉試。次年赴京春闈，連捷成進士，旋改翰林院庶吉士，爲紀昀、洪亮吉所器重。嘉慶六年散館，改署四川鹽源縣知縣。任內輕賦薄稅，興利去害，頗得政聲。遂充任鄉試同考官。嘉慶九年（1804）丁父憂返鄉。期滿，因母親年已七旬，以終養請，自此奉養母親凡一十四年。既出母喪，吏部復起用。莫與儔改請教職，道光三年（1823）選任遵義府學教授。此後十數年，莫與儔均執教於遵義府學，直至道光二十一年卒於府學教授任。

　　莫與儔治學，以許、鄭爲宗，著有《二南近說》（四卷）、《仁本事韻》（二卷）、《詩文雜稿》（四卷）。其宗治漢學的意趣與其授徒教學指向正一脈相承。自道光三年至道光二十一年，莫與儔執教遵義府學凡十八年。其間遵義文士爭相就學，致使學舍不濟，其中即有第五子莫友芝及鄭珍。莫與儔教學，兼採漢宋，但尤重樸學。惠棟《易漢學》、閻若璩《古文尚書疏證》、陳啓源《毛詩傳疏》、江永《禮經綱目》、段玉裁《說文解字注》、王念孫《廣雅疏證》、王引之《經義述聞》等均成爲莫與儔日常教學的內容。在重樸學的教學環境下，鄭珍、莫友芝漸通許鄭之學。除教學內容外，於府學學宮創建漢「三賢祠」以祭祀兩漢黔籍名士（舍人、盛覽、尹珍）是莫與儔偏重漢學之又一表現。

　　曾國藩在《遵義教授莫君墓表》中評價莫與儔：「嘉慶四年，仁宗親政，

大興朱文正。儀徵阮文達以巨儒爲會試總裁，是科進士如姚文田秋農、王引之伯申、張惠言皋文、郝懿行蘭皋皆以樸學播聞中外，科目得人，可云極盛。君於是時寂寂無所知名，及君出而爲吏，恩信行於異域，退而教授，儒術興於偏陬，覈其所得與夫同年生之炳炳者孰爲多寡，未易遽定也。」曾氏所言，可作爲莫與儔於黔北漢學（即「沙灘文化現象」）得以興起的重要作用之明證。（參見：曾國藩之《遵義教授莫君墓表》，民國劉顯世、谷正倫、任可澄、楊恩元等之《貴州通志‧人物志》及黃萬機之《沙灘文化志》）

莫庭芝

莫庭芝（1817～1889），字芷升，號青田山人。莫與儔第六子，莫友芝弟。莫庭芝幼承父兄之教，又從鄭珍受小學，學養深沉。道光二十九年（1849）獲選爲拔貢生。同治十年（1871）選思南府學教授。晚年寓居貴陽，受聘爲學古書院山長。

莫庭芝安貧樂道，嗜學不輟。熱衷延續桑梓文脈，著力搜求清代貴州籍詩人詩作，於光緒十二年（1886）撰成《黔詩紀略後編》（三十三卷）。該輯實爲其兄莫友芝所輯之《黔詩紀略》（明代貴州籍詩人詩作輯錄）之重要補充。（參見：黃萬機之《沙灘文化志》、黎庶昌之《莫芷升墓誌銘》，民國劉顯世、谷正倫、任可澄、楊恩元等之《貴州通志‧人物志》）

莫祥芝

莫祥芝（1827～1889），字善徵，號九莖。莫與儔第九子。咸豐初年投軍，參與追剿農民軍，因功候補縣丞。後加入曾國藩之湘軍。咸豐十年（1860），湘軍圍攻安慶，莫祥芝代理江蘇懷寧知縣，負責徵發民夫以輔助大軍。後清軍佔領南京，莫祥芝因功擢升，歷任江蘇六合、高郵、通州、太倉等處知縣或知州，加三品銜。光緒十五年（1889）病逝於太倉。（參見：黃萬機之《沙灘文化志》，民國劉顯世、谷正倫、任可澄、楊恩元等之《貴州通志‧人物志》）

莫繩孫

莫繩孫（1844～？），字仲武，號省㪍。莫友芝第三子。少時，隨莫友芝北遊京畿，南下蘇皖，頗具實才。同治時期，江蘇巡撫丁日昌創設上海機器局，邀莫繩孫入局。莫繩孫遂入該局任出納。後轉赴揚州鹽運署任職。光緒十二年（1886），以參贊職隨李端棻出使俄國。後去職回國。晚年寓居揚州。

莫繩孫雖不事著述，僅撰有《影山草堂書目》三卷，然積極致力於其祖

父、父親著作的整理和刊行。經多方搜求，輯得《獨山莫氏郘亭叢書》六十六卷。該叢書包括《貞定先生遺集》四卷、《黔詩紀略》三十三卷、《宋元舊本書經眼錄》三卷、《唐寫本說文木部箋異》一卷、《郘亭遺文》八卷等。可以說，對於莫友芝學術成果的保存和流傳，莫繩孫之作用不可輕視。（參見：黃萬機之《沙灘文化志》，民國劉顯世、谷正倫、任可澄、楊恩元等之《貴州通志・人物志》）

附錄三：貴州書院簡表

元代以前書院列表 [註1]

時期	名稱	創建者	地點	備註
唐	儒溪書院	柳宗元	綏陽	
宋	鷺塘書院		沿河	
元	鰲山書院		鎮寧	
	鼇溪書院		鎮寧	

明代所建書院列表

時期	名稱	創建者	地點	備註
景泰	草庭書院	周瑛	黃平縣	
弘治	文明書院	毛科	貴陽府	
	銅江書院	毛科	銅仁府	
	中鋒書院	汪藻	定番府	
正德	龍崗書院	王守仁	龍場驛	
	天香書院	何志清	黎平府	
嘉靖	石壁書院	朱佩	平越衛	

〔註1〕 以下各表數據，根據《貴州通志・學校志》（民國）、《貴州省志・教育志》（1990年）、《貴陽府志》（道光）、《遵義府志》（道光）、《大定府志》（道光），以及《中國書院辭典》（季嘯鳳主編）等史料統計所得。由於史料記載原因，如遇書院某一方面情況不詳，則空缺相關信息以待查。

	中鋒書院	陳邦敷	平越府	
	陽明書院（貴山書院）	王杏	貴陽府	
	南山書院	王溥	偏橋衛	
	正學書院	蔣信	貴陽府	
	鶴樓書院	張犲	都勻府	
	紫陽書院	黃希英	鎮遠府	
	月潭書院		興隆衛	
隆慶	明德書院	吳維京	石阡府	
	斗坤書院	周以魯	思南府	
	爲仁書院	田稔、李渭	思南府	
	學孔書院	孫應鼇	凱里	
	平旦草堂	孫應鼇	凱里	
	山甫書院	孫應鼇	凱里	
萬曆	興文書院	張月	施秉縣	
	南皋書院（歸仁書院／勻陽書院）	徐秉正	都勻府	
	大中書院	周以躍	思南府	
	青螺書院	陳性學	畢節	
	魁山書院	葉鳳邑	新添衛	
	學孔精舍	孫應鼇	凱里	
	鳳城書院（開化書院／鳳山書院）	朱梓	天柱縣	
	西石精舍	何東鳳	黎平縣	
	太平書舍	胡一中	黎平縣	

清代所建書院列表

時期	名稱	創建者	地點	備註
康熙	培英書院（湘江書院／湘川書院）	邱紀建	遵義	
	啓秀書院（育才書院）	趙光榮	遵義	
	黎社書院	張克壯	畢節	
	鶴山書院	方瑞合	畢節	
	松山書院	李曜	畢節	

	開陽書院（南皋書院）	楊文鐸	開陽	
	雙明書院		鎮寧	
	秀山書院（許陽書院）		鎮遠	
	三臺書院	吳秉正	麻江	
	延陵書院	吳萬年	天柱	
	南屏大舍	李大章	黎平	
	印臺書院		黎平	
	思暘書院	管承宏	岑鞏	
	李公書院		貴定	
	溥仁書院	徐宏業	福泉	
	趙公書院		獨山	
雍正	洋川書院	唐椿	綏陽	綏陽另有「三臺書院」，創建情況不詳
	敷文書院	王偉任	桐梓	桐梓另有「松江書院」，創建情況不詳
	古鳳書院	張元鈺	正安	正安另有「樂源書院」，創建情況不詳
	安溪書院	于鍾嶽	正安	
	聚星書院		玉屏	
	鳳崗書院（德江書院／鳳儀書院）	史瑗	思南	
	竹溪書院		沿河	
	陽明書院	陳德榮	黔西	
	鳳池書院（水城書院）	孟金章	大方	
	維鳳書院	陳嘉會	關嶺	
	瑞雲書院		鎮遠	
	龍標書院	張應詔	黎平	重修，初建不詳
	瑞雲書院		岑鞏	
乾隆	湘川書院	劉詔升	遵義	
	懷陽書院	李振文	仁懷	
	雙城書院	席纘	仁懷	

	龍泉書院	李自潔	鳳崗	鳳崗另有「達泉書院」，創建情況不詳
	他山書院	詹某	餘慶	
	鎮東書院		石阡	
	龍津書院（近奎書院／依仁書院）	黃仲則	印江	
	文峰書院	李世傑	黔西	
	獅山書院	許學範	黔西	
	萬松書院（文峰書院）	永福	大方	
	文龍書院	王允浩	大方	
	平陽書院（鳳西書院／文騰書院）	李雲龍	織金	
	湧泉書院	劉標	威寧	
	雙橋書院		安順	
	九峰書院		興義	
	萃文書院		錦屏	
	㵲陽書院	趙之壇	鎮遠	
	星山書院	袁治	黃平	
	龍淵書院	朱定元	黃平	
	柳川書院	胡章	劍河	
	泰山書院		黎平	
	黎陽書院	吳光廷	黎平	
	蘭皋書院	周品金	貴定	
	廣陽書院	孟衍泗	長順	
	墨香書院	唐樂宇	福泉	
嘉慶	正習書院	常明	貴陽府	
	正本書院	常明	貴陽府	
	鳳山書院		盤縣	
	培基書院	陳熙	仁懷	
	養正書院	陳熙	仁懷	
	鳳儀書院	朱德璲	安順	
	治平書院（安平書院）	陳嘉祚	平壩	

	筆山書院	杜友	興義	
	桅峰書院	邢思鎬	興義	
	興文書院（培龍書院）		錦屏	錦屏另有「養正書院」，創建情況不詳
	榕城書院		榕江	
	文峰書院		榕江	
	蔚文書院	金臺	天柱	
	龍溪書院	陳熙	黎平	
	雙江書院	陳熙	黎平	
	雙樟書院	陳熙	黎平	
	上林書院	陳熙	黎平	
	清泉書院	陳熙	黎平	
	福江書院	陳熙	黎平	
	荔泉書院	蔡元陵	荔波	
道光	岱山書院	張懋德	六枝	
	新添書院	李毓馨	綏陽	
	鼎山書院	甘雨施	桐梓	
	湄水書院（獅山書院）	甘雨施	湄潭	
	羅峰書院	馮子齡	務川	
	鳳鳴書院	鄭士範	德江	
	屏山書院	高中謀	玉屏	
	崧高書院	高中謀	松桃	
	曹伍書院		畢節	
	文峰書院	魯秉禮	畢節	
	玉屏書院	秦開元	金沙	
	鳳梧書院	楊以增	清鎮	
	梅花書院	譚煒	紫雲	
	雙城書院		關嶺	
	盤水書院		普安	
	培鳳書院		普安	
	冊亨書院	張瑛	冊亨	
	瑯球書院	袁敏升	貞豐	

	蓮城書院	李振塈	晴隆	
	東麓書院	何桂榮	長順	
	仰山書院	邵鴻儒	羅甸	
	玉華書院（花竹書院）	王存成	甕安	
	旗山書院	韓瑛	甕安	
	蓮峰書院	陳熙晉	龍里	
咸豐	岩礜書院	周夑	六枝	
	懸魚書院	周夑	六枝	
	三臺書院（臺陽書院）		臺江	咸豐間毀，初建不詳
	拱辰書院		臺江	咸豐間毀，初建不詳
同治	餘慶書院		餘慶	
	起鳳書院	黃啓蘭	石阡	
	修文書院	馮謙臣	務川	
	鶴鳴書院	惲鴻儀	沿河	
	源泉書院		安順	
	景陽書院	余渭	修文	
	壩羊書院	傅良臣	紫雲	
	文峰書院	陳廷樑	興義	
	龍泉書院	劉垂祺	丹寨	重建，初建不詳
	星川書院	羅星潭	平塘	
	龍山書院	吳書傳	龍里	重建，初建不詳
光緒	南臺書院		盤縣	
	味經書院	何行寶	遵義	
	柳湖書院		餘慶	
	培元書院	張濟輝	務川	
	卓山書院		銅仁	
	文思書院（龍津書院／大寶書院）	胡大經	德江	
	卓山書院	易佩紳	江口	
	松茂書院	戴明楊	松桃	
	松陽書院		松桃	

培宗書院	張登雲	沿河	
爐峰書院	曾紀鳳	凱里	
龍江書院		凱里	
鳳翔書院（鳳山書院）		施秉	施秉另有「岑麓書院」，清中葉廢
文明書院	林品南	鎮遠	
崇德書院	劉桂清	鎮遠	
蓮花書院	周慶芝	臺江	
龍崗書院	易佩紳	榕江	
雞窗書院		雷山	光緒間改為義學，初建不詳
丹陽書院		雷山	光緒間改為學堂，初建不詳
餘麟書院		三都	
合建書院	李福鍾	三都